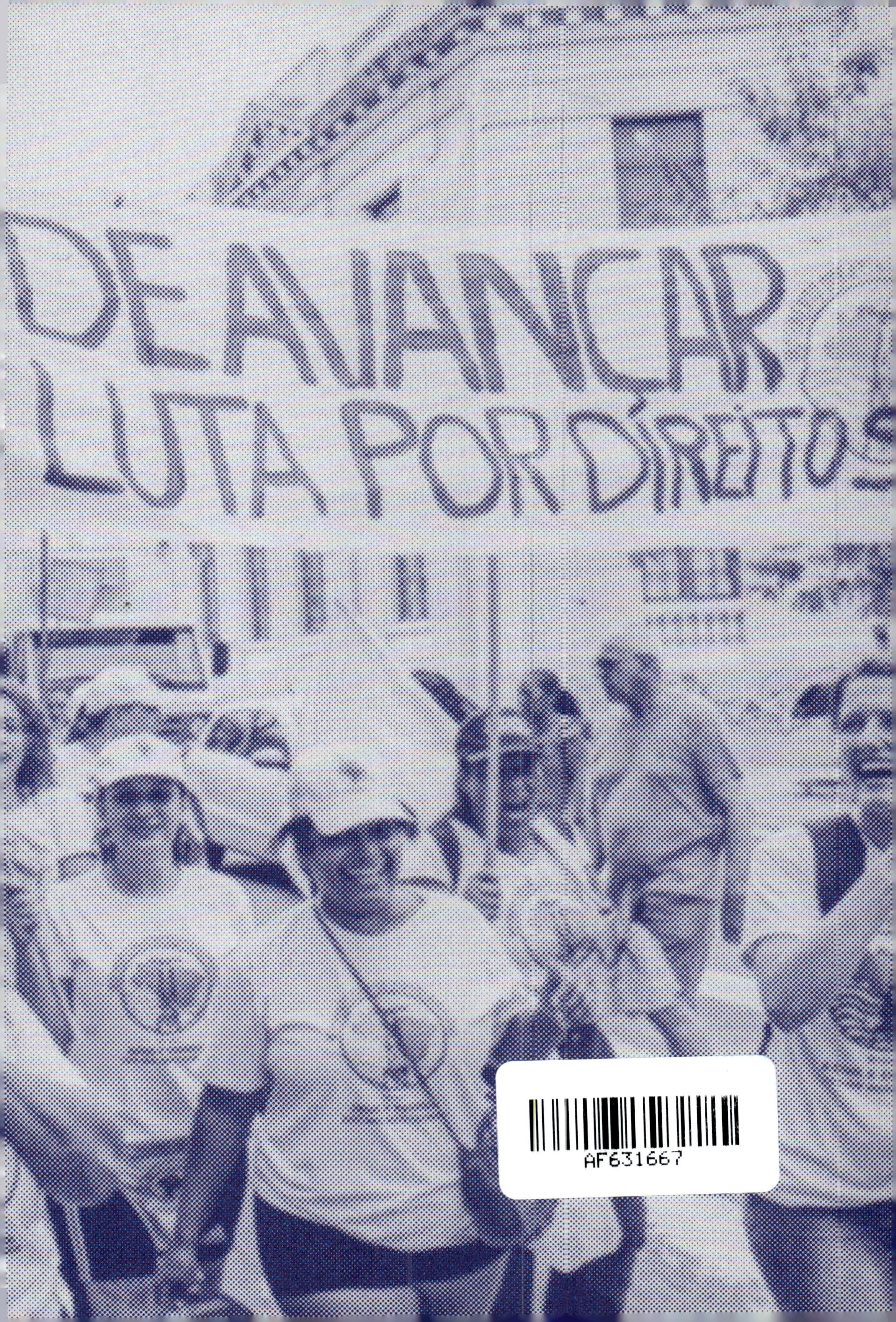
DE AVANÇAR
LUTA POR DIREITOS

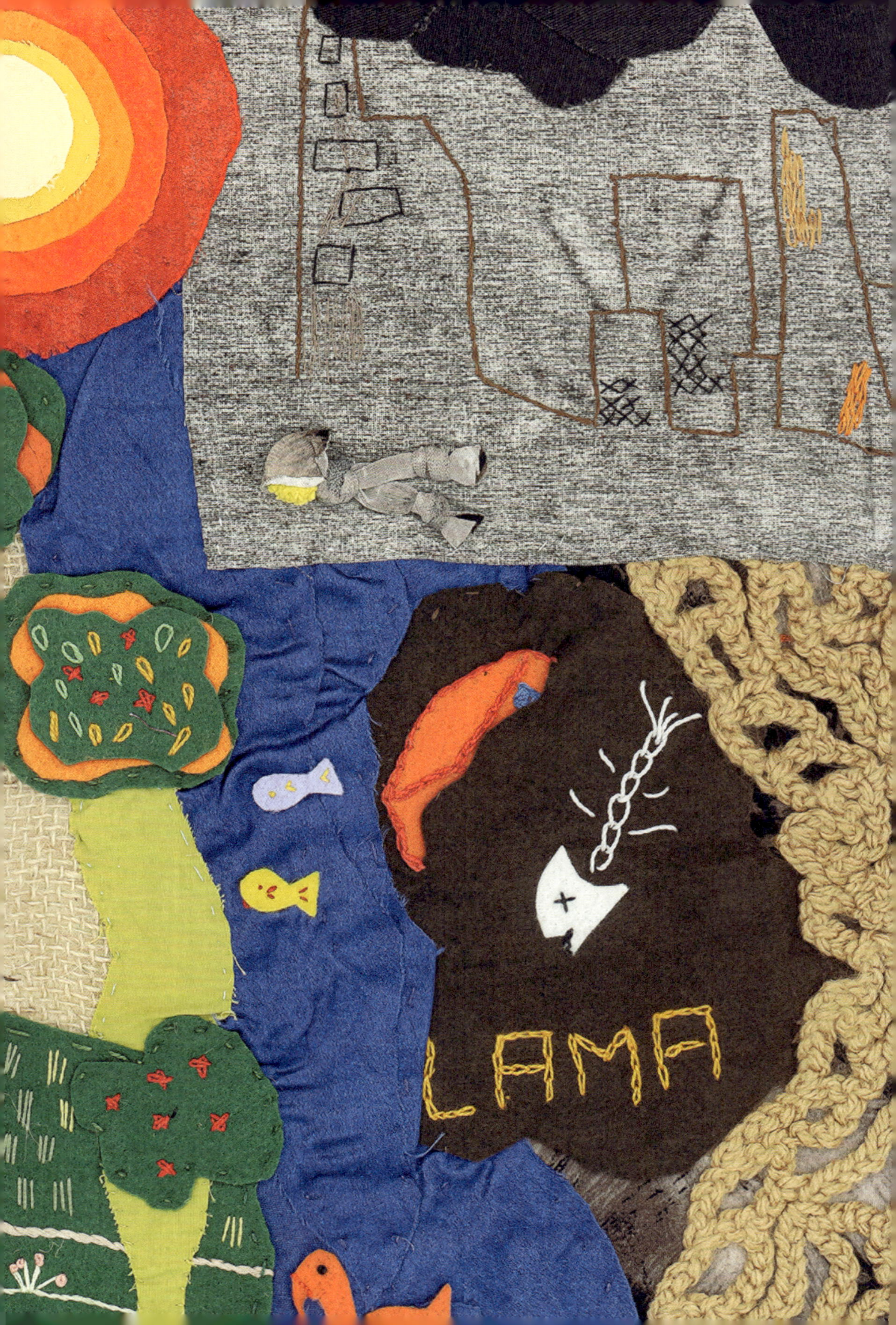
LAMA

Mulheres Atingidas por Barragens

Women Affected by Dams

MASP MUSEU DE ARTE DE SÃO PAULO ASSIS CHATEAUBRIAND

TEXTOS [TEXTS BY]

CAROLINA CAYCEDO
DAIANE HÖHN
ESTHER VITAL
GLAUCEA HELENA DE BRITTO
ISABELLA RJEILLE
LOUISE LÖBLER
MONISE BUSQUETS
ROBERTA BACIC

ORGANIZAÇÃO EDITORIAL E CURADORIA [EDITED AND CURATED BY]

GLAUCEA HELENA DE BRITTO
ISABELLA RJEILLE

DISTRIBUIÇÃO INTERNACIONAL [DISTRIBUTED INTERNATIONALLY BY]

KMEC BOOKS
ARTBOOK | D.A.P.

REALIZAÇÃO [PRODUCTION]

Lei Rouanet Incentivo a Projetos Culturais
PROAC SP
CULT SP
SP SÃO PAULO GOVERNO DO ESTADO SÃO PAULO SÃO TODOS Secretaria da Cultura, Economia e Indústria Criativas
MINISTÉRIO DA CULTURA
GOVERNO FEDERAL BRASIL UNIÃO E RECONSTRUÇÃO

Bordando Direitos

Embroidering Our Rights

SUMÁRIO [CONTENTS]

MULHERES ATINGIDAS POR BARRAGENS NO MASP

É um privilégio para o Museu de Arte de São Paulo Assis Chateaubriand (MASP) apresentar a exposição e o livro dedicados às arpilleras produzidas pelo Coletivo Nacional de Mulheres do Movimento dos Atingidos por Barragens (MAB). Arpillera é o nome dado ao trabalho têxtil feito por mulheres que surgiu no Chile no final dos anos 1960 e se tornou uma importante expressão política e cultural para denunciar violações de direitos humanos durante a ditadura do general Augusto Pinochet (1915-2006), que durou de 1973 a 1990. As arpilleras chilenas inspiraram muitas mulheres e movimentos sociais no mundo todo, incluindo o Coletivo Nacional de Mulheres do MAB. O movimento surgiu na década de 1980 para demandar um projeto de energia popular e transformações sociais estruturais. Valendo-se de retalhos cotidianos de tecidos e roupas, agulhas e linhas, as artistas abordam questões de violência doméstica, desconexão entre terra e comunidade, acesso à água e eletricidade, o impacto das barragens e da poluição dos rios na pesca e nos meios de subsistência das famílias, bem como outras violações de direitos ambientais.

Nossa relação com o MAB iniciou-se em 2022, quando uma arpillera foi incluída no núcleo "Terra e território" da mostra *Histórias brasileiras*. Naquela ocasião, iniciamos um diálogo com o Coletivo para trazer aquela obra para o acervo, que foi finalmente doada por elas em 2024 e ilustra a capa deste livro [img. 70]. Em 2025, nos pareceu pertinente voltar ao trabalho do Coletivo, no contexto de um ano inteiro dedicado às *Histórias da ecologia*. A mostra ocorre assim ao lado de outras dedicadas aos trabalhos de Abel Rodríguez, Clarissa Tossin, Claude Monet (1840-1926), Frans Krajcberg (1921-2017), Hulda Guzmán, Minerva Cuevas e Taniki Yanomami, além da grande coletiva *Histórias da ecologia*, e mostras na Sala de Vídeo de Emilija Škarnulytė, Inuk Silis Høegh, Janaina Wagner, Maya Watanabe, Tania Ximena e do projeto Vídeo nas Aldeias.

Somos profundamente gratos ao Coletivo Nacional de Mulheres do MAB por nos dar a oportunidade de realizar esta exposição, com o

WOMEN AFFECTED BY DAMS AT MASP

It is a privilege for the Museu de Arte de São Paulo Assis Chateaubriand (MASP) to present the exhibition and book dedicated to the arpilleras produced by the National Women's Collective of the Movimento dos Atingidos por Barragens [Movement of People Affected by Dams] (MAB). Arpillera is the name given to the textile work done by women that emerged in Chile in the late 1960s and became an important political and cultural expression to denounce human rights violations during the dictatorship of General Augusto Pinochet (1915-2006), which lasted from 1973 to 1990. Chilean arpilleras inspired many women and social movements around the world, including the MAB National Women's Collective. The movement emerged in the 1980s to demand a popular energy project and structural social transformations. Using everyday scraps of fabric and clothing, needles and thread, the artists address issues of domestic violence, disconnection between land and community, access to water and electricity, the impact of dams and river pollution on fishing and families' livelihoods, as well as other environmental rights violations.

Our relationship with MAB began in 2022, when an arpillera was included in the section "Land and Territory" of the exhibition *Brazilian Histories*. At that time, we began a dialogue with the Collective to bring that work to the collection, which was finally donated by them in 2024 and illustrates the cover of this book [img. 70]. In 2025, it seemed pertinent to us to return to the Collective's work, in the context of an entire year dedicated to the *Histories of Ecology*. The exhibition is taking place alongside others dedicated to the work of Abel Rodríguez, Clarissa Tossin, Claude Monet (1840-1926), Frans Krajcberg (1921-2017), Hulda Guzmán, Minerva Cuevas, and Taniki Yanomami, as well as the large group show *Histories of Ecology*, and exhibitions in the Video Room by Emilija Škarnulytė, Inuk Silis Høegh, Janaina Wagner, Maya Watanabe, Tania Ximena and the Vídeo das Aldeias project.

We are deeply grateful to the MAB National Women's Collective for providing us the opportunity to hold this exhibition, subtitled *Embroidering*

subtítulo *Bordando direitos*, a primeira num museu dedicada ao trabalho do grupo. A mostra reúne 47 arpilleras produzidas entre 2013 e 2024 por mulheres em oficinas organizadas pelo MAB. Muito obrigado também às curadoras que trabalharam neste projeto, organizaram este volume e escreveram textos, Glaucea Helena de Britto e Isabella Rjeille. Agradecemos às autoras, Carolina Caycedo, Roberta Bacic e Monise Vieira Busquets, que também escreveram para este livro, e às mulheres que concederam a entrevista a Rjeille aqui publicada, Daiane Höhn, Louise Löbler e Esther Vital. Muito obrigado a todas as equipes do museu que de algum modo colaboram para a realização deste projeto, especialmente as que trabalham mais diretamente na mostra e neste livro: Produção, coordenada por Steffânia Prata, Editorial, comandada por Carol Ribas, e Expografia, liderada por Flora Gurgel. Muito obrigado ainda à Luciana Facchini, que concebeu o design deste livro, bem como a Karen Marta e Todd Bradway, da Kmec Books, em Nova York, que colaboram conosco em todas nossas publicações e em sua distribuição internacional, através da Distributed Art Publishers (D.A.P.).

Num ano dedicado às *Histórias da ecologia*, vale sublinhar que em 2019 o MASP estabeleceu um grupo de trabalho de sustentabilidade. O museu vem desenvolvendo ações transversais que incluem consumo consciente, eficiência energética, compra de energia renovável e um amplo programa de gestão de resíduos com aterro zero. O novo edifício Pietro Maria Bardi, inaugurado este ano, também incorpora soluções sustentáveis, conquistando a certificação Leed (Leadership in Energy and Environmental Design). A partir de 2025, a Comerc Energia doará créditos de carbono e certificados de energia limpa, tornando o MASP um museu carbono neutro pelos próximos cinco anos. Por meio destas iniciativas, buscamos sensibilizar os públicos sobre a relevância das reflexões sobre o meio ambiente, algo que se soma à toda programação do ano de *Histórias da ecologia*.

Por fim, nosso agradecimento especial ao Ministério da Cultura e ao Governo Federal, que nos facilitam patrocínios através da Lei Federal de Incentivo à Cultura, bem como a todos os conselheiros e patronos do MASP e ao Itaú, nosso parceiro estratégico, que nos apoiam nesta e em todas as outras atividades durante o ano.

HEITOR MARTINS, diretor-presidente, MASP
ADRIANO PEDROSA, diretor artístico, MASP

Our Rights, the first in a museum dedicated to the work of the group. The exhibition brings together 47 arpilleras produced between 2013 and 2024 by women in workshops organized by the MAB. Many thanks also to the curators who worked on this project, organized this volume, and wrote texts, Glaucea Helena de Britto and Isabella Rjeille. We would like to thank the authors, Carolina Caycedo, Roberta Bacic, and Monise Vieira Busquets, who also wrote for this book, and the women who gave the interview to Rjeille published here, Daiane Höhn, Louise Löbler, and Esther Vital. Many thanks to all the museum teams who collaborated in some way to make this project happen, especially those who work more directly on the exhibition and this book: Production, coordinated by Steffânia Prata, Editorial, led by Carol Ribas, and Exhibition Design, led by Flora Gurgel. Many thanks also to Luciana Facchini, who conceived the design of this book, as well as Karen Marta and Todd Bradway, from Kmec Books, in New York, who collaborate with us on all our publications and their international distribution, through Distributed Art Publishers (D.A.P.).

In a year dedicated to *Histories of Ecology*, it is worth highlighting that in 2019 MASP established a sustainability working group. The museum has been developing transversal actions that include conscious consumption, energy efficiency, purchasing renewable energy and a broad zero landfill waste management program. The new Pietro Maria Bardi building, inaugurated this year, also incorporates sustainable solutions, achieving Leed (Leadership in Energy and Environmental Design) certification. Starting in 2025, Comerc Energia will donate carbon credits and clean energy certificates, making MASP a carbon neutral museum for the next five years. Through these initiatives, we seek to raise awareness among the public about the relevance of reflections on the environment, something that is in addition to the entire year of the *Histories of Ecology* program.

Finally, our special thanks to the Ministry of Culture and the Federal Government, which facilitate sponsorships through the Federal Law of Incentive to Culture, as well as to all the trustees and patrons of MASP and to Itaú, our strategic partner, who support us in this and all other activities throughout the year.

HEITOR MARTINS, President Director, MASP
ADRIANO PEDROSA, Artistic Director, MASP

NOSSA HISTÓRIA É CONTADA POR MUITAS MÃOS...

As linhas e tecidos são escolhidos a partir de nossas realidades. A costura é um trançar histórico entre nossas vidas e nossos sonhos transformados em lutas coletivas.

As arpilleras são um legado histórico de nossas irmãs chilenas, que teciam suas angústias e revoltas nos tempos duros da ditadura, transformando o simples bordar em arte política. A costura, que sempre foi vista como tarefa do lar, transformou-se então numa ferramenta poderosa de resistência, denúncia e empoderamento feminino.

Assim como em nossas vidas precisamos ter uma base na qual possamos nos segurar firmes para não esmorecer, tradicionalmente a juta e a estopa das arpilleras servem de sustento para os demais tecidos costurados – e seguimos fazendo da mesma forma. Em geral utilizados para o armazenamento de grãos, esses materiais sempre foram de fácil acesso para as mulheres do interior do Chile. Além disso, são tecidos firmes, fortes, que suportam outras costuras. Na tradução literal, "arpillera" significa "juta", porém acreditamos que, a partir das histórias de vida costuradas com linhas, agulhas e tecidos, a juta se transforma em arte, simbolismo e expressão de luta.

Por meio dessa expressão artística, histórica e política, nós, Atingidas de todos os cantos do Brasil, costuramos e bordamos em tons que evocam denúncias às violações dos direitos humanos. Em linhas que tecem nossas reivindicações – através das agulhas, fios, jutas e retalhos –, unimos nossas vivências, marcadas pela opressão e exploração do modelo capitalista e patriarcal, que é agravado pelo modelo energético e pelos eventos das mudanças climáticas.

No contexto atual, vivemos as consequências desse modelo de exploração. Em territórios onde são construídas barragens para o abastecimento de água, para a produção de energia e para reservar os rejeitos da mineração, entre outros usos, as violações acontecem em vários níveis e dimensões, seja durante as etapas de planejamento, construção e operação dessas estruturas, seja pelos rompimentos, como os casos emblemáticos de Mariana e Brumadinho, em Minas Gerais, e ainda pelas ameaças de rompimentos em outras regiões do Brasil. As violações também ocorrem pela aplicação das altas tarifas de energia, água e gás, e por outras obras

OUR HISTORY IS TOLD BY MANY HANDS...

The threads and fabrics we choose come from our realities. Sewing is a historical interweaving of our lives and our dreams turned into collective struggles.

Arpilleras are a historical legacy of our Chilean sisters, who wove their anguish and outrage during the harsh times of dictatorship, turning embroidery into political art. Sewing, long regarded as a household chore, thus became a powerful tool for resistance, denunciation, and female empowerment.

Just as we need a firm foundation in our lives to hold steady and not falter, burlap and sackcloth traditionally support other fabrics sewn into the arpilleras–and we continue to do the same. These materials, commonly used for grain storage, have always been easily available to women in the Chilean countryside. They are also firm, strong fabrics that can hold layers of stitching. While "arpillera" translates to "burlap," we believe that the life stories stitched with threads, needles, and fabric turn burlap into art, symbolism, and a manifestation of struggle.

Through this artistic, historical, and political expression, we, Women Affected by Dams across Brazil, sew and embroider in tones that denounce Human Rights violations. With threads that weave our demands–through needles, yarns, burlap, and scraps–we connect our experiences marked by the oppression and exploitation of a capitalist and patriarchal model, aggravated by the power generation system and climate change events.

Currently, we live with the consequences of this exploitative system. In territories where dams are built for water supply, energy production, mining waste, or for multiple uses, violations occur at different levels and moments–during the planning, construction, and operation of these structures or through dam failures, such as the emblematic cases of Mariana and Brumadinho in Minas Gerais, as well as collapse risks faced in other regions. Violations are also seen in expensive bills of energy, water, and gas, as well as other projects in the energy, oil, and mining sectors, such as transmission lines, thermal, wind, and solar plants, oil pipelines, and mineral pipelines. Climate tragedies caused by extreme events in the severe environmental crisis that affects all communities worldwide disproportionately impact us, women, who are cruelly the most vulnerable and primary victims.

We are, without a doubt, Affected Women!

do setor energético, do petróleo e da mineração, como linhas de transmissão, usinas térmicas, eólicas e solares, oleodutos e minerodutos. As tragédias climáticas, causadas pelos eventos extremos da intensa crise que afeta o meio ambiente e todos os povos em nível mundial, atingem ainda mais a nós, mulheres, que somos cruelmente as mais vulneráveis e as principais vítimas.

Somos, sem dúvida, Atingidas!

Nos organizamos no Movimento dos Atingidos por Barragens (MAB), que possui uma longa história de resistência, lutas e conquistas. O MAB nasceu no final da década de 1970, por meio de experiências de organização local e regional, enfrentando ameaças e agressões sofridas na implantação de projetos de hidrelétricas. Mais tarde, transformou-se em organização nacional e, hoje, além de promover a luta pelos direitos das Atingidas e dos Atingidos, reivindica a construção do projeto energético popular e luta por mudanças nas estruturas de poder da sociedade.

A luta e a resistência das Mulheres Atingidas sempre esteve presente na história do MAB. Foi em 2013 que introduzimos a metodologia de produção de arpilleras, como parte do trabalho com as mulheres. Em forma de arte, costuramos testemunhos da realidade das mulheres de vinte estados do Brasil, como uma semente de organização e resistência popular. Essa arte têxtil é mais que arte, é nossa voz! São documentos têxteis que expressam a realidade que vivemos e apresentam nossas propostas.

Mulheres Atingidas por Barragens: bordando direitos reúne 47 arpilleras de diversas regiões do Brasil, que manifestam o tecer de uma sociedade mais humana, sensível e coletiva. O conjunto escolhido para este catálogo foi cuidadosamente selecionado em nosso acervo, que possui mais de trezentas peças já bordadas pelas mãos e sentimentos de muitas mulheres. Nessas arpilleras vocês encontrarão retalhos de cada uma de nós, que tecemos nossos lugares de reconhecimento em um mundo que nos priva de nossos mais singelos direitos, desde o simples direito de dizer "não" até o de afirmar que existimos e que seguiremos em luta até que todas sejamos livres.

Em cada linha de tecido utilizada bordamos também nossas esperanças, exercemos um alinhavar para a resistência e para as nossas conquistas – afinal, não somos seres individuais, somos histórias coletivas, vidas que se juntam para tecer um futuro melhor.

A arte expressa nessas peças é sinônimo de luta, é uma construção histórica feita ponto a ponto, na escolha de cada retalho, em cada agulha usada para bordar nossa voz, no transpasse de surgir, na esperança de que um novo dia há de chegar.

Para nós é uma imensa alegria ocuparmos espaços e exposições com nossa arte e esperamos que nos sintam em cada arpillera. Aqui estão algumas das nossas histórias bordadas. Que elas possam ser centelhas de indignação e esperanças.

COLETIVO NACIONAL DE MULHERES DO MOVIMENTO DOS ATINGIDOS POR BARRAGENS (MAB)

We are organized in the Movimento dos Atingidos por Barragens [Movement of People Affected by Dams] (MAB), which has a long history of resistance, struggles, and achievements. MAB was born in the late 1970s from local and regional mobilization experiences to respond to threats and aggressions linked to the implementation of hydroelectric power plant projects. It later became a national organization and, nowadays, fights not only for the rights of those affected by dams but also for the development of a popular energy project and structural changes in society's power dynamics.

The struggle and resistance of the Women Affected by Dams have always been part of MAB's history. In 2013, we introduced the methodology of producing arpilleras as part of our work with women. Through art, we sew testimonies of women's realities across twenty Brazilian states, while planting seeds of organization and popular resistance. This textile art is more than art; it is our voice! These textile documents express the realities we live in and show our proposals.

Women Affected by Dams: Embroidering Our Rights gathers 47 arpilleras from different Brazilian regions, illustrating the weaving of a more humane, sensitive, and collective society. We have carefully selected the set for this catalog from our collection, which holds more than three hundred pieces embroidered by the hands and hearts of many women.

Within these arpilleras, you will find fragments of each of us, woven into spaces of recognition in a world that deprives us of our most basic rights–from the simple right to say "no" to the right to claim that we exist and will keep fighting until we are all free.

With each thread used, we embroider our hopes, we stitch together resistance and our accomplishments. After all, we are not individual beings; we are collective stories, lives that come together to weave a better future.

The art expressed in these pieces means struggle; it is a historical construction made stitch by stitch, in the choice of each fabric scrap, in each needle that weaves our voices, conveying hope of a new day to come.

It brings us immense joy to occupy spaces and exhibitions with our art, and we hope you can feel our presence in each arpillera. Here are some of our embroidered stories: may they be sparks of indignation and hope.

Translated from Portuguese by Lívia Prado Martins

NATIONAL WOMEN'S COLLECTIVE OF THE MOVEMENT OF PEOPLE AFFECTED BY DAMS (MAB)

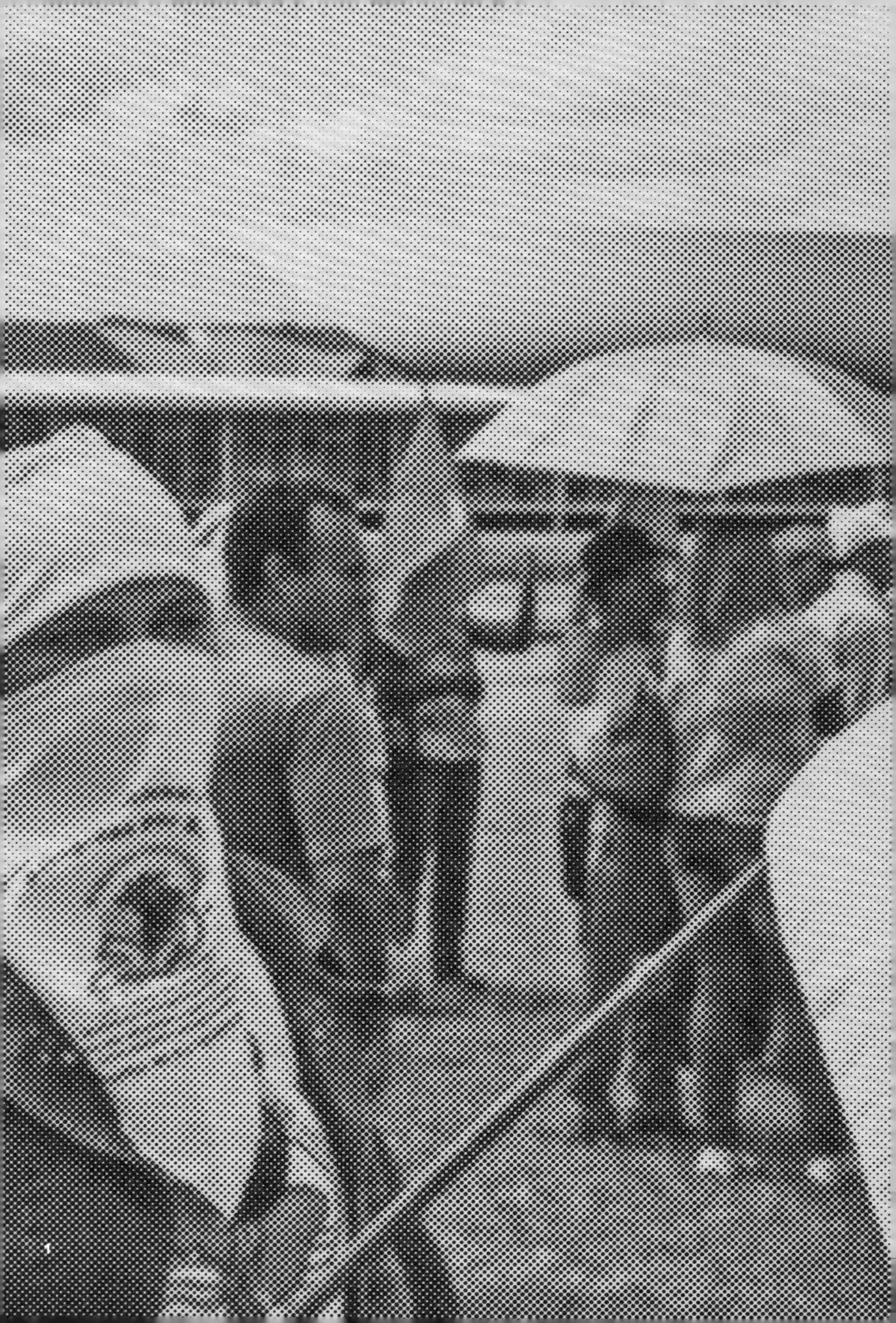

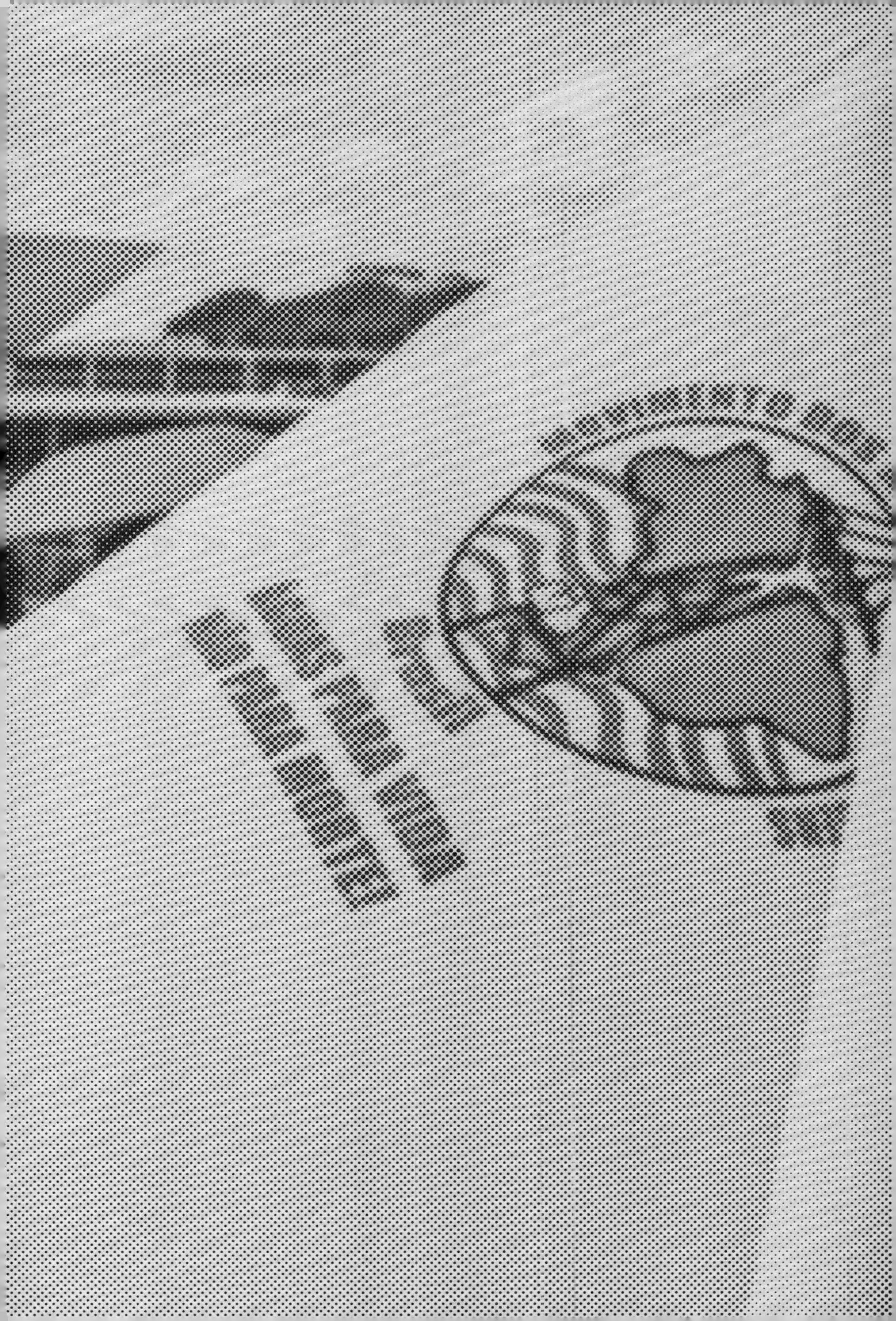

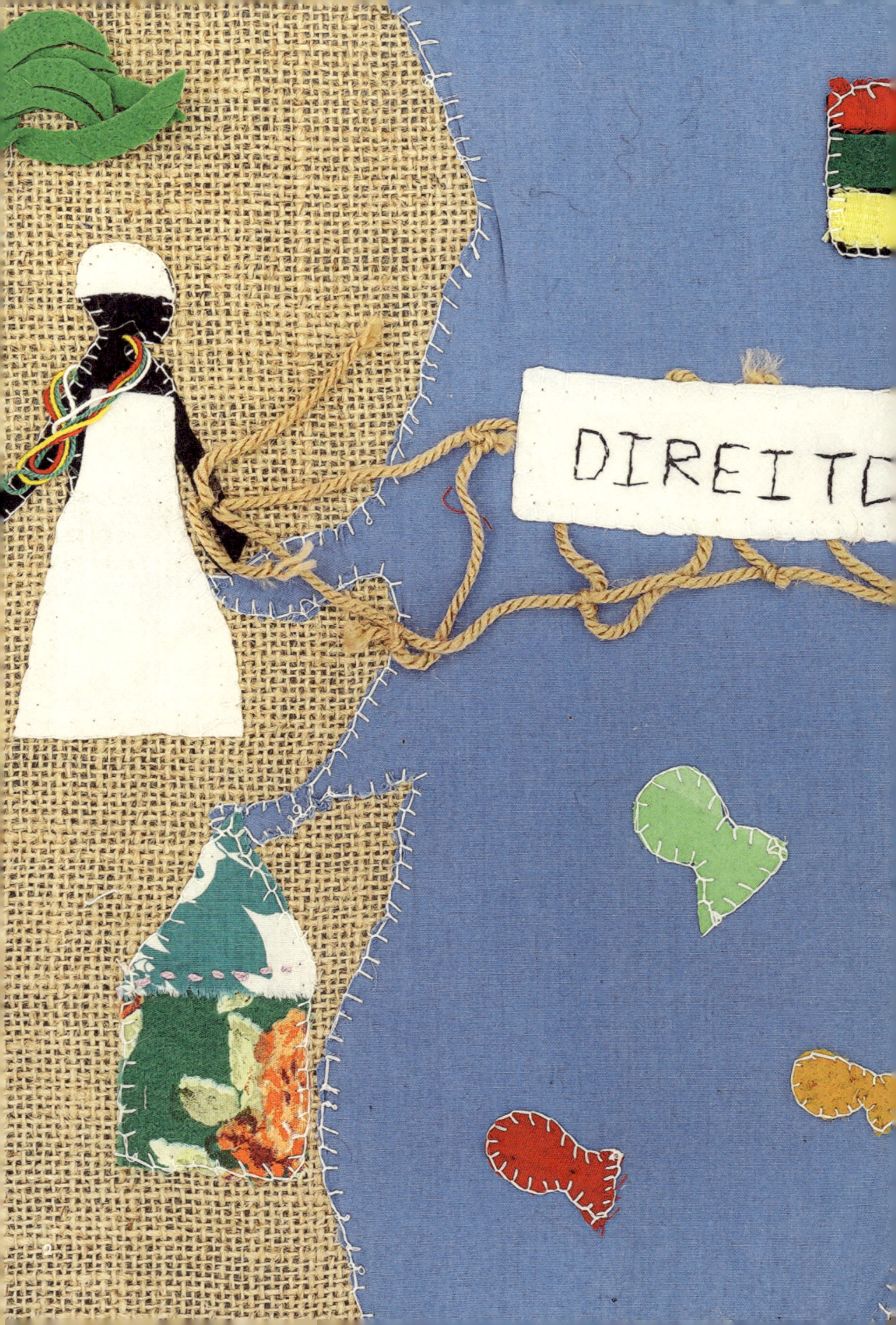
DIREIT

Mulheres Atingidas por Barragens: bordando direitos

Women Affected by Dams: Embroidering Our Rights

GLAUCEA HELENA DE BRITTO

O Movimento dos Atingidos por Barragens (MAB) é um movimento social auto-organizado e engajado em pautas ambientais, ecológicas, sociais e humanitárias relacionadas à construção de barragens em todo o Brasil. Fundado na década de 1970, o MAB surgiu a partir de experiências de organização local e regional e enfrentou ameaças e agressões devido a seu posicionamento crítico diante dos processos de implantação de projetos hidrelétricos. Posteriormente, o movimento se transformou em uma organização nacional, autônoma e de ampla participação popular.

O MAB tem como princípio a participação coletiva em todos os níveis, e essa coletividade também está presente na produção artística realizada desde 2013 pelas mulheres do Movimento. As arpilleras configuram uma linguagem têxtil, figurativa, politicamente engajada e de protagonismo feminino que surgiu na década de 1960 no Chile, durante o regime ditatorial de Augusto Pinochet (1915-2006), como uma forma de denunciar as violações dos direitos humanos. A produção chilena inspirou diversas mulheres e movimentos sociais ao redor do mundo, a exemplo do MAB, espalhando-se por países da América Latina, da Europa e da Ásia, e continua sendo uma importante ferramenta de memória, educação popular e reivindicação de direitos.

"Arpillera" significa "juta" em espanhol, o nome da fibra têxtil que recebe bordados que narram histórias de vida, luta e resistência das autoras e dos contextos nos quais estão inseridas. A partir de materiais de uso cotidiano, como linhas, agulhas e tecidos, as mulheres atingidas, integrantes do Coletivo Nacional de Mulheres do MAB, abordam temas como desterritorialização, poluição dos rios, do solo e do ar, falta de acesso à água potável e à energia elétrica, violência sexual e de gênero e condições desiguais no trabalho, entre outras violações de direitos humanos e ambientais causadas pela construção de barragens, seja para a mineração ou para a criação de usinas hidrelétricas. As peças que elas criam se tornam testemunhos

The Movimento dos Atingidos por Barragens [Movement of People Affected by Dams] (MAB) is a self-organized social movement engaged in environmental, ecological, social, and humanitarian issues related to the construction of dams throughout Brazil. Founded in the 1970s, MAB emerged from the experiences of local and regional organizations and faced threats and violent acts due to its critical stance on the implementation of hydroelectric projects. Over time, the Movement evolved into a national, autonomous organization with broad popular participation.

MAB's core principle is collective participation at all levels, a value also reflected in the artistic production of the Movement's women since 2013. Arpilleras are a textile-based, figurative, and politically engaged language characterized by female leadership. They emerged in Chile in the 1960s, during the dictatorship of Augusto Pinochet (1915-2006), as a means of denouncing human rights violations. Chilean arpilleras inspired women and social movements worldwide, such as MAB, spreading across Latin America, Europe, and Asia. Today, they remain a powerful tool for memory, popular education, and advocacy for rights.

"Arpillera" means "burlap" in Spanish, referring to the textile fiber that serves as the base for embroidered narratives of life, struggle, and resistance of the authors and the contexts in which they live. Using everyday materials such as threads, needles, and fabrics, Women Affected by Dams–members of MAB's National Women's Collective–address issues such as displacement, pollution of rivers, soil, and air, lack of access to drinking water and electricity, sexual and gender-based violence, and unequal working conditions, among other human and environmental rights violations caused by the construction of dams, whether for mining or building hydroelectric plants. The pieces they create become essential testimonies of these and other megaprojects' impacts on different communities.

Considering the variety of techniques, themes, and productions across different Brazilian regions, this essay functions as an

fundamentais dos impactos causados por esses e outros megaprojetos em diferentes comunidades.

Tendo em vista a diversidade de técnicas, temas e produções de diferentes regiões do Brasil, este ensaio se apresenta como uma introdução à poética desenvolvida pelas arpilleristas do MAB, a partir da análise de cinco obras da exposição *Mulheres Atingidas por Barragens: bordando direitos*, realizada no Museu de Arte de São Paulo Assis Chateaubriand (MASP).

MAPEAR CONTEXTOS E ORIGENS

De acordo com os dados informados pelo Instituto Brasileiro de Geografia e Estatística (IBGE) na divulgação do Censo Demográfico de 2022, o Maranhão é o estado que abriga o maior número de localidades quilombolas[1] no Brasil: 2.025, cerca de 24% do total nacional, 8.441. No mesmo levantamento, o município de Alcântara também ocupa o primeiro lugar em nível nacional, contabilizando 122 localidades. Os quilombos são comunidades negras formadas durante a vigência da escravidão no Brasil a partir de processos de resistência ao regime escravista, além de ser marcadas pelo vínculo compartilhado que estabelecem com o território.[2] Atualmente, além de lidar com o racismo e com as desigualdades sociais advindas da escravidão, a população quilombola tem encarado uma constante luta pela posse e pela permanência nos territórios que historicamente ocupam.

A arpillera *Cajueiro e Alcântara* (2022) [img. 3] retrata os desafios enfrentados pela comunidade quilombola de Cajueiro, que passou por um processo de desterritorialização com a instalação do Centro de Lançamento de Alcântara (CLA), atualmente denominado Centro Espacial de Alcântara (CEA). A região foi considerada estratégica por ter condições quase ideais para o lançamento de foguetes no espaço sideral, sendo essa a principal justificativa para a execução da ação de remanejamento das famílias, que atingiu principalmente as mulheres da comunidade. Em forma de denúncia, um conjunto de elementos que reivindicam o direito ao território e à memória dos modos de vida ali organizados foi cuidadosamente bordado sobre a juta.

O primeiro deles diz respeito à representação gráfica do espaço ocupado pela comunidade. A principal referência à geografia do local é o ponto de contato com as águas – nesse caso, a baía de São Marcos – e o formato de suas reentrâncias, uma característica que se reproduz em diferentes peças do MAB. Quando as águas aparecem representadas, seja como mar, rio, lago ou lagoa, geralmente é seu curso que organiza a composição. Na obra analisada, a aplicação do tecido

Mulheres Atingidas da comunidade quilombola de Cajueiro, Alcântara, Maranhão
[Women Affected by Dams from the quilombola community of Cajueiro, Alcântara, Maranhão]

3. ***Cajueiro e Alcântara***
[Cajueiro and Alcântara], 2022
IMG. 82

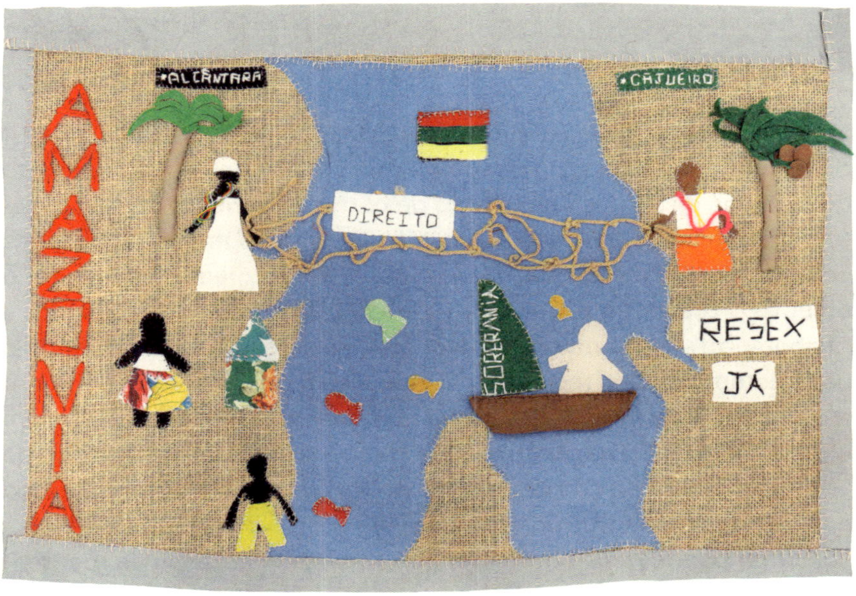

introduction to the poetics developed by MAB's arpilleristas, through an analysis of five works featured in the exhibition *Women Affected by Dams: Embroidering Our Rights*, held at the Museu de Arte de São Paulo Assis Chateaubriand (MASP).

MAPPING CONTEXTS AND ORIGINS

According to data released by the Instituto Brasileiro de Geografia e Estatística [Brazilian Institute of Geography and Statistics] (IBGE) in the 2022 Demographic Census, Maranhão is the state with the highest number of quilombola localities[1] in Brazil, totaling 2,025, which represents about 24% of the country's 8,441 total. In the same survey, the city of Alcântara ranks first nationally, with 122 communities. Quilombos are Black communities formed during the slavery period in Brazil as a result of resistance against the enslaving system. They are marked by the shared bond they established with the territory.[2] Currently, in addition to facing racism and social inequalities inherited from that regime, quilombola populations fight for land rights and to remain in the territories they have historically occupied.

The arpillera *Cajueiro e Alcântara* [Cajueiro and Alcântara] (2022) [img. 3] depicts the challenges faced by the quilombola community of Cajueiro after undergoing a process of displacement due to the construction of the Centro de Lançamento de Alcântara [Alcântara Launch Center] (CLA), now called the Centro Espacial de Alcântara [Alcântara Space Center] (CEA). The region was considered strategic due to its near-ideal conditions for launching rockets into outer space, which

azul cria uma dinâmica que destaca os aspectos do relevo e as atividades cotidianas que são desenvolvidas no seu entorno. O conjunto de palavras dispostas no formato de cartazes também serve para situar geograficamente o território, além de apresentar reivindicações como a criação de Reservas Extrativistas (Resex), áreas que têm como objetivo proteger os meios de vida e a cultura das populações locais, melhorando suas condições materiais de existência e assegurando o uso sustentável dos recursos naturais.[3] Cabe destacar que, embora as comunidades negras tradicionais tenham vivido em equilíbrio com o meio biótico através de gerações, dados divulgados pelo Censo de 2022 revelam que 90% dos quilombolas em territórios delimitados convivem com sistemas de saneamento básico precários.

Uma bandeira nas cores vermelha, verde e amarela se mantém centralizada na parte superior da arpillera, possivelmente em uma referência à cultura reggae, muito forte no Maranhão. A bandeira da cultura reggae, assim como vários países africanos, foi inspirada nas cores da bandeira da Etiópia, por ser este um país que resistiu à colonização europeia. Outro aspecto cultural apresentado na peça é a força das religiões afro-brasileiras na região. As duas figuras que aparecem posicionadas em margens opostas da baía carregam um fio de contas no pescoço, sendo que uma delas, à esquerda, também usa trajes brancos e um turbante, característicos dos povos de terreiro.

RESPONSABILIZAR OS ALGOZES

No dia 25 de janeiro de 2019, uma barragem de rejeitos minerais de ferro pertencente à multinacional brasileira Vale se rompeu no distrito de Córrego do Feijão, no município de Brumadinho, Minas Gerais. A avalanche de quase 13 milhões de metros cúbicos de lama tóxica causou um rastro de destruição cujos impactos sociais, ambientais e econômicos podem ser vistos até os dias atuais. Entre as consequências da tragédia estão a morte de 272 pessoas, a contaminação da bacia do rio Paraopeba – um dos afluentes do rio São Francisco –, o comprometimento do abastecimento de água potável, a degradação e a redução da biodiversidade e das áreas destinadas à agricultura e à pecuária, e muitas outras previstas para o longo prazo. Apesar das denúncias aos órgãos governamentais competentes e das ações judiciais, os processos de responsabilização e punição por crimes ambientais e humanitários praticados pelas empresas encarregadas pela implantação e manutenção da infraestrutura energética ou para mineração no Brasil, a exemplo do ocorrido em Brumadinho, por vezes não resultam em uma reparação justa para a população diretamente

was the main justification for relocating families. This action primarily affected the community's women. As a form of denunciation, a set of elements demanding rights to the territory and memory of the community's ways of life was carefully embroidered on burlap.

The first element concerns the graphic depiction of the space the community occupies. The main reference to the area's geography is the point of contact with bodies of water–in this case, the Bay of São Marcos–and the shape of its inlets, a feature reproduced in several works by MAB. When water is depicted, whether as a sea, river, lake, or lagoon, its course usually organizes the composition. In the work analyzed here, the blue fabric creates a dynamic relation that highlights relief features and everyday activities performed in the surrounding area. The set of words, fashioned as posters, also serves to situate the territory geographically while presenting demands such as the creation of Extractive Reserves (RESEX)–areas aimed at protecting the livelihoods and cultures of local populations, thus improving their material conditions and ensuring the sustainable use of natural resources.[3] It is worth noting that, even though traditional Black communities have lived in balance with the biotic environment for generations, data from the 2022 Census shows that 90% of quilombolas in demarcated territories face poor sanitation conditions.

A red, green, and yellow flag is centered at the arpillera's top, possibly referencing Maranhão's reggae culture, which, like many African countries, drew inspiration from the colors of Ethiopia's flag, a country that resisted European colonization. Another cultural element in the piece is the strength of Afro-Brazilian religions in the region. The two figures on opposite sides of the bay wear a string of beads around their necks, and the one on the left also wears white clothing and a turban, typical of *terreiro*[4] peoples.

HOLDING THE PERPETRATORS ACCOUNTABLE

On January 25, 2019, a mineral iron tailings dam owned by the Brazilian multinational company Vale collapsed in the district of Córrego do Feijão in Brumadinho, Minas Gerais state. The avalanche of nearly 13 million cubic meters of toxic mud left a trail of destruction whose social, environmental, and economic impacts can still be seen today. A total of 272 people were killed in the tragedy, which also contaminated the Paraopeba River basin–one of the São Francisco River's tributaries–, affected the drinking water supply, degraded and reduced local biodiversity, and caused the loss of agricultural and livestock areas, along with many other long-term effects.

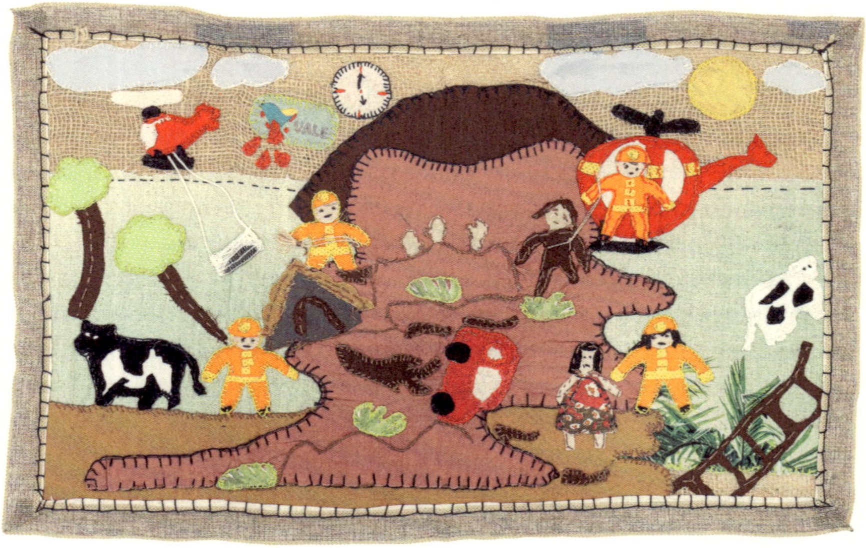

Mulheres Atingidas de Brumadinho, Minas Gerais
[Women Affected by Dams from Brumadinho, Minas Gerais]

4. ***25 de janeiro***
[January 25th], 2019
IMG. 70

atingida, além de não servirem como ponto de partida para a criação, o aprimoramento e a fiscalização mais rígida dos meios de prevenção e proteção da comunidade e do ecossistema diante dos riscos iminentes. Como nos alerta o MAB na obra *A cidade acorda* (2019) [img. 67], o lucro, quando colocado acima de tudo (principalmente da vida e da dignidade humana), tem como resultado a morte – simbolizada pela lama.

A data do rompimento da barragem em Brumadinho é o título da primeira arpillera a integrar a coleção do MASP [img. 4]. A peça apresenta o cenário de horror que foi o desastre mineiro: um imenso volume de lama, representado pelo tecido marrom bordado ao centro da composição, engole tudo o que surge pela frente, cobrindo uma parte considerável do suporte de juta. Sobre ele, três pequenos pedaços de pano em uma tonalidade mais clara, também aplicados na parte central, parecem representar as mãos de pessoas soterradas. Ao redor da lama está a força-tarefa organizada pelos profissionais do Corpo de Bombeiros para a busca de possíveis sobreviventes. Na lateral direita, um homem é resgatado por um dos helicópteros que sobrevoam a massa de rejeitos, enquanto abaixo dele um segundo profissional usa uma escada para salvar a mulher colocada em primeiro plano na imagem. Outros elementos, como o carro tombado, a vegetação fora de ordem e as árvores caídas, além dos animais que fogem da cena nas extremidades da peça, reforçam o aspecto caótico da situação.

Quase como uma assinatura, um selo ou uma prova de autoria, a logomarca da Vale está posicionada ao lado da barragem, que é representada por um tecido escuro e arqueado disposto em perspectiva ao fundo da cena. O relógio que acompanha a estrutura faz referência ao crime socioambiental anunciado, apontando para o fato de que era uma

Despite complaints to the government bodies in charge and the initiation of legal actions, the process of holding accountable and punishing the companies responsible for the construction and maintenance of power generation and mining infrastructure in Brazil for their environmental and humanitarian crimes, such as the one in Brumadinho, sometimes fails to provide fair compensation to the directly affected population; moreover, and it doesn't serve as a starting point for creating, improving, and enforcing stricter measures for monitoring the means of prevention and protection of communities and ecosystems against imminent risks. As MAB warns us in the work *A cidade acorda* [The City Awakes] (2019) [img. 67], when profit is placed above all else (especially life and human dignity), the result is death–symbolized by the mud.

The date of the dam failure in Brumadinho is the title of the first arpillera to be included in the MASP collection [img. 4]. The piece depicts the horrific scene of the mining disaster: a huge mass of mud, represented by brown fabric embroidered at the center of the composition, swallows everything in its path, covering a significant portion of the burlap support. Above it, three small pieces of cloth in a lighter shade, also sewn at the center, seem to represent the hands of buried people. Surrounding the mud is the rescue team organized by the Fire Brigade to search for survivors. On the right side, a man is rescued by one of the helicopters flying over the mass of waste, while below him a second rescuer uses a ladder to save the woman in the foreground. Other elements, such as the overturned car, vegetation in disarray, fallen trees, and animals fleeing the scene at the edges of the piece, reinforce the predominant chaos in the situation.

Almost like a signature, a seal, or proof of authorship, Vale's logo is placed next to the dam, which is represented by a dark, arched fabric arranged in perspective at the scene background. The clock in the structure refers to the fact that this was a long-foreseen socio-environmental crime, a matter of time until the fateful break, like the countdown of a time bomb about to explode. On this point, one must emphasize the strategic manner in which the MAB Women's Collective marked the mining company's blame for the tragedy: by symbolically embroidering the blood of Brumadinho's victims onto the company's visual identity, thus making them inextricably linked.

INTERSECTIONALIZING COLLECTIVE AGENDAS

Although the term "intersectionality" was coined in 1989 by civil rights advocate Kimberlé Crenshaw from the United States, this concept has been used by the Black women's movement in the U.S. since the 1970s.

questão de tempo até o fatídico rompimento, como a contagem regressiva de uma bomba-relógio prestes a explodir. Sobre esse ponto, cabe dar ênfase ao modo estratégico como o Coletivo de Mulheres do MAB marcou a responsabilidade da mineradora: bordando simbolicamente o sangue das vítimas da tragédia em Brumadinho sobre a identidade visual adotada pela empresa, tornando-os indissociáveis.

INTERSECCIONALIZAR PAUTAS COLETIVAS

Embora o termo "interseccionalidade" tenha sido cunhado em 1989 pela defensora dos direitos civis norte-americana Kimberlé Crenshaw, essa noção já vinha sendo utilizada pelo movimento de mulheres negras nos Estados Unidos desde a década de 1970. No Brasil, a ideia também está presente nos escritos de intelectuais como Lélia González (1935-1994), Maria Beatriz Nascimento (1942-1995) e Carolina Maria de Jesus (1914-1977). Definido como um instrumento de análise das diversas formas de opressão, o termo vem sendo utilizado principalmente para se referir às articulações entre gênero, raça e classe, mas também pode incluir categorias como nacionalidade, religião e sexualidade, entre outras.[4]

> A interseccionalidade é uma conceituação do problema que busca capturar as consequências estruturais e dinâmicas da interação entre dois ou mais eixos da subordinação. Ela trata especificamente da forma pela qual o racismo, o patriarcalismo, a opressão de classe e outros sistemas discriminatórios criam desigualdades básicas que estruturam as posições relativas de mulheres, raças, etnias, classes e outras. Além disso, a interseccionalidade trata da forma como ações e políticas específicas geram opressões que fluem ao longo de tais eixos, constituindo aspectos dinâmicos ou ativos do desempoderamento.[5]

De acordo com a intelectual brasileira Carla Akotirene, a interseccionalidade pode nos ajudar a identificar as opressões e combatê-las, uma vez que um de seus objetivos é fornecer instrumentalidade teórico-metodológica à inseparabilidade estrutural do racismo, do capitalismo e do cis-heteropatriarcado. A autora também chama a atenção para o fato de que, nessa dinâmica, as mulheres racializadas são repetidamente atingidas pelo cruzamento e pela sobreposição de gênero, raça e classe, os quais são, em suas palavras, modernos aparatos coloniais.[6] Nesse sentido, embora a organização coletiva das Mulheres Atingidas tenha como fundamento o recorte de gênero, é possível observar em seu trabalho artístico a articulação de múltiplos marcadores sociais da diferença que evidenciam o posicionamento político

In Brazil, we also see the idea in the writings of intellectuals such as Lélia González (1935-1994), Maria Beatriz Nascimento (1942-1995), and Carolina Maria de Jesus (1914-1977). Defined as a tool for analyzing the several forms of oppression, the term has primarily been used to refer to the inter-relations of gender, race, and class, but it can also include categories such as nationality, religion, and sexuality, among others.[5]

> Intersectionality is a conceptualization of the problem that attempts to capture both the structural and dynamic consequences of the interaction between two or more axes of subordination. It specifically addresses the manner in which racism, patriarchy, class oppression, and other discriminatory systems create background inequalities that structure the relative positions of women, races, ethnicities, classes, and the like. Moreover, it addresses the way that specific acts and policies create burdens that flow along these axes constituting the dynamic or active aspects of disempowerment.[6]

According to Brazilian intellectual Carla Akotirene, intersectionality can help us recognize and combat oppression since one of its purposes is to provide theoretical and methodological tools to address the structural inextricability of racism, capitalism, and cis-heteropatriarchy. The author also draws attention to the fact that, within this dynamic, racialized women are repeatedly affected by the intersection and overlap of gender, race, and class, which are, in her words, modern colonial instruments.[7] In this sense, although the collective organization of the Women Affected by Dams is based on gender, one may see in their artistic work the inter-relation of multiple social markers of difference that indicate the affirmative political stance of its members regarding the axes of subordination at play in each specific context, sometimes cross-cutting social and identity-based agendas. This is evident, for instance, in the authorship description of the work *Barragem não!* [No to the Dams!] (2015) [img. 55]—Munduruku Women Affected by Dams—which asserts the group's ethnic-racial belonging along with the terms that initially define the social movement by gender.

A similar approach can be found in the work *Reforma trabalhista e as consequências na vida das mulheres* [Labor Reform and its Consequences on Women's Lives] (2017) [img. 5]. Among the scenes depicting abuses committed against female workers, exacerbated by the Labor Reform adopted by the government of Michel Temer that same year, the overlapping of racial, gender, and class violence, as well as the identification of its matrix of production through these same markers, is depicted in the arpillera: a white man with blond hair and wearing a dark suit and

afirmativo de suas integrantes quanto aos eixos de subordinação operantes em cada contexto específico, cruzando em determinados momentos pautas sociais e pautas identitárias. É o que acontece, por exemplo, na descrição da autoria da obra *Barragem não!* (2015) [img. 55] – Mulheres Atingidas Munduruku –, que afirma o pertencimento étnico-racial do grupo junto às informações de nomenclatura que inicialmente identificam o movimento social por gênero.

Uma abordagem semelhante pode ser encontrada na obra *Reforma trabalhista e as consequências na vida das mulheres* (2017) [img. 5]. Entre as cenas que retratam os abusos cometidos contra as trabalhadoras, agravados com a aprovação da Reforma Trabalhista pelo governo de Michel Temer naquele mesmo ano, a sobreposição da violência racial, de gênero e de classe, assim como a identificação de sua matriz de produção por meio desses mesmos marcadores, aparecem representadas na arpillera: um homem, branco, de cabelos loiros, trajando terno escuro e sapato social, agride uma mulher negra, que veste roupas menos formais, puxando-a pelos cabelos no ambiente de trabalho. Logo abaixo, uma segunda mulher negra sangra, deitada no chão. Ela sofre um aborto devido aos efeitos da exposição às substâncias tóxicas em suas atividades laborais, como indicam os três símbolos que a rodeiam. Um rio de sangue atravessa a imagem de cima a baixo. Sobre o rio, figura uma carteira de trabalho quase partida ao meio, em referência à perda de direitos sofrida pelas mulheres. À direita, uma terceira mulher, impactada pelo fechamento das creches durante o governo vigente, chora ao sair para trabalhar e não ter um lugar seguro para deixar os filhos.

Identificar e combater as opressões de modo interseccional, na poética das arpilleras do MAB, significa dar forma à perspectiva crítica das mulheres atingidas sobre pautas sociais e identitárias vivenciadas na prática e muitas vezes confirmadas, ainda que posteriormente à confecção das peças, por indicadores, dados e estatísticas oficiais sobre as desigualdades no Brasil. Esse é o caso do processo de desvalorização do trabalho das mulheres, um tema recorrente principalmente no que diz respeito à desigualdade salarial em relação aos homens. De acordo com o 2° Relatório de Transparência Salarial e Critérios Remuneratórios, divulgado em setembro de 2024, as mulheres recebem 20,7% menos do que os homens nos empregos formais que fizeram parte da pesquisa.[7] A diferença se torna ainda maior entre as mulheres negras, que recebem, em média, 50,2% do salário de homens não negros. Essas questões são abordadas na obra *Trabalho invisível* (2015) [img. 57].

Outro exemplo é a relação de causa e efeito entre o capitalismo e o colapso de ecossistemas, tratada na obra *Defender a Amazônia é*

dress shoes assaults a Black woman dressed in less formal clothing, pulling her by the hair in the workplace. Just below, a second Black woman bleeds while lying on the ground. She is aborting her child due to the effects of exposure to toxic substances in her labor activities, as the three symbols surrounding her indicate. A river of blood runs through the image from top to bottom. Above it, a labor card almost split in half emerges, referring to the loss of women's rights. On the right, a third woman, affected by the closing of daycare centers during that administration, cries as she leaves for work without a safe place to leave her children.

In the poetics of the MAB's arpilleras, recognizing and fighting oppression intersectionally means embodying the critical view of the affected women on social and identity issues experienced in daily life and often confirmed, even after the creation of the pieces, by indicators, data, and official statistics on inequalities in Brazil. This is the case of the devaluation of women's work, a recurring theme, especially regarding wage inequality compared to men. According to the 2nd Salary Transparency and Remuneration Criteria Report, prepared by the Brazilian government and published in September 2024, women earn 20.7% less than men in the formal jobs included in the survey.[8] The gap becomes even larger among Black women, who earn on average 50.2% of the wage of non-Black men. This issue is addressed in the piece *Trabalho invisível* [Invisible Labor] (2015) [img. 57].

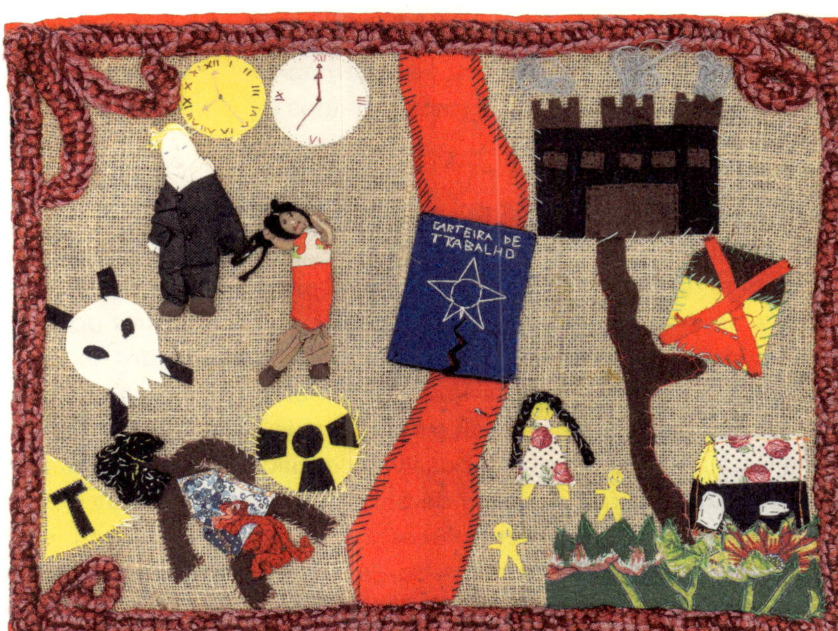

Mulheres Atingidas de São Paulo [Women Affected by Dams from São Paulo]

5. ***Reforma Trabalhista e as consequências na vida das mulheres*** [Labor Reform and Its Consequences on Women's Lives], 2017
IMG. 62

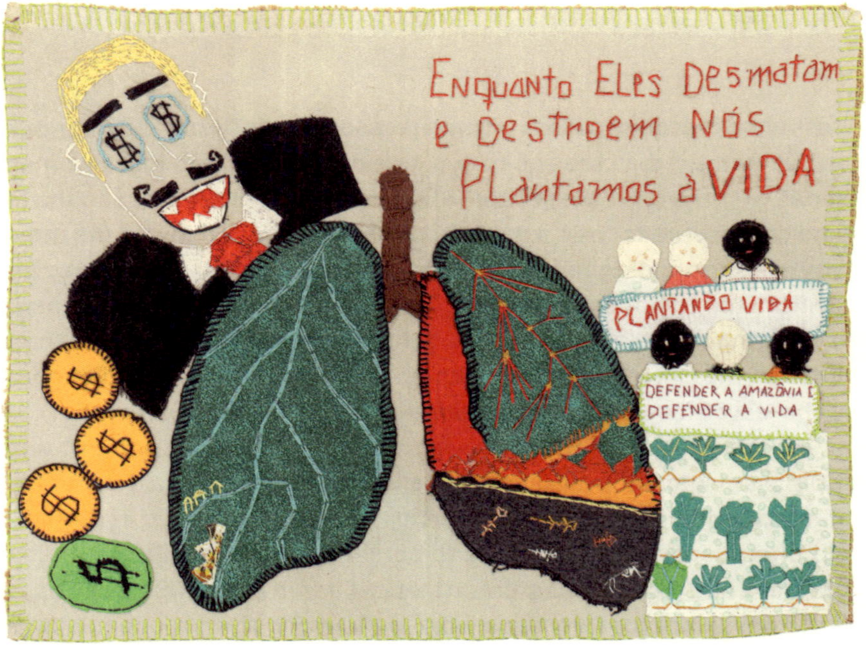

Coletivo Nacional de Mulheres do MAB na região de Tapajós, Pará [MAB National Women's Collective at the Tapajós region, Pará]

6. ***Defender a Amazônia é defender a vida*** [Defending the Amazon Is Defending Life], 2021
IMG. 77

defender a vida (2021) [img. 6], que novamente considera os marcadores de gênero e raça da própria matriz de opressão. Criada durante a pandemia de covid-19, essa arpillera denuncia os impactos devastadores da ganância empresarial sobre a Floresta Amazônica, ali representada como dois pulmões. Não por acaso, a figura que simboliza os empresários brasileiros e estrangeiros que exploram economicamente a região é um homem racializado como branco, loiro, de terno e gravata, com cifrões no lugar das pupilas de seus olhos azuis, um sinal da cobiça desenfreada das corporações internacionais pelos elementos naturais do Brasil, explorados e transformados unicamente em fontes de lucro.

EDUCAR PARA DEFENDER A VIDA

A presença de linhas contínuas que atravessam grandes espaços vazios e se interconectam, estabelecendo ao mesmo tempo uma ligação entre todos os elementos da composição, cria um aspecto visualmente marcante na obra *Mulheres Atingidas em defesa da vida* (2021) [img. 7]. Ao centro, um traço azul delineia o mapa do estado de Santa Catarina, sobre o qual é possível identificar a lagoa da Conceição, atingida pelo rompimento da barragem da Companhia Catarinense de Águas e Saneamento (Casan), e os impactos causados na vida das pescadoras e dos pescadores, representados por dois pequenos barcos. Outro conjunto de linhas extrapola as fronteiras do estado em uma referência à exportação da energia elétrica, enquanto

Another example is the cause-and-effect relationship between capitalism and the collapse of ecosystems, addressed in the work *Defender a Amazônia é defender a vida* [Defending the Amazon is Defending Life] (2021) [img. 6], which once again considers the markers of gender and race within the matrix of oppression. Created during the COVID-19 pandemic, this arpillera denounces the devastating impacts of corporate greed on the Amazon Rainforest, depicted as two lungs. Not coincidentally, the figure embodying the Brazilian and foreign businessmen who economically exploit the region is a man racialized as white, blond, dressed in a suit and tie, with dollar signs instead of pupils in his blue eyes—a symbol of the rampant greed of international corporations for Brazil's natural resources, reduced to mere commodities.

EDUCATING TO DEFEND LIFE

The presence of continuous lines that cross large empty spaces and interconnect, while establishing links among all the elements of the composition, creates a visually striking aspect in the work *Mulheres Atingidas em defesa da vida* [Women Affected by Dams in Defense of Life] (2021) [img. 7]. In the center, a blue line outlines the map of Santa Catarina state, where one may recognize the Conceição lagoon, affected by the collapse of the dam belonging to the Companhia Catarinense de Águas e Saneamento (CASAN), and its impacts on the lives of fisherwomen and men, depicted as two small boats. In another set, power transmission lines cross the state borders, alluding to the export of electricity, while energy bills become increasingly expensive for Brazilian families. Inside the map, two isolated elements stand out: a fruit basket, which symbolizes the diversity of food produced in the region threatened by the Fosfateira dam in Anitápolis, Greater Florianópolis; and the Araucaria tree, typical of southern Brazil, representing the local biodiversity also at risk due to the construction of dams. In the foreground, five MAB activists, connected by their hands, carry protest banners, showing that the only way to fight corporate greed is through popular struggle.

Collectivity and connection are also part of the teaching methodologies that guide the activities carried out in the arpillera production workshops, run by the MAB National Women's Collective in collaboration with affected communities across Brazil since 2013. The creation of each piece results from the collective work performed in these meetings, which, like in popular education, aim at raising awareness, fostering autonomy, and promoting social change. Thus, the arpillería workshops can be defined as artistic, political, and pedagogical spaces for creating textile documents that expand the reach and impact of the struggle

as contas de luz se tornam cada vez mais caras para as famílias brasileiras. Dentro do mapa, dois elementos isolados ganham destaque: a cesta de frutas, que simboliza a diversidade de alimentos produzidos na região ameaçada pela barragem da Fosfateira, em Anitápolis, na Grande Florianópolis, e a araucária, árvore típica da região Sul do Brasil, que remete à biodiversidade local também ameaçada pela construção das barragens. No primeiro plano, cinco militantes do MAB, conectadas pelas mãos, carregam faixas de protesto, demonstrando que a única forma de combater a ganância corporativa se dá por meio da luta popular.

Coletividade e conexão também fazem parte das metodologias de ensino que orientam as atividades desenvolvidas nas oficinas de produção de arpilleras, organizadas desde 2013 pelo Coletivo Nacional de Mulheres do MAB junto às comunidades atingidas em todo o território nacional. A criação de cada peça é resultado do trabalho conjunto realizado nesses encontros, que, em diálogo com a educação popular, visam à conscientização, à autonomia e à transformação social. Assim, as oficinas de arpillería se configuram como espaços artísticos, políticos e pedagógicos para a criação de documentos têxteis que ampliam o alcance e o impacto das atividades de luta e do debate público sobre os temas abordados, tornando o ativismo do movimento mais efetivo e promovendo o avanço de suas agendas políticas no combate às desigualdades estruturadas pelo capitalismo.

Por fim, a materialidade das arpilleras concede permanência à elaboração crítico-visual de suas autoras sobre as realidades vividas, por meio de uma poética diretamente relacionada às estratégias de luta do MAB, como mapear contextos e origens, responsabilizar os algozes, interseccionalizar pautas coletivas, educar para defender a vida e muitas outras em processo. Se no Renascimento o gesto do artista era considerado equivalente ao ato divino da criação, no caso das arpilleras, o mesmo gesto que borda diferentes materiais sobre tecido, criando narrativas-denúncia sobre as violações de direitos e propostas de encaminhamento, tem como base as ações do movimento social na perspectiva das mulheres que se articulam para reivindicar a proteção e a promoção desses mesmos direitos na vida real. Dessa forma, podemos considerar que as arpilleras são feitas a partir de um dos gestos mais nobres que a história da arte já registrou: a defesa da vida. E isso, sim, vale muito.

GLAUCEA HELENA DE BRITTO, curadora assistente, MASP

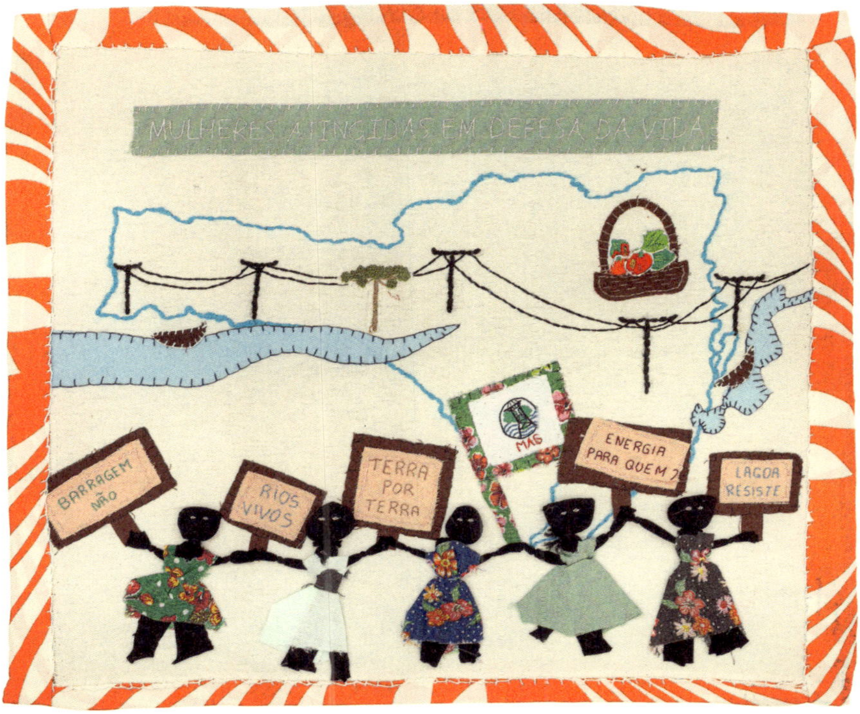

Mulheres Atingidas de Santa Catarina [Women Affected by Dams from Santa Catarina]

7. ***Mulheres Atingidas em defesa da vida*** [Women Affected by Dams in Defense of Life], 2021
IMG. 80

activities and public debate on the issues addressed. This enables the Movement's activism to be more effective and helps advance its political agendas in the fight against inequalities yielded by capitalism.

Finally, the materiality of the arpilleras gives permanence to the critical-visual elaboration of their authors regarding the realities they experience, through a poetics directly related to MAB's struggle strategies, such as mapping contexts and origins, holding perpetrators accountable, intersectionalizing collective agendas, educating to defend life, and many others in progress. If in the Renaissance the artist's gesture was considered equivalent to the divine act of creation, in the case of the arpilleras the same gesture that embroiders different materials on fabric, creating narratives that denounce rights violations and propose solutions, is based on the actions of the social movement from the perspective of organized women who demand the protection and promotion of those same rights in real life. Thus, we can say that the arpilleras are made from one of the noblest gestures ever recorded in art history: the defense of life. And that, indeed, is worth a great deal.

Translated from Portuguese by Lívia Prado Martins

GLAUCEA HELENA DE BRITTO, Assistant Curator, MASP

NOTAS

1 Entendem-se como "localidades quilombolas" lugares do território nacional nos quais existe um aglomerado permanente de habitantes quilombolas, que estão relacionados a uma comunidade quilombola e que contam com, no mínimo, quinze pessoas declaradas quilombolas cujos domicílios estão a, no máximo, duzentos metros de distância uns dos outros. Ver https://agenciagov.ebc.com.br/noticias/202407/censo-2022-brasil-possui-8-441-localidades-quilombolas-24-delas-no-maranhao#:~:text=Entre%20as%20unidades%20da%20federa%C3%A7%C3%A3o,total%20de%20localidades%20no%20Brasil. Acesso em 13.1.2025.

2 O termo "território", no contexto das comunidades negras rurais e urbanas, não diz respeito apenas ao espaço físico, mas também aos diversos espaços de sociabilidade negra, marcados pela solidariedade e pela resistência ao racismo.

3 Ver https://www.gov.br/icmbio/pt-br/assuntos/unidades-de-conservacao/resex#:~:text=As%20Reservas%20Extrativistas%20(RESEX)%20visam,Plano%20de%20Manejo%20da%20unidade. Acesso em 13.1.2025.

4 Cinthia Torres Toledo, *Da frente ao fundão da sala de aula: masculinidades e envolvimento escolar na periferia de São Paulo*. Tese de doutorado. Universidade de São Paulo, 2022.

5 Kimberlé Williams Crenshaw, "Documento para o encontro de especialistas em aspectos da discriminação racial relativos ao gênero". *Estudos Feministas*, ano 10, v. 1, 2002.

6 Carla Akotirene, *Interseccionalidade*. São Paulo: Pólen Livros, 2019.

7 Disponível em https://www.gov.br/trabalho-e-emprego/pt-br/noticias-e-conteudo/2024/Setembro/mulheres-ganham-20-7-menos-que-homens-em-empresas-com-mais-de-100-funcionarios-aponta-2deg-relatorio-de-transparencia-salarial/Apresentacao.MTE.17092024final.pdf. Acesso em 13.1.2025.

NOTES

1 "Quilombola localities" are regarded as places within the Brazilian territory where a permanent group of quilombola inhabitants exists, who are connected to a quilombola community and include at least fifteen self-declared quilombola individuals whose households are no more than 200 meters apart from one another. See https://agenciagov.ebc.com.br/noticias/202407/censo-2022-brasil-possui-8-441-localidades-quilombolas-24-delas-no-maranhao. Retrieved Jan. 13, 2025.

2 The word "territory," in the context of rural and urban Black communities, doesn't concern to only physical spaces, but is also used to refer to several spaces of Black sociability, marked by solidarity and resistance to racism.

3 See https://www.gov.br/icmbio/pt-br/assuntos/unidades-de-conservacao/resex#:~:text=As%20Reservas%20Extrativistas%20(RESEX)%20visam,Plano%20de%20Manejo%20da%20unidade. Retrieved Jan. 13, 2025.

4 A worship place for many Afro-Brazilian religions, such as Candomblé and Umbanda. [Editor's Note]

5 Cinthia Torres Toledo, *Da frente ao fundão da sala de aula: masculinidades e envolvimento escolar na periferia de São Paulo*. PhD Dissertation. Universidade de São Paulo, 2022.

6 Kimberlé Williams Crenshaw, "Documento para o encontro de especialistas em aspectos da discriminação racial relativos ao gênero." *Estudos Feministas*, year 10, vol. 1, 2002.

7 Carla Akotirene, *Interseccionalidade* (São Paulo: Pólen Livros, 2019).

8 Available at https://www.gov.br/trabalho-e-emprego/pt-br/noticias-e-conteudo/2024/Setembro/mulheres-ganham-20-7-menos-que-homens-em-empresas-com-mais-de-100-funcionarios-aponta-2deg-relatorio-de-transparencia-salarial/Apresentacao.MTE.1709 2024final.pdf. Retrieved Jan. 13, 2025.

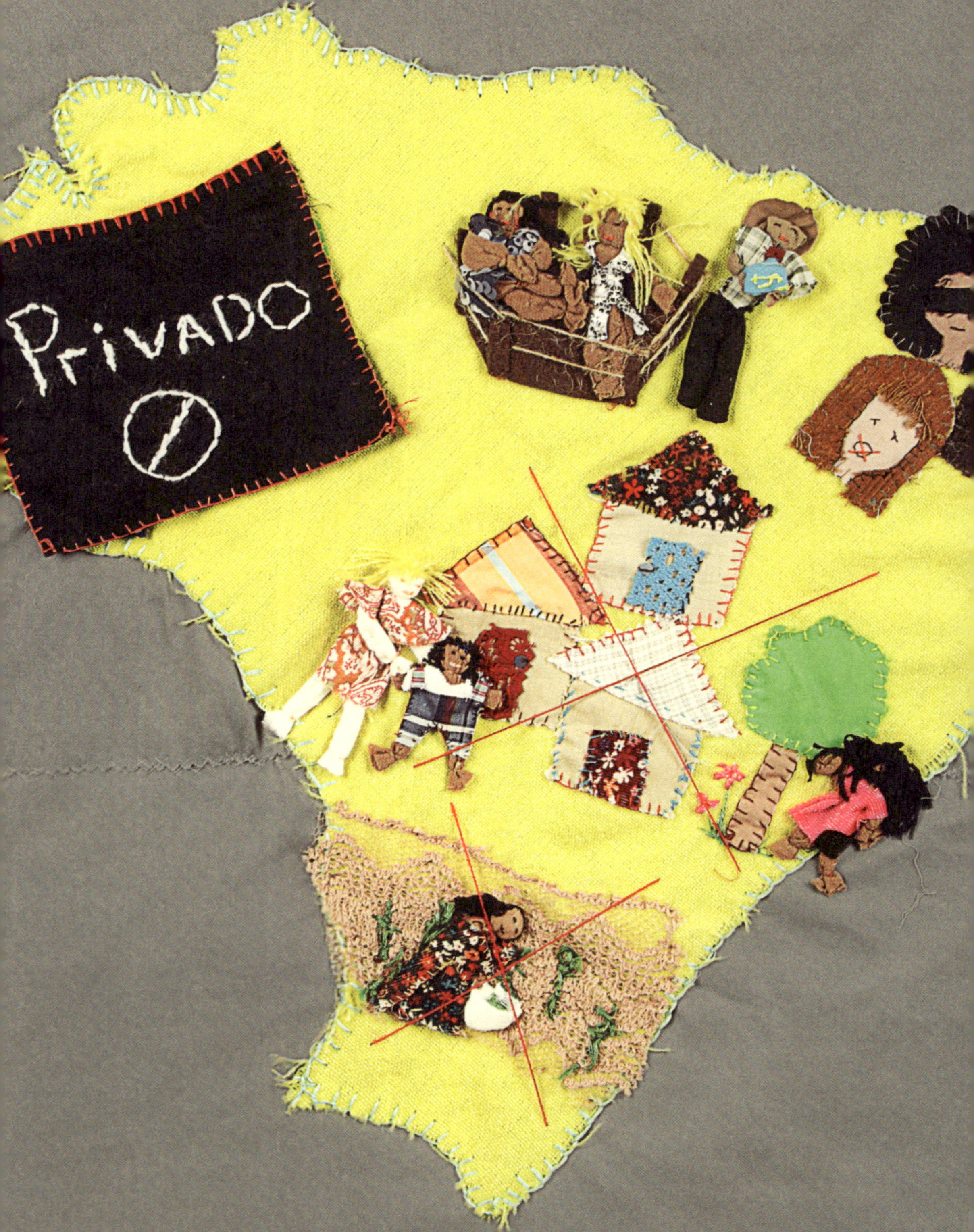
PRIVADO

Gênese, linguagem, rastro, jornadas, vozes e herança nas arpilleras do MAB

Genesis, Language, Trail, Journeys, Voices, Heritage on MAB's Arpilleras

ROBERTA BACIC

O QUE SIGNIFICA VIVER COM ESSAS NARRATIVAS VISUAIS DE GUERRA, DESLOCAMENTO E SOFRIMENTO CRIADAS POR OUTROS? COMO TORNAMOS ESSAS HISTÓRIAS – DE OUTROS, VIVIDAS POR OUTROS – PARTE DE NOSSAS PRÓPRIAS HISTÓRIAS DE VIDA?

James E. Young[1]

Fui convidada para contribuir com o catálogo que acompanha a exposição *Mulheres Atingidas por Barragens: bordando direitos*. Meu objetivo é escrever sobre as arpilleras do Movimento dos Atingidos por Barragens (MAB) e situá-las num contexto latino-americano mais amplo. Aceitei o tópico e o desafio e vou levá-los ainda mais longe: viajaremos além da América Latina para encontrar outras arpilleras que brotaram de sementes parecidas. Também vamos reconstituir os passos da primeira arpillera feita por mulheres do MAB.

Todas as arpilleras apresentadas e discutidas neste ensaio fazem parte da nossa coleção Conflict Textiles.[2] Como cada uma das nossas 432 arpilleras (assim como outros "têxteis de conflito") já foi exposta e documentada, este ensaio dará vida a esse conjunto ao percorrer nosso arquivo vivo e explorar sua presença central em alguns dos 305 eventos que, até o momento, estiveram associados às obras. Para ser fiel às arpilleristas, este texto tomará a forma de uma arpillera, assumindo sua estrutura não linear.

Então, o que são arpilleras? Como podemos defini-las e descrevê-las? Depois de anos de envolvimento com as arpilleristas e seus seguidores, além de artistas e acadêmicos, somados a muita leitura, esta é a definição que nós, da Conflict Textiles, criamos:

> As arpilleras, que constituem a maior parte desta coleção, podem ser descritas simplesmente como tapeçarias tridimensionais com apliques costurados à mão, originárias da América Latina e, mais precisamente, do Chile. Para as mulheres, que em geral trabalham coletivamente, as arpilleras se tornaram um meio de denúncia das violações dos direitos humanos e da repressão da ditadura de Pinochet no Chile (1973-1990).[3]

Para traçar as origens das arpilleras do MAB, devemos começar com as matrizes das arpilleras chilenas, que surgiram durante a ditadura

WHAT DOES IT MEAN TO LIVE WITH THESE VISUAL NARRATIVES OF WAR, DISPLACEMENT, AND SUFFERING CREATED BY OTHERS? HOW DO WE MAKE THESE STORIES—OF OTHERS, BY OTHERS—PART OF OUR OWN LIFE STORIES?

James E. Young[1]

I have been invited to contribute to the catalog that accompanies the exhibition *Women Affected by Dams: Embroidering Our Rights*. It is my remit to write about the arpilleras from the Movimento dos Atingidos por Barragens [Movement of People Affected by Dams] (MAB), and to place them within a broader Latin American context. I have taken up both the thread and the challenge and will take it even further: we will travel beyond Latin America to find other arpilleras that grew out of similar seeds. We will also retrace the footsteps of the first arpillera made by women from MAB.

The arpilleras presented and discussed in this essay are all part of our Conflict Textiles collection.[2] Since each of our 432 arpilleras (and other conflict textiles) has been exhibited and documented, this essay will bring them to life by navigating our live archive and also by exploring their central presence in some of the 305 events (to date) associated with them. To be true to the arpilleristas,[3] this text will take the shape of an arpillera and its nonlinear structure.

So, what is an arpillera? How can we define and describe them? After years of engagement and conversations with arpilleristas, followers, artists, and scholars, along with plenty of reading, this is the definition that we at Conflict Textiles have come up with:

> Arpilleras (pronounced "ar-pee-air-ahs"), which form the majority of this collection, can be simply described as hand-sewn three-dimensional appliquéd tapestries of Latin America that originated in Chile. These became the medium for women, generally working collectively, to denounce the human rights abuses and repression of the Pinochet dictatorship in Chile (1973–1990).[4]

To trace the origins of the MAB arpilleras, we shall start with the origins of the Chilean arpilleras that emerged during the Augusto Pinochet (1915–2006) dictatorship and then follow their transnational journey.

de Augusto Pinochet (1915–2006), para então seguir sua jornada transnacional.

Hornos de Lonquén [Fornos de Lonquén] [img. 9], uma arpillera chilena pungente, produzida em 1979 e típica em relação à técnica utilizada no país nesse período, é um bom exemplo da definição exposta acima. As mulheres retratadas estão homenageando seus entes queridos que foram jogados vivos em um forno de cal; elas carregam suas fotos enquanto a força policial reprime o grupo. Em cores vívidas, a peça nos dá acesso à luta avassaladora que os parentes dos desaparecidos travam em busca da verdade e da justiça. Apesar dos diversos obstáculos – tais como a pobreza e a repressão –, eles perseveraram em suas demandas pela verdade, pela localização dos familiares desaparecidos e pelo direito de enlutar-se por eles.

O caso de Lonquén chocou o Chile e marcou um ponto de virada para os parentes dos desaparecidos, que, até então, se apegavam à esperança de que, eventualmente, encontrariam seus familiares vivos. O caso revelou a eles e a toda a nação o fato de que "desaparecido" quase sempre significava morto.

Para serem vistas, as arpilleras e as arpilleristas necessitavam de agência: precisavam ser reconhecidas e acolhidas pelo grande público como uma voz legítima. Precisavam ocupar espaços onde pudessem ser vistas e onde suas vozes fossem levadas em consideração.

Foi por esse motivo que Catherine Flood, curadora do Victoria and Albert Museum, quis colocá-las no centro da exposição *Disobedient Objects* [Objetos desobedientes],[4] que ocorreu em Londres de 26 de julho de 2014 a 11 de fevereiro de 2015, e que depois itinerou na Austrália.[5] *Disobedient Objects* concentrou-se no período entre o fim da década de 1970 e 2014, época em que surgiram muitas novas tecnologias e desafios políticos. Em uma conversa durante a montagem da exposição, ela declarou: "As arpilleras são o primeiríssimo *objeto desobediente* nesta exposição".[6]

Para seguir o fio da meada, vamos nos valer das palavras que a curadora Christine Bouilloc, do Musée Bargoin, em Clermont-Ferrand, na França, usou durante a abertura da exposição *Rebeldes/Rebels* (2017) na Cidade do México: "As arpilleras chilenas rompem com aquilo que é óbvio, rejeitando a aparência de fatalidade e as provas falsas".[7]

Puxando um outro fio, agora podemos nos voltar para a chegada das arpilleras no Brasil através do MAB, um movimento social e organização política que surgiu no final dos anos 1970 com o objetivo de organizar e orientar as pessoas atingidas por barragens em sua busca por direitos.

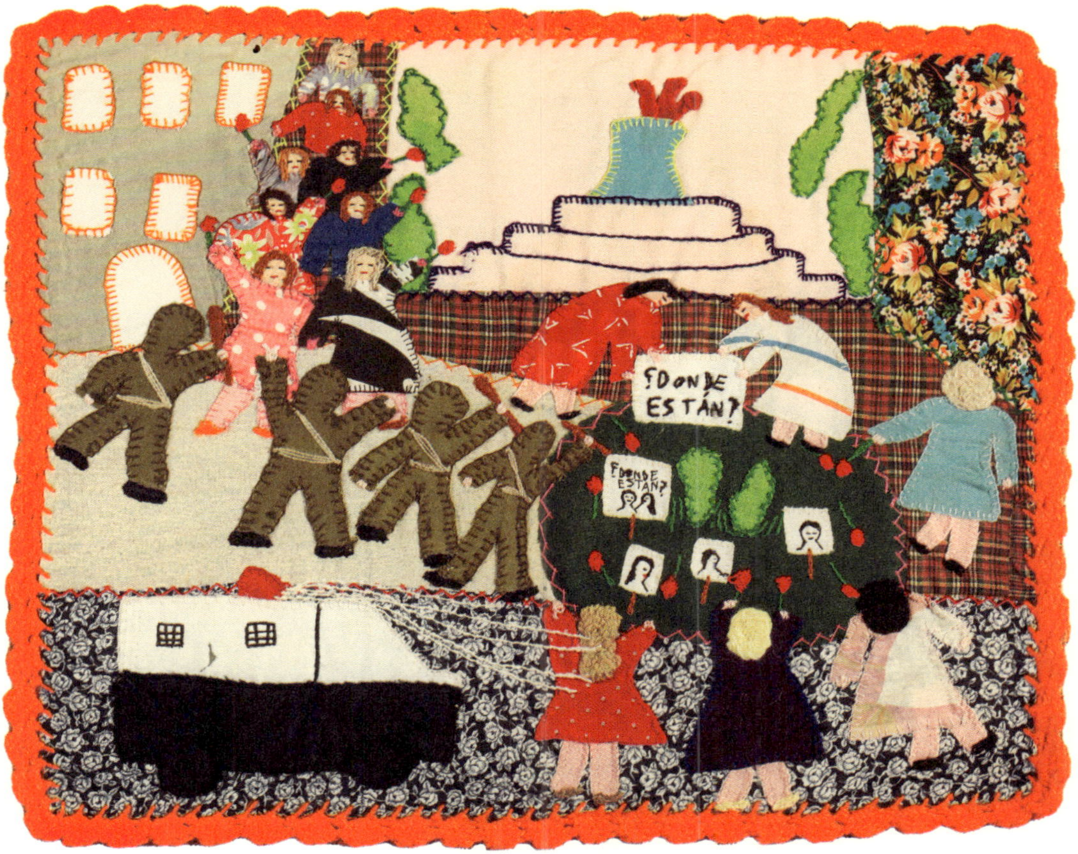

Autoria desconhecida [Unknown authorship]

9. ***Hornos de Lonquén*** [Fornos de Lonquén] [Lime Kilns of Lonquén], *circa* 1979
Bordado sobre tecido [Needlework on fabric], 46 × 39 cm
Coleção [Collection] Conflict Textiles, doação [gift] Joanne Sheehan, 2010, Chile

The very poignant and technically typical 1979 arpillera from Chile, *Hornos de Lonquén* [Lime Kilns of Lonquén] [img. 9], is a good example of our definition above. The women pictured are commemorating their loved ones who were thrown alive into a lime kiln, carrying their photos while the police force suppresses the group. Vivid in colors, it gives us an insight into the overwhelming struggle for truth and justice of the relatives of the disappeared. In spite of the many obstacles–such as poverty and repression–they persevered in their demands for the truth, to find their disappeared family members, and to mourn them.

The Lonquén case shocked Chile and marked a turning point for relatives of the disappeared, who, until then, had held on to the hope that they would eventually find their missing family members alive. This case revealed to them and to the whole nation the reality that "disappeared," almost always meant dead.

In order to be seen, the arpilleras and the arpilleristas needed agency: they needed to be recognized and welcomed into the mainstream as a legitimate voice. They needed to populate spaces where they could be seen and their voices could be taken into account.

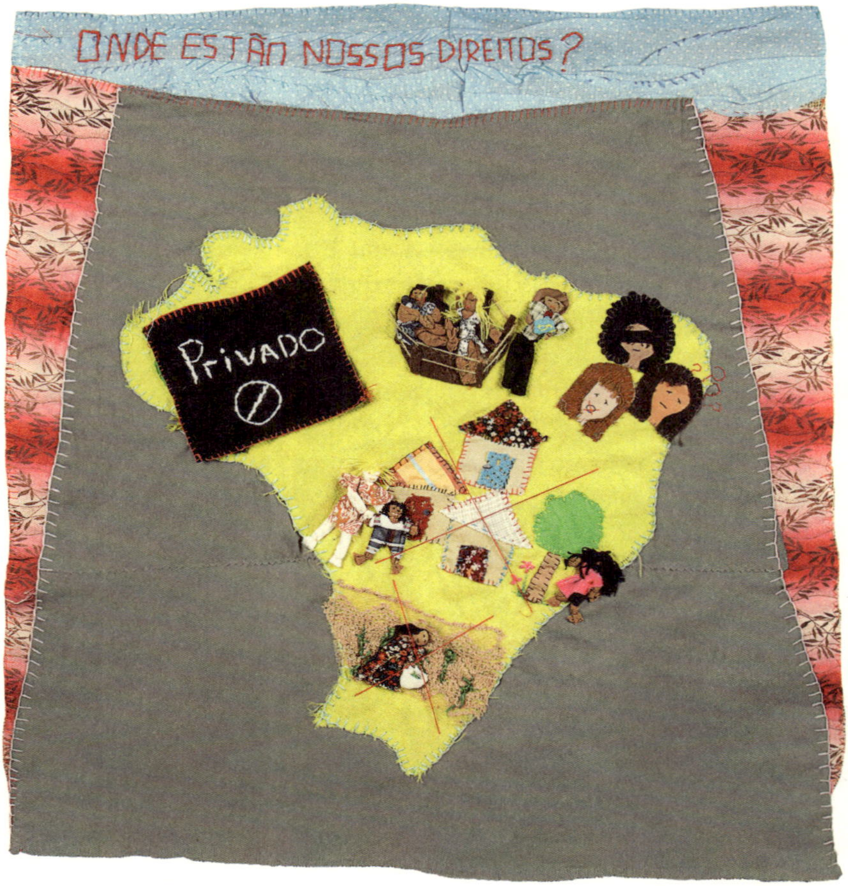

Coletivo Nacional de Mulheres do MAB [MAB National Women's Collective]

10. ***Onde estão nossos direitos?*** [Where Are Our Rights?], 2013
IMG. 38

Em *Onde estão nossos direitos?* (2013) [img. 10], vemos o mapa do Brasil envolvido por uma barragem e afetado pela negação de direitos que resulta dela: a perda de terra; a privatização de rios; o aumento da violência contra as mulheres, do tráfico humano e do trabalho sexual; e o enfraquecimento da infraestrutura da comunidade devido ao deslocamento forçado.

Aproveito a oportunidade para puxar mais um fio e revisitar o contexto no qual as peças foram criadas. As mulheres que as produziram tinham histórias muito reais a contar. Elas testemunharam graves violações de direitos humanos. As máscaras começaram a cair, as vozes começaram a ser ouvidas, os pontos começaram a ser costurados, os poemas passaram a ser lidos e as músicas, a serem cantadas. O que tornou isso possível?

Em 2006, o Conselho de Defesa dos Direitos da Pessoa Humana (CDDPH) (atualmente o Conselho Nacional de Direitos Humanos [CNDH]), órgão do governo brasileiro, criou uma comissão especial para investigar o tratamento das populações afetadas por barragens através de sete estudos de caso. Em outubro de 2010, a comissão concluiu que os métodos de construção de barragens vigentes no

This is why curator Catherine Flood from the Victoria and Albert Museum wanted to place them at the center of the exhibition *Disobedient Objects*,[5] which took place in London from July 26, 2014 to February 11, 2015 and then travelled onwards to Australia.[6] *Disobedient Objects* focused on the period from the late 1970s to 2014, a time that had brought many new technologies and political challenges. In a conversation with me during the setup of the exhibition, she stated: "The arpilleras are the very first Disobedient Object in this exhibition."[7]

To follow the thread, let us draw on the words of curator Christine Bouilloc, from the Musée Bargoin in Clermont-Ferrand, France, during the opening in Mexico City of *Rebeldes/Rebels* (2017): "Chilean arpilleras break with what is self-evident, rejecting the appearance of fatality and false evidence."[8]

Pulling on another thread, we can now turn to the arrival of arpilleras in Brazil through MAB, a Brazilian social movement and political organization that emerged in the late 1970s with the objective of organizing and guiding the people affected by dams to pursue their rights.

In *Onde estão nossos direitos?* [Where Are Our Rights?] (2013) [img. 10] we see the map of Brazil encased in a dam, with the ensuing denial of rights: loss of land; privatization of rivers; increase in violence against women, human trafficking and sex work; and the weakening of community infrastructure due to forced displacement.

I value the opportunity to pull another thread and revisit the context in which the pieces were created. The women who made them had a very real story to tell. They had experienced major human rights violations. The curtains were drawn back, their voices began to be heard, the stitches to be sewn, the poems to be read and the songs to be sung. What made this possible?

In 2006, Brazil's Council for the Defense of Human Rights (CDDPH) (currently the National Human Rights Council [CNDH]) created a special commission to investigate the treatment of the populations affected by the dams through seven case studies. By October 2010, the commission had concluded that the existing methods of dam construction in Brazil had resulted in "recurring human rights violations, which ultimately worsened already serious existing social inequalities, resulting in increased poverty and disintegration of individuals, families, and society."[9] These findings offered a platform that legitimized the representation of these violations through fabric and thread. What could be more powerful than to seize this legal document and turn it into actual arpilleras?

To give us the opportunity to fully grasp and absorb each piece as well as the pieces as a collective group, we have the arpilleras

Brasil haviam "propiciado de maneira recorrente graves violações de direitos humanos, cujas consequências acabam por acentuar as já graves desigualdades sociais, traduzindo-se em situações de miséria e desestruturação social, familiar e individual".[8] Essas constatações legitimaram a representação de tais violações através do tecido e da linha. O que poderia ser mais poderoso do que se apropriar desse documento oficial e transformá-lo em arpilleras?

Criando uma oportunidade de compreender e absorver integralmente cada arpillera, assim como as peças enquanto conjunto, o Museu de Arte de São Paulo Assis Chateaubriand (MASP) abre ao público, em 2025, a exposição *Mulheres Atingidas por Barragens: bordando direitos*. A mostra inclui uma seleção de arpilleras feitas pelo MAB que é capaz de sensibilizar todos os visitantes.

Dez anos atrás, em 2015, 25 arpilleras do MAB foram expostas durante um mês no Memorial da América Latina, em São Paulo. A exposição *Arpilleras: bordando a resistência* exibiu de forma expressiva e marcante as arpilleras do MAB em diálogo com outras doze da coleção Conflict Textiles, criando uma sinergia e uma mistura entre o local, o nacional e o transnacional.

As arpilleras chilenas fizeram sua estreia na Irlanda do Norte no dia 8 de fevereiro de 2008. A exposição *The Politics of Chilean Arpilleras* [A política das arpilleras chilenas][9] apresentou quinze peças no Harbour Museum, em Derry/Londonderry, e preparou o terreno para uma exposição mais ambiciosa que ocorreu simultaneamente em nove locais na cidade de Derry, de 8 de março a 19 de abril de 2008: *The Art of Survival: International and Irish Quilts* [A arte da sobrevivência: quilts internacionais e irlandeses].[10]

Essa foi a primeira vez que o Derry City Council Heritage and Museum Services [Serviços de Patrimônio e Museu do Conselho Municipal de Derry] celebrou o Dia Internacional da Mulher. Sendo uma curadora convidada chilena, eu havia sugerido uma apresentação das arpilleras chilenas como um aperitivo para a exposição completa. Foi nessa ocasião que Esther Vital, do País Basco, que estava cursando uma pós-graduação em ajuda humanitária em Dublin, na Irlanda, viu as arpilleras pela primeira vez. Seu orientador sugeriu que ela visitasse as exposições e escrevesse sobre a experiência em sua dissertação – conselho que se revelou o gatilho para seu envolvimento entusiasmado com as arpilleras desde então. Na mesma época, o professor Brandon Hamber, da África do Sul, também percebeu esse potencial e sugeriu que catalogássemos e documentássemos as arpilleras e as exposições em um site associado ao banco de dados do Cain Archive.[11]

exhibition at Museu de Arte de São Paulo Assis Chateaubriand (MASP) in 2025, which includes a selection of arpilleras made by MAB and speaks to us and everyone who visits the exhibition.

If we go back ten years, to 2015, 25 arpilleras from MAB were displayed for a month at the Memorial da América Latina in São Paulo. The exhibition, *Arpilleras: bordando a resistência* [Arpilleras: Embroidering Resistance], displayed expressively and strikingly the MAB arpilleras in dialogue with 12 arpilleras from the Conflict Textiles collection, creating a synergy and blend between the local, national, and transnational.

Chilean arpilleras made their debut in Northern Ireland on February 8, 2008. *The Politics of Chilean Arpilleras* exhibition[10] presented 15 pieces at the Harbour Museum, Derry/Londonderry, and set the stage for a more ambitious exhibition that took place simultaneously in nine venues across the City of Derry from March 8 until April 19, 2008: *The Art of Survival: International and Irish Quilts*.[11]

This was the first time International Women's Day was marked by Derry City Council Heritage and Museum Services. Being a Chilean guest curator, I had suggested a display of Chilean arpilleras as a taster for the full exhibition. It was at this stage that Esther Vital from the Basque Country, who was pursuing a postgraduate course on humanitarian aid in Dublin, Ireland, first encountered the arpilleras. Her supervisor suggested she visit the exhibitions and write about her experience for her final dissertation–advice that proved to be the trigger for her enthusiastic involvement with arpilleras ever since. Around the same time, Professor Brandon Hamber, from South Africa, also saw this potential and suggested that we archive and document the arpilleras and exhibitions as an associated site on the database of the CAIN Archive.[12]

The first step to Brazil was taken in 2011, when I was invited to curate *Arpilleras da resistência política chilena* [Arpilleras of Chilean Political Resistance].[13] The 29 arpilleras on display at the Memorial da Resistência de São Paulo found a proper home there and enabled many associated activities that connected the painful depicted experiences of human rights violations to empowerment, and to the creation of solidarity networks.

Such was the impact of the exhibition that it then travelled across five Brazilian states, to the cities of Brasília, Belo Horizonte, Rio de Janeiro, Curitiba, and Porto Alegre, as one of the projects of Marcas da Memória [Marks of Memory].[14] This was a joint initiative of the Ministry of Justice and the Amnesty Commission during the government of Dilma Rousseff. At this time I invited Esther, who was then living in

O primeiro passo em direção ao Brasil foi dado em 2011, quando fui convidada para curar *Arpilleras da resistência política chilena*.[12] As 29 arpilleras expostas encontraram no Memorial da Resistência de São Paulo um lar apropriado e possibilitaram muitas atividades relacionadas, as quais conectavam as dolorosas experiências de violação dos direitos humanos retratadas ao empoderamento e à criação de redes de solidariedade.

O impacto foi tão grande que a exposição viajou por cinco estados brasileiros (para as cidades de Brasília, Belo Horizonte, Rio de Janeiro, Curitiba e Porto Alegre) como um dos projetos do Marcas da Memória.[13] Tratou-se de uma iniciativa conjunta do Ministério da Justiça e da Comissão de Anistia durante o governo Dilma Rousseff. Na ocasião, convidei Esther, que na época morava em São Paulo, para acompanhar a exposição e conduzir oficinas em três dos estados, enquanto eu cobria os outros dois. Esse contato com as arpilleras e com o processo de embalar, montar a exposição e organizar oficinas deu-lhe outro ímpeto para se dedicar totalmente às arpilleras. O processo também a conectou com diferentes mundos e pessoas, desde arpilleras/arpilleristas até espaços públicos, grandes organizações, designers, salões comunitários, museus etc. Os vínculos de Esther com a Conflict Textiles passam por dentro, ao redor e também por fora da Conflict Textiles, da mesma forma como se pode costurar e alinhavar dois retalhos separados.

Seguindo o caminho latino-americano para rastrear as arpilleras do MAB, em 2013 fui convidada para fazer a curadoria do Parque de la Memoria, um monumento dedicado às vítimas do terrorismo de Estado em Buenos Aires, na Argentina. A exposição resultante foi chamada de *Retazos testimoniales: arpilleras de Chile y otras latitudes* [Retalhos testemunhais: arpilleras do Chile e outras latitudes][14] e incluiu 77 arpilleras. Essa grande quantidade de peças foi uma escolha deliberada para incorporar a gritante realidade do número imensamente alto de desaparecidos durante a ditadura de Jorge Rafael Videla (1925-2013) na Argentina. Os detalhes desses eventos respaldam a decisão da curadoria de representar muitas vozes de arpilleras, todas denunciando a perda dos direitos humanos. A ditadura chilena foi o resultado de um violento golpe de Estado ocorrido em 11 de setembro de 1973, e Videla tomou o poder na Argentina em março de 1976, depois de liderar um golpe que destituiu a presidente Isabel Perón. Estima-se que durante a chamada Guerra Suja, perpetrada pela ditadura militar argentina de 1976 a 1983, entre 10 mil e 30 mil pessoas foram assassinadas; muitas "desapareceram" – foram capturadas pelas autoridades ou por grupos paramilitares violentos e nunca mais se ouviu falar delas.

São Paulo, to accompany the exhibition and lead workshops in three of the states, while I covered the other two. This exposure to the actual arpilleras, and to the process of packing, setting up, and running workshops, offered her another impetus to fully take on the arpilleras. It also connected her to different worlds and people, ranging from arpilleras/arpilleristas to public spaces, mainstream organizations, designers, community halls, museums, etc. Esther's links to Conflict Textiles have been in, around, and also away from Conflict Textiles, similar to how one might sew and stitch two separate patches.

Following the Latin American path to trace arpilleras from MAB, in 2013 I was invited to curate for the Parque de la Memoria, a monument dedicated to the victims of state terror in Buenos Aires, Argentina. The resulting exhibition was called *Retazos testimoniales: arpilleras de Chile y otras latitudes* [Testimonial Scraps: Arpilleras from Chile and Other Parts of the World][15] and included 77 arpilleras. This large quantity of pieces was deliberately chosen to embody the stark reality of the immensely high number of disappeared in Argentina during the dictatorship of Jorge Rafael Videla (1925-2013). The details of these events support the curatorial decision to represent many arpillera voices, all denouncing the loss of human rights. Chile's dictatorship was the result of a violent coup d'état on September 11, 1973, and Videla came to power on March 24, 1976, after he led a coup that overthrew President Isabel Perón. It is estimated that during the so-called Dirty War by Argentina's military dictatorship, from 1976 to 1983, between 10,000 and 30,000 citizens were killed; many of them "disappeared"–were seized by the authorities or violent paramilitary groups and never heard from again.

This is the place and context wherein lies the genesis of arpilleristas from MAB. It was an encounter, an act of empowerment to discover the strong language of arpilleras. A group of women from MAB came to Buenos Aires with Esther, who had introduced arpillera-making and arpillera language to women actively involved in MAB. They came by bus from São Paulo to immerse themselves in the exhibition, participate in workshops, and explore the arpillera language. In the few days they were there, they could see the pieces "in the flesh," meet curators and local artists, observe the visitors' responses to the arpilleras, and much more. They also discovered they could start sharing their own experiences as women affected by the dams. I have vivid memories of a full afternoon spent listening to their stories and relating these to the experiences represented in the display.

The *Onde estão nossos direitos?* arpillera was born in that context. In 2014, it was donated to Conflict Textiles in anticipation of the

Esse foi o lugar e o contexto nos quais se deu a gênese das arpilleristas do MAB. Foi um encontro, um ato de empoderamento com o intuito de descobrir a forte linguagem das arpilleras. Um grupo de mulheres do MAB foi a Buenos Aires com Esther, que havia introduzido a produção e a linguagem das arpilleras a mulheres ativamente envolvidas no movimento. Elas viajaram de São Paulo de ônibus para mergulhar na exposição, participar de oficinas e explorar a linguagem da arpillera. Nos poucos dias em que estiveram na cidade, puderam ver as peças "em carne e osso", conhecer curadores e artistas locais, observar a reação do público às arpilleras e muito mais. Elas também descobriram que podiam começar a compartilhar suas próprias experiências enquanto mulheres atingidas por barragens. Tenho memórias vívidas de uma tarde inteira que passamos ouvindo suas histórias e relacionando-as às vivências representadas na mostra.

A arpillera *Onde estão nossos direitos?* nasceu nesse contexto. Em 2014, a obra foi doada para a Conflict Textiles, antecipando a exposição *Textile Accounts of Conflict* [Relatos têxteis de conflito].[15] Desde então, já foi parte relevante de onze exposições e seminários transnacionais, o que permitiu que a peça entrasse em diálogo com os tecidos exibidos ao seu lado em cada local, em diversas geografias. Além da Irlanda do Norte – onde não apenas integrou exposições, mas também ocupou o centro de discussões acadêmicas sobre comissões da verdade em salões comunitários e centros culturais –, a obra também viajou para a Argentina, duas vezes para o México e retornou da Irlanda, onde durante três meses esteve no cerne de uma exposição e de uma programação completamente dedicada ao acolhimento de refugiados. Essa arpillera atua como uma embaixadora para todas as peças costuradas pelo MAB, conscientizando sobre as lutas do movimento e apresentando seu trabalho com as arpilleras. Ainda que se trate de apenas uma das mais de 140 peças criadas pelo movimento, *Onde estão nossos direitos?* é como a voz de um solista que incorpora todo o coro.

Também devemos estar cientes de que as conversas e discussões que surgiram durante as oficinas permitiram que o processo criativo se materializasse. Essas arpilleras são muito mais que a ilustração da violação dos direitos humanos: são depoimentos e um testemunho material de experiências vividas por mulheres, suas famílias e pelas comunidades que as conceberam. Esses tecidos nos convidam a entrar em seus territórios, em suas vidas, e nos obrigam a reagir.

Ao que parece, um elemento-chave do poder das arpilleras reside na capacidade das arpilleristas de abandonar o foco na vitimização e avançar para o empoderamento. Os retalhos de tecido, muitas vezes

Textile Accounts of Conflict exhibition.[16] Since then it has been a very relevant part of eleven transnational exhibitions and seminars, allowing it to be in dialogue with the rest of the textiles exhibited alongside it in each venue, in many different geographies. Beyond its presence in Northern Ireland–where it has not only been part of exhibitions but has also been placed at the core of academic discussions on Truth Commissions, in community halls and cultural centers–it has also travelled to Argentina, twice to Mexico, and has just returned from the Republic of Ireland, where for three months it was at the center of an exhibition and full program dedicated to welcoming refugees. This arpillera acts as an ambassador for the pieces stitched by MAB, by raising awareness of MAB's struggles and work with arpilleras. Even if it is only one of over 140 pieces created by the movement, it is like the voice of a soloist that embodies the full choir.

Let us also be aware that conversations and discussions that emerged during the accompanying workshops allowed the creative process to materialize. These arpilleras are much more than the illustration of violated human rights: they bear witness and are a material testimony to the lived experiences of the women, their families, and the communities that crafted them. These textiles invite us into their territories and their lives, and they compel us to respond.

It seems that a key element of the power of the arpilleras resides in the arpilleristas' capacity to break the focus on victimhood and move on to empowerment. The scraps of fabric, often taken from personal clothing rich in memories, textures, and smells, link us to their everyday lives. We make connections to our own reality, and under these circumstances it is difficult–if not impossible–not to feel connected to their stories.

At the opening of the exhibition *Arpilleras in Contested Spaces* in New Zealand in 2013,[17] I stated:

> In these communities of cloth, scissors, and needles, the women poured their stories into the cloths. The miniature figures that protested, denounced, screamed, danced or begged moved from their fingers to the cloth. This sense of process, the transfer of the story from person to cloth, is beautifully described in the words of one arpillerista who, back in 1982, shared with me how the arpillera she was making at the time "received her tears," with the arpillera soaking them up.[18]

As we can see, making arpilleras becomes a community activity. Women usually gather in each other's homes or in a community space, sharing materials and techniques, while working alongside each other. This

retirados de roupas pessoais repletas de memórias, texturas e cheiros, nos vinculam ao cotidiano dessas mulheres. Fazemos conexões com a nossa própria realidade e, nessas circunstâncias, é difícil – senão impossível – não nos sentirmos ligados às suas histórias.

Na abertura da exposição *Arpilleras in Contested Spaces* [Arpilleras em espaços de disputa],[16] em 2013, na Nova Zelândia, eu afirmei:

> Nessas comunidades de panos, tesouras e agulhas, as mulheres derramaram suas histórias sobre os tecidos. As figuras em miniatura que protestaram, denunciaram, gritaram, dançaram ou imploraram se moveram de seus dedos para o tecido. Esse sentido de processo, a transferência da história de uma pessoa para o pano, é lindamente descrito nas palavras de uma arpillerista que, em 1982, compartilhou comigo o modo como uma arpillera que ela estava criando na época "recebia suas lágrimas" e as absorvia.[17]

Como podemos constatar, fazer arpilleras se torna uma atividade comunitária. As mulheres geralmente se reúnem em suas casas ou em um espaço comunitário, dividindo materiais e técnicas, enquanto trabalham uma ao lado da outra. Essa experiência de solidariedade entre aquelas que sofreram é útil e às vezes pode se tornar terapêutica. O ato de fazer a arpillera também é libertador. Todas devem se concentrar no trabalho que têm em mãos – não podem se apressar. Ao mesmo tempo, elas têm oportunidade de refletir, conversar e dar vazão (tanto dentro da própria arpillera quanto em conversas rápidas na mesa de costura) a alguns dos sentimentos que não puderam expressar antes ou fora de um ambiente de confiança. A princípio, as arpilleristas não pensavam em quem poderia ver seu trabalho. Elas produziam as arpilleras para si mesmas e umas para as outras, e também como um meio de sobrevivência. Mais tarde, seu trabalho começou a ser visto por outras pessoas, o que revelou o testemunho poderoso e franco das arpilleras naquele espaço e narrativa disputados pelo regime de Pinochet no Chile e por aqueles que resistiam a ele. Adquirir arpilleras se tornou um ato de solidariedade, já que também fornecia alguma ajuda financeira às arpilleristas e suas famílias. Uma característica de algumas arpilleras são os pequenos bolsos costurados em seu verso, dentro dos quais as arpilleristas colocavam pequenas mensagens manuscritas, contando ao destinatário algo sobre si mesmas, suas circunstâncias e a peça que haviam produzido.

A força indomável das mulheres diante da repressão, tanto doméstica quanto política, é muito bem descrita por Gala Torres,

experience of solidarity among those who have suffered is helpful and at times can become therapeutic. The act of making the arpillera is also liberating. Everyone has to concentrate on the work at hand–they cannot rush. At the same time, they have space to reflect, to converse, and to release some of the feelings that they could not express before or outside a trusted space, both within the arpillera itself and in snatched conversations across the sewing table. At first, the arpilleristas were not thinking about who might see their work. They were making it for themselves and each other, and also as a means to survival. Later, their work began to be seen by others, revealing the arpilleras' powerful, raw testimony in the contested space and narrative between the Pinochet regime in Chile and those resisting it. Acquiring arpilleras became an act of solidarity, while at the same time providing some financial help for the arpilleristas and their families. A characteristic of a few of the arpilleras is the little pockets sewn onto the backs, into which the arpilleristas placed little written messages, telling the recipient something about themselves, their circumstances, and the piece they had made.

The indomitable strength of women in the face of repression, both domestic and political, is well described by Gala Torres, an active member of the Agrupación de Familiares de Detenidos Desaparecidos [Association of Relatives of Detained-Disappeared] (AFDD) and director of the AFFD's Conjunto Folclórico [Folkloric Ensemble] in Chile. Gala's activism was profoundly shaped by personal tragedy: her brother, Ruperto Torres Aravena, was arrested and disappeared in 1973. She remarked: "We women used to have a secondary role in political activities. But after the coup, we realized that we could no longer be spectators; we would have to play a major role in the struggle for our disappeared relatives."[19]

We have so far traced various Chilean arpilleras and the way they have woven their way into the ones from MAB. We now invite you to extend this journey beyond Latin America. Let us delve into the story of Linda Adams, an English arpillerista who has contributed significantly to our Conflict Textiles collection. How did it all start for her? Linda's connection with arpilleras began in October 2008, when she visited our exhibition, *The Politics of Chilean Arpilleras*,[20] at the Centre of Latin American Studies (CLAS) at the University of Cambridge. By early 2009, she told me: "I have found my voice; I can now express what I think and feel."[21]

In 2017, nine years later, returning to the exhibition space where she had first embarked on her own personal arpillera journey, Linda spoke out using textile language in *We Arpilleristas Portray Our Own*

membra ativa da Agrupación de Familiares de Detenidos Desaparecidos [Associação de Familiares de Detidos Desaparecidos] (AFDD) e diretora do Conjunto Folclórico da AFDD no Chile. O ativismo de Gala foi profundamente moldado pela tragédia pessoal: seu irmão, Ruperto Torres Aravena, foi preso e desapareceu em 1973. Ela observou: "Nós, mulheres, costumávamos ter um papel secundário nas atividades políticas. Mas, depois do golpe, percebemos que não podíamos mais ser espectadoras; teríamos que desempenhar um papel mais importante na luta por nossos parentes desaparecidos".[18]

Até aqui, rastreamos diversas arpilleras chilenas e a forma como elas se entrelaçaram com as do MAB. Agora, convidamos vocês a expandir essa jornada para além da América Latina. Vamos nos aprofundar da história de Linda Adams, uma arpillerista inglesa que contribuiu de forma significativa para a nossa coleção da Conflict Textiles. Como tudo isso começou para ela? A conexão de Linda com as arpilleras teve início em outubro de 2008, quando ela visitou nossa exposição *The Politics of Chilean Arpilleras*[19] no Centre of Latin American Studies (Clas) da Universidade de Cambridge. No início de 2009, ela me disse: "Agora eu encontrei a minha voz; posso expressar o que penso e o que sinto".[20]

Em 2017, nove anos depois, de volta ao espaço expositivo onde ela embarcou em sua jornada com as arpilleras, Linda se manifestou usando a linguagem têxtil em *We Arpilleristas Portray Our Own Personal Truth* [Nós, arpilleristas, retratamos nossa própria verdade] (2017) [img. 11]. Ela o fez em solidariedade àqueles que perderam familiares e amigos no notório incêndio no Grenfell Tower, em North Kensington, em Londres, no mês de junho daquele mesmo ano. O desastre custou a vida de 72 pessoas, e ela proclamou em alto e bom som: "ELES NÃO MERECIAM ISSO". A peça apresenta um retrato sombrio de uma sociedade egocêntrica, preocupada com *selfies* e inconsciente do que está acontecendo em seu ambiente imediato ou fora dele. Linda criou a obra usando apenas roupas e tecidos de mobília reciclados.

A trajetória seguida por essa arpillera foi muito diferente em relação à maioria das outras. Ela foi vista por pessoas do mundo todo que visitam o Clas, na Universidade de Cambridge, pois permaneceu em sua sala de reuniões desde o momento em que integrou a exposição *Arpilleras Speak Truth* [Arpilleras falam a verdade],[21] na qual teve um lugar central. A obra só retornou ao acervo da Conflict Textiles em junho de 2024. Então, enquanto algumas das nossas arpilleras viajaram muito além dos lugares onde foram produzidas, esta, assim como outras poucas, permaneceu exposta em apenas um local, onde foi amplamente vista durante um período significativo.

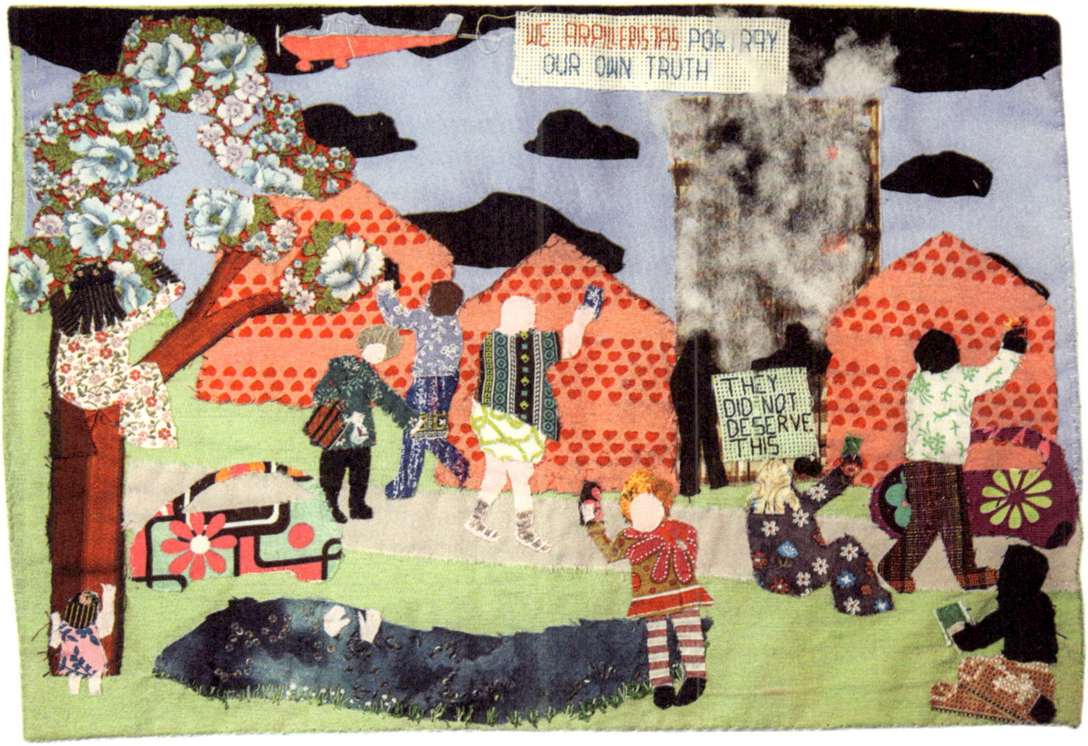

Linda Adams

11. ***We Arpilleristas Portray Our Own Personal Truth*** [Nós, arpilleristas, retratamos nossa própria verdade], 2017
Bordado sobre tecido [Needlework on fabric], 43 × 31 cm
Coleção [Collection] Conflict Textiles, doação da artista [gift of the artist], 2017, Irlanda [Ireland]

Personal Truth (2017) [img. 11]. She did this in sympathy with those who had lost family and friends in the notorious Grenfell Tower fire in North Kensington, west London, in June. The disaster claimed the lives of 72 people, and she loudly proclaimed: "THEY DID NOT DESERVE THIS." She presents a grim picture of a self-absorbed society, preoccupied with "selfie" images, unaware of what is happening either in their immediate environment or beyond. She made it using only recycled furnishing fabrics and clothing.

The trail followed by this arpillera has been very different from those of most of the others. It has been seen by people from all over the world who come to CLAS, Cambridge University, as it remained in their meeting room ever since it was at the very core of the exhibition *Arpilleras Speak Truth*.[22] It did not return to the Conflict Textiles store until June 2024. So while some of our arpilleras have travelled far beyond the places where they were made, this one, along with very few others, has remained on display in one place, and been extensively viewed there, for a significant period of time.

The transnational journeys undertaken by our Conflict Textiles arpilleras have encouraged the development of numerous initiatives and projects globally. Groups in Catalonia, Zimbabwe, Argentina, Northern Ireland, Germany, and Peru, among other regions and nations, have been inspired by the arpilleras. They have taken up the

As jornadas transnacionais empreendidas por nossas arpilleras da Conflict Textiles incentivaram o desenvolvimento de várias iniciativas e projetos em âmbito global. Grupos na Catalunha, no Zimbábue, na Argentina, na Irlanda do Norte, na Alemanha e no Peru, entre outras regiões e nações, foram inspirados pelas arpilleras. Eles adotaram a linha e a agulha para costurar e, assim, contar suas próprias histórias e experiências. O forte poder que as arpilleras possuem repercutiu entre artistas, têxteis ou não, levando-os a adotar seus métodos nos próprios trabalhos. Esses artistas não necessariamente criam arpilleras que seguem a tradição chilena: em muitos casos, passaram de uma arte mais conceitual para um discurso que responde às suas preocupações políticas e pessoais.

Um excelente exemplo é Ana Zlatkes, uma artista têxtil da Argentina que conheceu as arpilleras na Alemanha, em 2009, no Museum Frauenkultur Regional – International em Fürth, na Baviera, onde as peças integravam a exposição *Schicksalsfäden. Geschichten in Stoff von Gewalt, Hoffen und Überleben* [Fios do destino: testemunhos de violência, esperança e sobrevivência].[22] Desde então, ela não apenas tem produzido arpilleras, mas também oferece oficinas de criação em museus, escolas e centros comunitários, ou onde quer que seja convidada. É importante ressaltar que Zlatkes teve contato com mulheres do MAB em Buenos Aires, o que a aproximou de uma comunidade mais ampla de arpilleristas.

Uma das obras notáveis de Ana, atualmente em exibição na Biblioteca McClay da Queen's University, em Belfast, é *Y tejimos redes durante covid* [E tecemos redes durante a covid] (2021) [img. 12], um relato da vida durante a covid-19. Seu amplo espectro temático e os vários abusos de direitos humanos contra os quais ela se engajou são prova irrefutável de sua incrível versatilidade.

Um novo retalho a ser acrescentado a esta narrativa diz respeito ao aspecto de herança e patrimônio das arpilleras. Elas são, agora, parte de coleções relevantes, indo muito além dos espaços que haviam habitado desde sua concepção. Integram a coleção permanente do Museo de la Memoria y los Derechos Humanos,[23] no Chile, e também coleções de centros comunitários locais. A Conflict Textiles, com sua sede na Irlanda do Norte, no Reino Unido, trabalhou incansavelmente para envolver as livrarias e os museus do país num esforço para disseminar os testemunhos têxteis e contribuir para uma cultura na qual os direitos humanos sejam respeitados.

Em 2023, quando se completaram cinquenta anos do golpe de Pinochet no Chile, as arpilleras estiveram no centro de cinco diferentes eventos memoriais. É bem provável que as arpilleras do MAB

thread and the needle to stitch and thereby tell their own stories and experiences. The strong power that arpilleras possess has resonated with textile and other artists, prompting them to embrace these methods in their own work. These artists do not necessarily make arpilleras that follow in the Chilean tradition: in many cases, they have moved from a more conceptual art to speaking out in response to their own personal and political concerns.

A prime example is Ana Zlatkes, a textile artist from Argentina, who became acquainted with the arpilleras in Germany in 2009 at the Museum Frauenkultur Regional-International in Fürth, Bavaria, where they were part of the exhibition *Schicksalsfäden. Geschichten in Stoff von Gewalt, Hoffen und Überleben* [Threads of Destiny: Testimonies of Violence, Hope, and Survival].[23] Since then she has not only been making arpilleras, but also facilitates arpillera workshops in museums, schools, and community centers, or wherever she is invited. Significantly, she met MAB women in Buenos Aires, which drew her into the wider community of arpilleristas.

One of Ana's remarkable pieces, presently on display at Queen's University's McClay Library in Belfast, is *Y tejimos redes durante covid* [And We Wove Nets During Covid Times] (2021) [img. 12], an account of life during COVID-19. Her broad range of subjects and the varied human rights abuses with which she has engaged are irrefutable evidence of her amazing versatility.

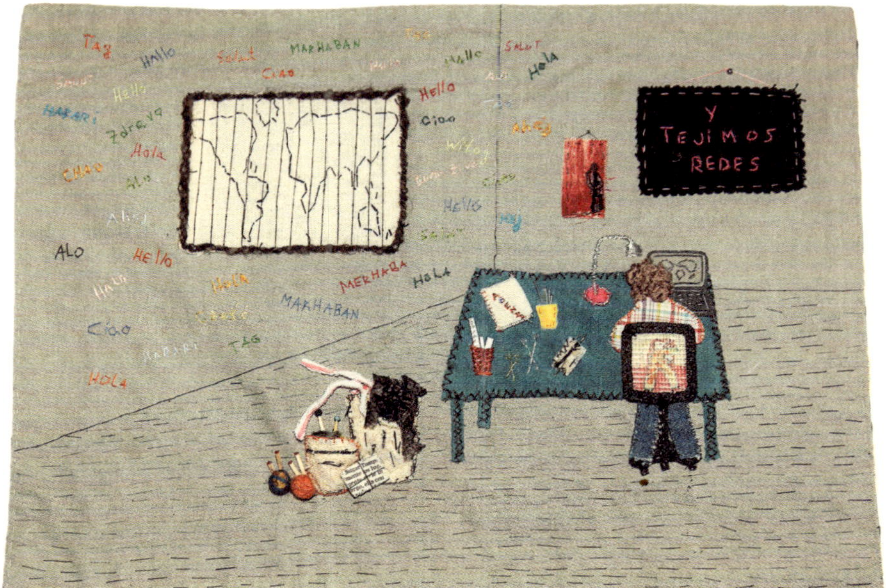

Ana Zlatkes

12. ***Y tejimos redes durante covid***
[E tecemos redes durante a covid]
[And We Wove Nets During Covid Times], 2021
Bordado sobre tecido
[Needlework on fabric], 44 × 32 cm
Coleção [Collection] Conflict Textiles, doação da artista [gift of the artist], 2022, Irlanda [Ireland]

também percorram um trajeto duradouro, à sua própria maneira e em seu próprio tempo. Na realidade, esse movimento já começou.

Gostaria de encerrar compartilhando alguns versos de um poema dedicado às arpilleristas escrito pelo poeta chileno Jaime Huenún. Ele foi apresentado pela primeira vez no Memorial da Resistência de São Paulo, em 2011, e, em poucas palavras, encerra o que eu tentei transmitir aqui.

> [...]
> Isto é tudo o que há em nossa casa:
> uma agulha, uma lâmpada, um tear,
> uma mesa de madeira bruta
> e uns pratos quebrados de alumínio.
> As mulheres se exauriram no sonho
> costurando e descosturando suas visões
> tecendo ponto a ponto um sol frágil
> para o teso coração do universo.[24]

Traduzido do inglês por Julia de Souza

ROBERTA BACIC é uma defensora dos direitos humanos e pesquisadora chilena que vive na Irlanda do Norte. Ela é colecionadora e curadora da Conflict Textiles. Seu trabalho está disponível no Cain Archive, na Universidade de Ulster, que armazena e documenta a coleção. Atualmente, a coleção material compreende 416 têxteis documentados, e o arquivo também mantém o registro de 303 exposições e eventos.

A new scrap to add to this narrative is the heritage element in arpilleras. They are now part of relevant collections that go far beyond the spaces they have inhabited since their conception. They have become a permanent part of the Museo de la Memoria y los Derechos Humanos in Chile,[24] and also of local community centers. Conflict Textiles, based in Northern Ireland, United Kingdom, has worked tirelessly to involve libraries and museums across Northern Ireland in an effort to disseminate textile testimonies and contribute to a culture in which human rights are respected. In 2023, as Chile marked fifty years since Pinochet's coup, arpilleras were at the heart of five different commemoration events. It is quite likely that MAB arpilleras will also leave a long-lasting trail, in their own way and in their own time. In reality, this has already begun.

I would like to end by sharing a few lines from a poem by Chilean poet Jaime Huenún, dedicated to the arpilleristas. It was first presented in public at Memorial da Resistência de São Paulo in 2011, and it encapsulates in a few words what I have tried to convey here.

> [...]
> This is all you can find in our house:
> a needle, a lamp, a loom,
> a raw wooden table
> and some broken aluminum plates.
> The women were worn out in the dream,
> sewing and unsewing their visions,
> knitting stitch by stitch a fragile sun
> for the stark heart of the universe.[25]

ROBERTA BACIC is a Chilean Human Rights advocate and researcher living in Northern Ireland. She is the collector and curator of Conflict Textiles. Her work is available at the CAIN Archive, Ulster University, which holds and documents the collection. The material collection currently comprises 416 documented textiles, and the archive also keeps the record of 303 exhibitions and events.

NOTAS

1 James E. Young, "Living with the Fabric Arts of Memory". In: Ariel Zeitlin Cooke and Marsha MacDowell (orgs.), *Weavings of War: Fabrics of Memory*. East Lansing: Michigan State University Museum, 2005, p. 32.

2 A Conflict Textiles abriga uma enorme coleção de têxteis internacionais, exposições e eventos associados, todos com foco em conflitos e violações aos direitos humanos. Conflict Textiles é um "site associado" do Conflict Archive on the Internet [Arquivo de Conflitos na Internet] (Cain) da Ulster University, Irlanda do Norte. Disponível em https://cain.ulster.ac.uk/conflicttextiles. Acesso em 7.10.2024. [N. E.]

3 Ver https://cain.ulster.ac.uk/conflicttextiles/textiles/. Acesso em 27.9.2024.

4 Ver https://cain.ulster.ac.uk/conflicttextiles/search-quilts2/fullevent1/?id=129. Acesso em 12.10.2024.

5 A exposição *Disobedient Objects* ficou em cartaz no no Museum of Applied Arts & Sciences, em Sydney, na Austrália, de 31.10.2015 a 14.2.2016. Foi a primeira exposição a explorar o papel dos objetos nos movimentos de transformação social e apresentou itens como um serviço de chá das sufragistas e robôs de protesto.

6 Em conversa com a autora.

7 Fala de Christine Bouilloc durante a abertura da exposição *Rebeldes/Rebels*, que ocorreu na Casa de Francia, do Instituto Francés de América Latina (Ifal), Cidade do México, como parte do Festival International des Textiles Extraordinaires [Festival Internacional de Têxteis Extraordinários] (Fite Festival). Ver https://the-fite.com/les-festivals/rebelles/. Acesso em 26.11.2024.

8 Uma síntese dos resultados das descobertas está disponível em https://www.mpf.mp.br/atuacao-tematica/ccr6/dados-da-atuacao/encontros-nacionais-e-regionais/xi-encontro-nacional/xi-encontro/legislacao/relatorio-sintese-cddph. Acesso em 15.10.2024.

9 Ver https://cain.ulster.ac.uk/conflicttextiles/search-quilts2/fullevent1/?id=64. Acesso em 12.10.2024.

10 Ver https://cain.ulster.ac.uk/quilts/exhibit/venues.html. Acesso em 12.10.2024.

11 O Cain Archive, da Ulster University, está disponível em https://cain.ulster.ac.uk. Acesso em 12.10.2024.

12 Ver https://cain.ulster.ac.uk/conflicttextiles/search-quilts2/fullevent1/?id=78. Acesso em 12.10.2024.

13 Para mais informações sobre o projeto, ver Roberta Baggio, "Marcas da Memória: a atuação da Comissão de Anistia no campo das políticas públicas de transição no Brasil", *Ciências sociais UNISINOS*, v. 48, n. 2, mai./ago. 2012, pp. 111-18.

14 Ver https://cain.ulster.ac.uk/conflicttextiles/search-quilts2/fullevent1/?id=122https://cain.ulster.ac.uk/conflicttextiles/search-quilts2/fullevent1/?id=122. Acesso em 12.10.2024.

15 A exposição integrou a conferência internacional *Accounts of the Conflict: Digitally Archiving Stories for Peacebuilding* [Relatos do conflito: arquivamento digital de histórias para a construção da paz], realizada no Incore, na Ulster University. Disponível em https://cain.ulster.ac.uk/conflicttextiles/search-quilts2/fullevent1/?id=131. Acesso em 12.10.2024.

16 Parte da Third International Visual Methods Conference (IVMC3): *Visual Methods in Mediated Environments: Connecting Diverse Worlds*. Disponível em https://cain.ulster.ac.uk/conflicttextiles/search-quilts2/fullevent1/?id=121. Acesso em 12.10.2024.

17 Comunicação pessoal.

18 Apud Marjorie Agosín, *Tapestries of Hope, Threads of Love: The Arpillera Movement in Chile 1974-1994*. 2. ed. Lanham: Rowman &

NOTES

1 James E. Young, "Living with the Fabric Arts of Memory." In: Ariel Zeitlin Cooke and Marsha MacDowell (eds.), *Weavings of War: Fabrics of Memory* (East Lansing: Michigan State University Museum, 2005), 32.

2 Conflict Textiles is home to a large collection of international textiles, exhibitions and associated events, all of which focus on elements of conflict and human rights abuses. Conflict Textiles is an "Associated Site" of Conflict Archive on the Internet (CAIN) at Ulster University, Northern Ireland. See https://cain.ulster.ac.uk/conflicttextiles. Retrieved Oct. 7, 2024.

3 Arpillerista refers to the person who makes the arpillera. [Editor's Note]

4 See https://cain.ulster.ac.uk/conflicttextiles/textiles/. Retrieved Sep. 27, 2024.

5 See https://cain.ulster.ac.uk/conflicttextiles/search-quilts2/fullevent1/?id=129. Retrieved Oct. 12, 2024.

6 The *Disobedient Objects* exhibition was on display in the Museum of Applied Arts & Sciences in Sydney, Australia from Oct. 31, 2015 until Feb. 14, 2016. It was the first exhibition to explore the role of objects in social change movements, and featured such items as a Suffragette tea service and protest robots.

7 Personal communication.

8 As said by Christine Bouilloc during the opening of the exhibition by the Festival International des Textiles Extraordinaires [International Festival of Extraordinary Textiles] (FITE Festival), held at Casa de Francia, Instituto Francés de América Latina (IFAL), Mexico City.

9 A synthesis of the outcomes of the findings can be accessed in Portuguese via https://www.mpf.mp.br/atuacao-tematica/ccr6/dados-da-atuacao/encontros-nacionais-e-regionais/xi-encontro-nacional/xi-encontro/legislacao/relatorio-sintese-cddph. Retrieved Oct. 15, 2024.

10 See https://cain.ulster.ac.uk/conflicttextiles/search-quilts2/fullevent1/?id=64. Retrieved Oct. 12, 2024.

11 See https://cain.ulster.ac.uk/quilts/exhibit/venues.html. Retrieved Oct. 12, 2024.

12 The CAIN Archive at Ulster University is available at https://cain.ulster.ac.uk. Retrieved Oct. 12, 2024.

13 See https://cain.ulster.ac.uk/conflicttextiles/search-quilts2/fullevent1/?id=78. Retrieved Oct. 12, 2024.

14 For more information on the project, see Roberta Baggio, "Marcas da memória: a atuação da comissão de anistia no campo das políticas públicas de transição no Brasil," *Ciências sociais UNISINOS*, v. 48, no. 2, May/Aug. 2012, 111–18.

15 See https://cain.ulster.ac.uk/conflicttextiles/search-quilts2/fullevent1/?id=122. Retrieved Oct. 12, 2024.

16 The exhibition was part of the International Conference *Accounts of the Conflict: Digitally Archiving Stories for Peacebuilding*, hosted by INCORE, Ulster University. Available at https://cain.ulster.ac.uk/conflicttextiles/search-quilts2/fullevent1/?id=131. Retrieved Oct. 12, 2024.

17 Part of the Third International Visual Methods Conference (IVMC3): *Visual Methods in Mediated Environments: Connecting Diverse Worlds*. See https://cain.ulster.ac.uk/conflicttextiles/search-quilts2/fullevent1/?id=121. Retrieved Oct. 12, 2024.

18 Personal communication.

19 Cited in Marjorie Agosín, *Tapestries of Hope, Threads of Love: The Arpillera Movement in Chile 1974-1994*. 2nd edition (Lanham: Rowman & Littlefield, 2008), 133. In addition to the books referenced here, dozens of testimonies and interviews were reviewed by Roberta Bacic between 1975 and 1995. Several journals and magazines have also been consulted, as well as relevant web pages. Newspapers

Littlefield, 2008, p. 133. Além dos livros mencionados aqui, dezenas de depoimentos e entrevistas foram analisados por Roberta Bacic entre 1975 e 1995. Diversos periódicos e revistas também foram consultados, bem como páginas da web relevantes. Jornais do período da ditadura chilena foram consultados em 2010 e 2011 na Biblioteca Nacional de Santiago do Chile, enquanto entrevistas por telefone e e-mail foram realizadas na mesma época e continuam sendo feitas.

19 A exposição foi apresentada na sala de seminários do Centre of Latin American Studies (Clas), University of Cambridge, de 23 a 31.10.2008. Ver https://cain.ulster.ac.uk/conflicttextiles/search-quilts2/fullevent1/?id=52. Acesso em 12.10.2024.

20 Em conversa com a arpillerista.

21 Ver https://cain.ulster.ac.uk/conflicttextiles/search-quilts2/fullevent1/?id=174. Acesso em 12.10.2024.

22 Ver https://cain.ulster.ac.uk/conflicttextiles/search-quilts2/fullevent1/?id=37. Acesso em 12.10.2024.

23 Ver https://mmdh.cl/museo. Acesso em 12.10.2024.

24 No original: "Esto es todo lo que hay en nuestra casa:/ una aguja, una lámpara, un telar,/ una mesa de madera bruta/ y unos platos de aluminio rotos./ Las mujeres se agotaron en el sueño,/ cosiendo y descosiendo sus visiones,/ tejiendo punto a punto un frágil sol/ para el yerto corazón del universo". Excerto de "Las mujeres salieron a la noche", poema do escritor mapuche Jaime Huenún, escrito para a exposição *Arpilleras da resistência política chilena*, curada por Roberta Bacic. A versão apresentada aqui foi traduzida por Julia de Souza.

from the Chilean dictatorship period were consulted during 2010–11 in the Biblioteca Nacional de Santiago de Chile, while interviews both by phone and e-mail took place at that time and have continued ever since.

20 The exhibition was on display in the seminar room at the Centre of Latin American Studies (CLAS), University of Cambridge, from Oct. 23 to Oct. 31, 2008. See https://cain.ulster.ac.uk/conflicttextiles/search-quilts2/fullevent1/?id=52. Retrieved Oct. 12, 2024.

21 Personal communication.

22 See https://cain.ulster.ac.uk/conflicttextiles/search-quilts2/fullevent1/?id=174. Retrieved Oct. 12, 2024.

23 See https://cain.ulster.ac.uk/conflicttextiles/search-quilts2/fullevent1/?id=37. Retrieved Oct. 12, 2024.

24 See https://mmdh.cl/museo. Retrieved Oct. 12, 2024.

25 In the original: "Esto es todo lo que hay en nuestra casa:/ una aguja, una lámpara, un telar,/ una mesa de madera bruta/ y unos platos de aluminio rotos./ Las mujeres se agotaron en el sueño,/ cosiendo y descosiendo sus visiones,/ tejiendo punto a punto un frágil sol/ para el yerto corazón del universo." Excerpt from "Las mujeres salieron a la noche," a poem by Mapuche writer Jaime Huenún, written for the exhibition *Arpilleras da resistência política chilena*, curated by Roberta Bacic. The version presented here was translated by Katia Gildoff.

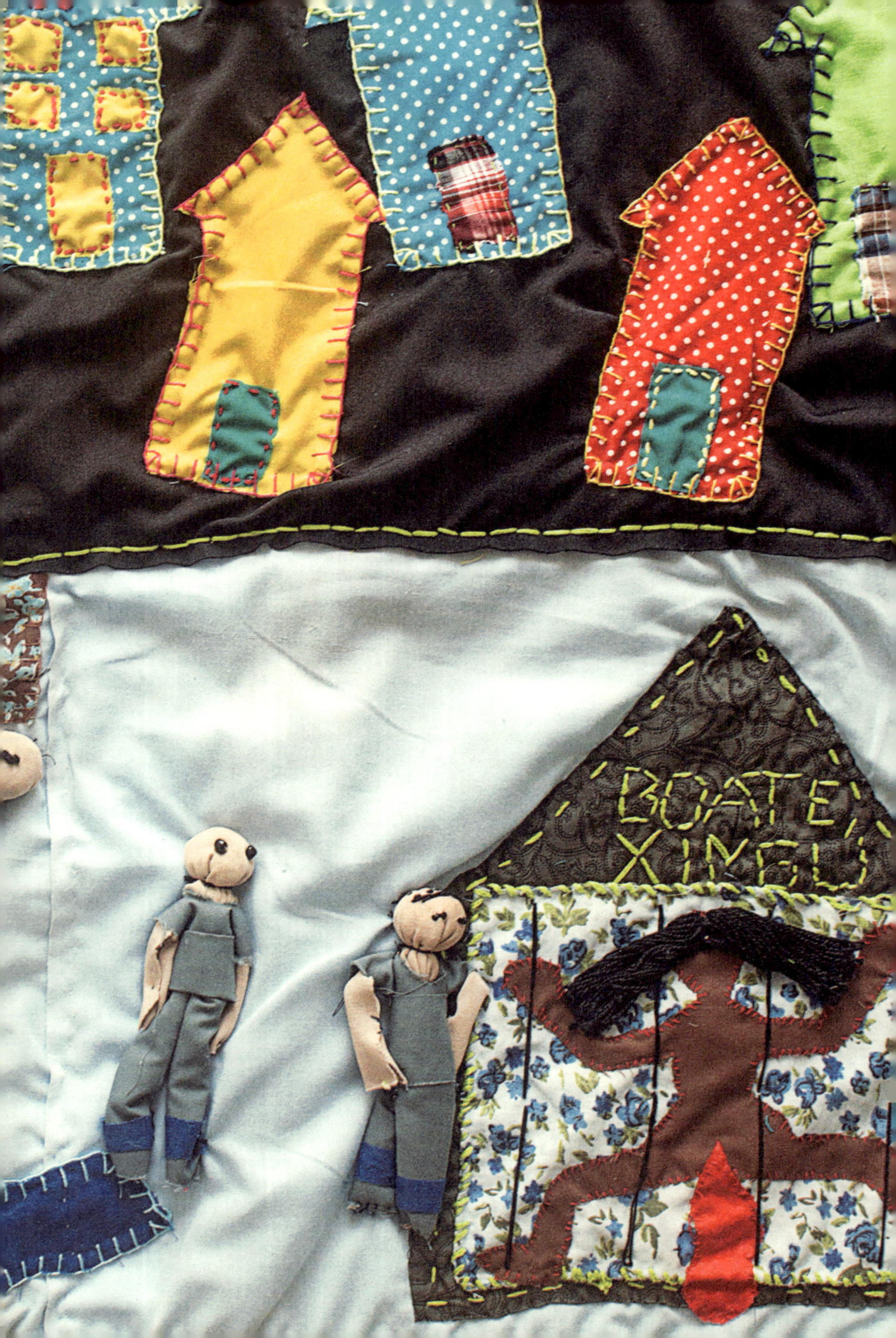
BOATE
XINGU

A corporeidade da luta nas arpilleras do MAB

The Corporeality of Struggle on MAB's Arpilleras

MONISE BUSQUETS

Ao receber o convite para escrever este ensaio – parte de um grande mosaico sobre as arpilleras –, revisitei todos os momentos dessa caminhada em que acompanho o trabalho do Coletivo de Mulheres do Movimento dos Atingidos por Barragens (MAB). Diante de tantas abordagens possíveis para este que é meu tema por paixão, decidi escrever sobre a corporeidade da luta.

Desde minha pesquisa de doutorado, tenho refletido sobre o caráter artesanal da luta pela dignidade humana conduzida pelo Coletivo de Mulheres do MAB. Em minha passagem por Altamira, no Pará, pude conhecer a história de vida de muitas delas, marcadas pelo profundo sofrimento ao perderem entes queridos. Não é possível passar por experiências como essas sem ser atravessada pela força de ressignificação que emana das mulheres com quem estive. Venho refletindo sobre a força desse movimento e sobre a forma como elas têm ocupado diferentes espaços de enunciação a partir de suas narrativas.

O bordado – como prática – existe a partir do corpo. Foi por meio das mãos que tecem histórias, compartilham memórias e constroem momentos de troca e contato íntimo com a dor humana, que as arpilleras chilenas se tornaram mundialmente conhecidas. Os "bordados difamatórios", como eram chamados, reivindicavam os corpos de seus entes queridos desaparecidos durante a ditadura de Augusto Pinochet (1915-2006).[1] Ao ganharem o mundo, puderam contar das atrocidades sofridas no Chile silenciado.

No Brasil, mulheres oprimidas e vilipendiadas pela construção de hidrelétricas, as quais podemos chamar de "refugiadas ambientais", se puseram em marcha ao bordar as histórias de horror a que têm sido submetidas. A mercantilização e a violência infligidas ao corpo feminino e a narrativa de aniquilamento de corpos concretos representam os principais impactos das relações sociais perversas sobre corpos racializados e sexualizados.

When I received the invitation to write this essay–part of a large mosaic about the arpilleras–I revisited all the moments of this journey in which I have been following the work of the Women's Collective of the Movimento dos Atingidos por Barragens [Movement of People Affected by Dams] (MAB). Faced with so many possible approaches to this subject which is my passion, I decided to write about the corporeality of the struggle.

Since my doctoral research, I have been reflecting on the artisanship of the struggle for human dignity led by the Women's Collective within MAB. During my time in Altamira, in the state of Pará, Northern Brazil, I was able to learn about the life story of many of them, marked by deep suffering after losing loved ones. It is impossible to go through such experiences without being moved by the force of resignification emanating from the women I met. I have been reflecting on the strength of this movement and how they have occupied different spaces of enunciation through their narratives.

Embroidery–as a practice–exists from the body. It was through the hands that weave stories, share memories, and build moments of exchange and intimate contact with human pain that the Chilean arpilleras became known worldwide. The "defamatory embroideries," as they were called, claimed the bodies of their loved ones who disappeared during the dictatorship of Augusto Pinochet (1915–2006).[1] By reaching out to the world, they were able to tell the atrocities suffered in a silenced Chile.

In Brazil, women oppressed and vilified by the construction of hydroelectric power plants, or whom we might call "environmental refugees," have set out to embroider the horror stories to which they have been subjected. The commodification and violence inflicted on the female body and the narrative of the annihilation of concrete bodies represent the main impacts of perverse social relations on racialized and sexualized bodies.

O tema da corporeidade da luta remete aos primeiros passos da minha pesquisa de doutorado, quando estive em Belém para entrevistar as lideranças das oficinas de arpilleras do MAB no Pará, em 2016. Nessa ocasião, fui convidada a conhecer a estratégia de mobilização por meio dessas oficinas. Durante uma delas, assistimos a pequenos documentários que abordam o contexto de surgimento das arpilleras chilenas e os principais elementos que compõem esse tipo de bordado – a estopa, os pedaços de tecido colorido, a narrativa contida em cada arpillera. Depois discutimos as violações sofridas em contextos de construção de grandes obras na Amazônia. Falamos sobre o preço exorbitante da energia, sobre a precarização das moradias e sobre o abuso sexual de meninas e mulheres em cidades impactadas por grandes obras.

Éramos muitas, nos dividimos em pequenos grupos para discutir um possível relato que depois seria bordado na estopa. Esse processo era sempre conduzido por uma das facilitadoras do MAB. Lembro-me dos diferentes tipos de tecido, das muitas possibilidades de linhas e barbantes. E das mãos. As mãos eram fascinantes. Se eu pudesse congelar aquela cena por um momento, eu diria agora: eram cálidas, ávidas por contar histórias. Iam cosendo enquanto conversavam, juntas, lado a lado, com a mesma desenvoltura, e eu, que até aquele momento não sabia o que era costurar, me senti parte daquele fazer.

Como estávamos no Pará, a maioria das mulheres do meu pequeno grupo conhecia bem o rio Xingu, impactado pela construção da hidrelétrica de Belo Monte.[2] Conversávamos sobre como as pessoas se relacionavam com a água do rio, a paisagem primordial e como as águas do Xingu eram pulsantes. Íamos tecendo memórias e compondo, com tristeza, o cenário que a construção da hidrelétrica produziu. Belo Monte atingiu os povos tradicionais que viviam ali, contavam as companheiras de bordado. Diziam: "Gente, o rio não corre mais livre", lembrando a todo momento das terras indígenas afetadas e do impacto na vida de plantas e peixes endêmicos.

Nossa arpillera, construída em Belém, recebeu o nome de *Ouro na morada dos deuses* (2016) [img. 14] e traz a seguinte frase: "A água é dos povos e não de Belo Monte". Compusemos essa tela a partir da ideia de que há duas formas de perceber e se relacionar com a natureza: uma, que vê o Xingu de forma utilitarista, o rio como mero recurso hídrico; e a outra, que leva em consideração os elementos oferecidos pelos rios e matas, como afirmam os beradeiros do Xingu. As vidas das pessoas daquele lugar se entrelaçavam com o rio, uma sacralidade envolvia o ambiente no qual se vivia, o rio era morada, um parente próximo, um pouco pai, um pouco mãe.

The corporeality of the struggle is a theme that goes back to the first steps of my doctoral research, when I was in Belém in 2016 to interview the leaders of the arpilleras workshops offered by MAB in Pará. On that occasion, I was invited to learn about the strategy of mobilization through these workshops. During one of them, we watched short documentaries about the context in which Chilean arpilleras emerged and the main elements that make up this type of embroidery–the burlap, the colorful pieces of fabric, the narrative contained in each arpillera. Then we discussed the violations suffered in the context of major construction works in the Amazon. We talked about the exorbitant price of energy, the precariousness of housing, and the sexual abuse of girls and women in cities impacted by such projects.

We were numerous, and we split up into small groups to discuss a possible story that would then be embroidered onto the burlap. This process was always led by one of the MAB facilitators. I recall the different types of fabric, the many possibilities of thread and string. And the hands. The hands were fascinating. If I could freeze that scene for a moment, I would tell you now: they were warm, eager to tell stories. They were sewing while they talked, together, side by side, with the same assuredness, and I, who was not really aware about what sewing actually was back then, felt like part of the process.

As we were in Pará, most of the women in my small group were very familiar with the Xingu River, which had been impacted by the construction of the Belo Monte Hydroelectric Power Plant.[2] We talked about how people related to the waters of the river, its primordial landscape, and how pulsating they were. We were weaving memories and sadly composing the scenery produced by the construction of the dam. Belo Monte affected the traditional people who lived there, said the embroidery companions. They used to say: "People, the river no longer flows freely," all the while remembering the Indigenous lands affected, as well as the impact on the lives of endemic plants and fish.

Our arpillera, built in Belém, was called *Ouro na morada dos deuses* [Gold in the Abode of the Gods] (2016) [img. 14] and bears the following phrase: "Water belongs to the people, not to Belo Monte." We created this piece based on the idea that there are two ways of perceiving and relating to nature: one, which sees the Xingu in a utilitarian way, the river as a mere water resource; and another one, which takes into account the elements offered by the rivers and forests, as stated by the *beradeiros*, dwellers of the Xingu riverside. The lives of the people of that place were intertwined with the river, a sacredness surrounded the environment in which they lived, the river was their home, a close relative, part father, part mother.

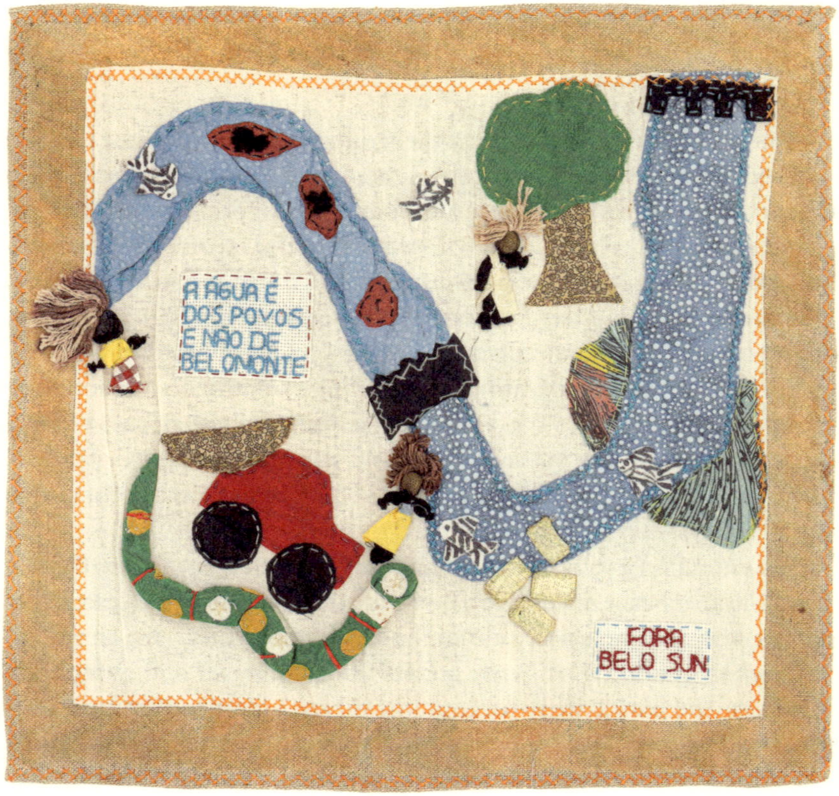

Mulheres Atingidas do Pará [Women Affected by Dams from Pará]

14. ***Ouro na morada dos deuses*** [Gold in the Abode of the Gods], 2016
IMG. 59

O bordado representa a Volta Grande do Xingu e o barramento principal da hidrelétrica; a parte azul mostra o reservatório de Belo Monte, o azul estampado com pontos brancos é o trecho em que o rio teve suas águas reduzidas. As terras indígenas Paquiçamba e Arara da Volta Grande estão presentes na área superior direita arpillera. Na área onde hoje se encontra o canal de desvio das águas do Xingu e o reservatório intermediário, vemos uma árvore e um peixe acari-zebra morto, simbolizando toda a fauna impactada pela construção da barragem. O ambiente de pedrais, habitat do peixe endêmico da região, já desapareceu e deu lugar ao reservatório principal. A árvore, por sua vez, além de lembrar as milhares que tombaram, evoca a resistência mediante a barbárie, assim como a cobra, que simboliza o imaginário do próprio rio. A canoa retrata a transposição dos barcos, que são retirados do rio, puxados por tratores e recolocados no Xingu do outro lado do barramento.

A experiência de construção de arpilleras junto às mulheres da Amazônia, em Belém, foi sem dúvida um divisor de águas na minha história como pesquisadora. Ali surgiram as primeiras ideias sobre a corporeidade da luta contra o vilipêndio. Essa foi a minha primeira experiência de costura ao lado de mulheres que haviam sofrido com os deslocamentos compulsórios, o que me permitiu perceber

The embroidery represents the Volta Grande region of the Xingu River and the main dam of the power plant; the blue part shows the Belo Monte reservoir, while the printed blue fabric with white dots is the stretch where the river had its waters reduced. The Paquiçamba and Arara da Volta Grande Indigenous lands are present on the top right of the arpillera. In this area, where the water detour channel and the intermediate reservoir are located today, we see a tree and a dead zebra pleco fish, symbolizing all the fauna impacted by the construction of the dam. The stony environment, the habitat of the region's endemic fish, has already disappeared and given way to the main reservoir. The tree, in its turn, other than recalling the thousands of others that were put down, also evokes resistance against barbarism, as does the snake, which symbolizes the imagery of the river itself. The canoe depicts the transposition of the boats, which are taken out of the river, pulled by tractors, and put back into the Xingu on the other side of the dam.

The experience of making arpilleras with Amazonian women in Belém was undoubtedly a turning point in my history as a researcher. There emerged the first ideas about the corporeality of the struggle against vilification. This was my first experience of sewing alongside women who had suffered compulsory displacement, which allowed me to realize how deeply these issues leave their marks on the soul and the body.

In addition, following this story being told from the inside, from the perspective of those who suffer from it, also allowed me to understand the construction of feminine politics. As I embroidered each arpillera, a series of concrete, lived experiences were placed on the tables, they were testimonies. And witnessing, for many of these women, went beyond the narrative of trauma: it meant fighting for life, searching for answers, and nurturing hope.

THE BODY THAT SUFFERS

In February 2014, a series of allegations of sexual exploitation came to light in the Xingu region, an area impacted by the construction of the Belo Monte Dam and comprising the municipalities of Vitória do Xingu and Brasil Novo. In the most notorious case, an operation investigating a human trafficking scheme in the city of Vitória do Xingu revealed how a prostitution network lured women from the south of the country and sent them to the state of Pará, and pointed out that the women were watched by armed men in a nightclub near the Belo Monte construction site, between Altamira and Vitória do Xingu.[3] The complaint came to light after a 16-year-old teenager managed to escape from

o quão profundamente essas questões deixam marcas na alma e no corpo.

Para além disso, acompanhar essa história sendo contada de dentro, pela perspectiva de quem sofre, também me permitiu compreender a construção de uma política feminina. A cada arpillera bordada, uma série de experiências vividas concretamente eram colocadas sobre as mesas, transformadas em testemunhos. E testemunhar, para muitas dessas mulheres, ia além da narrativa do trauma: era lutar pela vida, buscar por respostas e alimentar a esperança.

O CORPO QUE SOFRE

Em fevereiro de 2014, veio a público uma série de denúncias de exploração sexual na região do Xingu, área impactada pela construção da Usina Hidrelétrica de Belo Monte e que compreende os municípios de Vitória do Xingu e Brasil Novo. No caso mais conhecido, uma operação que apurava um esquema de tráfico de pessoas na cidade de Vitória do Xingu revelou como uma rede de prostituição aliciava mulheres do sul do país e as enviava para o estado do Pará e apontou que as mulheres eram vigiadas por homens armados em uma boate próxima às obras da hidrelétrica de Belo Monte, entre Altamira e Vitória do Xingu.[3] A denúncia veio à tona após uma adolescente de 16 anos conseguir fugir de uma das boates e procurar o Conselho Tutelar de Altamira. Na ocasião, a Polícia Civil do Pará e o Conselho Tutelar de Altamira libertaram 17 mulheres e a menina de 16 anos de uma boate próxima a um dos canteiros de obra da usina.

Quando estive no Pará, entrevistei Edizângela Barros, uma militante do MAB. Nosso primeiro encontro ocorreu em 2016, em Belém, e o segundo em 2019, em Altamira. Edizângela, que atuava como conselheira tutelar na época da denúncia da Boate Xingu, acompanhou de perto a situação das mulheres. Na entrevista de 2019, ela conta que a arpillera *Boate Xingu* (2014) [img. 15] retrata todo o processo de exploração sexual na região, contando, através de símbolos e cores, a desvalorização do corpo que sofre, tratado como uma extensão do território tomado pelo capitalismo-colonialismo-patriarcado.

Ao observarmos a arpillera, podemos ver que a obra foi dividida em duas diferentes cenas. Na parte superior à esquerda, o bordado faz menção a um edifício denominado "Hotel Barrageiro", localizado nas proximidades das pequenas casas que representam as escolas e moradias de Altamira. Essa cena, em particular, versa sobre o assédio e a tortura, físicos e morais, sofridos por crianças e adolescentes na

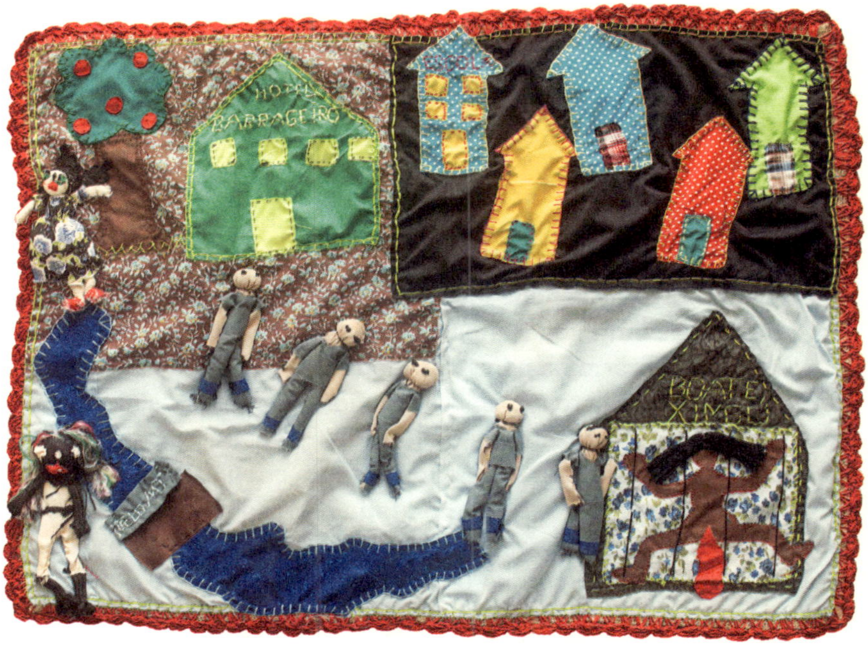

Mulheres Atingidas de Altamira, Pará [Women Affected by Dams from Altamira, Pará]

15. ***Boate Xingu*** [Xingu Nightclub], 2014
IMG. 44

one of the nightclubs and went to the Youth Guardianship Council of Altamira. At the time, the Civil Police of Pará and the Youth Guardianship Council of Altamira freed 17 women and the 16-year-old girl from a nightclub near one of the construction sites of the power plant.

When I was in Pará, I interviewed MAB activist Edizângela Barros. Our first meeting took place in 2016, in Belém, and the second in 2019, in Altamira. Edizângela, who worked as a youth guardianship counselor at the time of the complaint, followed the women's situation closely. In the 2019 interview, she said that the artwork *Boate Xingu* [Xingu Nightclub] (2014) [img. 15] portrays the entire process of sexual exploitation in the region, telling through symbols and colors the devaluation of the body that suffers, treated as an extension of the territory taken over by capitalism-colonialism-patriarchy.

Looking at the arpillera, we can see that it has been divided into two different scenes. At the top left, the embroidery mentions a building called "Hotel Barrageiro," located near the small houses that represent the schools and homes of Altamira. This scene, in particular, deals with harassment and torture, both physical and moral, suffered by children and teenagers in their daily routine shared with the workers who stayed in the community, near schools and homes.

In the second part of the narrative, we identify the presence of employees from the company responsible for building the power plant. They can be identified by their gray uniforms with a blue stripe down their pants. The workers are lined up waiting "to make use of" the girl, who remains lying down and tied to a kind of house with bars, as a reference to the forced confinement to which the women were

rotina diária de convivência com os trabalhadores que se hospedavam no seio da comunidade, nas cercanias de escolas e residências.

Na segunda parte da narrativa, identificamos a presença de funcionários da empresa responsável pela construção da usina. É possível identificá-los em razão dos uniformes na cor cinza com um barrado azul nas calças. Os trabalhadores estão em fila como que para se servirem da moça que segue deitada e presa a uma espécie de casa gradeada, uma menção ao cárcere privado ao qual as mulheres estavam submetidas. A moça representada no bordado está nua e apresenta um sangramento na região genital, e a casa onde a vemos confinada recebe o nome de "Boate Xingu".

Pode-se também perceber o rio Xingu representado em azul, unindo a história narrada na parte superior do bordado à cena contada na parte inferior. No meio desse rio há uma tarja de tecido marrom com o nome de Belo Monte, representando o bloqueio do rio, ou seja, a barragem.

A análise da arpillera *Boate Xingu* é particularmente reveladora e evidencia as violações ocorridas na cidade de Altamira durante a construção de Belo Monte. Isso acontece porque os corpos racializados vivem o drama da dominação, e sobre eles inscreve-se a espoliação expressiva do território corpóreo.

No movimento organizado pelas bordadeiras do MAB, e mais especificamente no trabalho realizado na região do Xingu, vemos o princípio de uma luta contra a pirâmide de dominações, uma vez que as histórias são escritas por mãos femininas, nossas mãos, que ocupam o espaço de enunciação como protagonistas de uma narrativa própria. As mulheres são produtoras de saberes especializados, promotoras da estabilidade do cotidiano, especializadas na vida relacional e na gestão dos laços de intimidade, dotadas de uma imaginação marginal, não disciplinada pela norma racional relegada ao mundo dos homens.

É por meio da luta articulada que as mulheres inventam outras formas de viver, reconstruindo a comunidade e seus vínculos, atuando segundo suas próprias forças e perspectivas. Quando o movimento de mulheres do MAB se une para tecer uma denúncia por meio do bordado, elas utilizam um suporte relegado historicamente ao universo feminino e fazem política através de laços de sociabilidade e memória.

subjected. The girl depicted in the embroidery is naked and bleeding from her genitals, and the house where she is confined is called "Boate Xingu."

You can also see the Xingu River represented in blue, linking the story told at the top of the embroidery to the scene shown at the bottom of it. In the middle of the river there is a brown strip of fabric with the name of Belo Monte, representing the blockage of the river, i.e. the dam.

The analysis of the arpillera *Boate Xingu* is particularly revealing of the violations that took place in the city of Altamira during the construction of Belo Monte. This happens because racialized bodies live the drama of domination, and the expressive spoliation of corporeal territory is inscribed on them.

In the movement organized by the embroiderers of MAB, and more specifically in the work carried out in the Xingu region, we see the beginnings of a struggle against the pyramid of domination, since the stories are written by the hands of women, our hands, which occupy the space of enunciation as the protagonists of a narrative of their own. Women are producers of specialized knowledge, promoters of the stability of everyday life, specialists in relational life and the management of bonds of intimacy, endowed with a marginal imagination, one that is not disciplined by the rational norm attributed to the world of men.

Women invent other ways of living through articulated struggle, rebuilding the community and its ties, acting according to their own forces and perspectives. When the MAB women's movement comes together to weave a denunciation through embroidery, they use a medium that has historically been consigned to the female universe, making politics through bonds of sociability and memory.

THE BODY THAT IS SILENCED

Some cases of sexual violence in Altamira gained national notoriety long before the construction of Belo Monte, still in the late 1980s and early 1990s. One of the best known went by the epithet "emasculated boys of Altamira."[4]

This reality lasted until 1993, in a systematic sequence of kidnappings of boys, whose bodies were later found. The suffering of mothers and family members mobilized a series of struggles that sparked debate about the living conditions and rights of children and teenagers in Altamira.

The case marked the community and persists in the collective memory. Decades later, more precisely in 2016, the MAB Women's Collective embroidered this and other stories about bodies that were

O CORPO QUE CALA

Alguns casos de violência sexual em Altamira ganharam notoriedade nacional muito antes do processo de construção de Belo Monte, ainda no fim da década de 1980 e início dos anos 1990. Um dos mais conhecidos ganhou o nome de "meninos emasculados de Altamira".[4]

Essa realidade perdurou até 1993, numa sistemática sequência de sequestros de meninos, cujos corpos eram posteriormente encontrados. O sofrimento das mães e familiares mobilizou uma série de lutas que impulsionaram o debate acerca das condições de vida e dos direitos das crianças e adolescentes em Altamira.

O caso marcou a comunidade e persiste na memória coletiva. Décadas depois, mais precisamente em 2016, o Coletivo de Mulheres do MAB bordou essa e outras histórias sobre corpos que se calaram, corpos de crianças e adolescentes que foram violentados e brutalmente assassinados, e é essa extrema violência relegada aos territórios coloniais que a arpillera *Travessa Niterói* (2016) [img. 16] retrata.

Na época da minha primeira entrevista com Edizângela, em Belém, o Coletivo de Mulheres do MAB estava realizando uma rodada de oficinas de arpilleras na região do Xingu, e foi exatamente naquele mês, setembro de 2016, que as mulheres bordaram a *Travessa Niterói*. Nessa conversa, Edizângela falou sobre as motivações do grupo de mulheres para o bordado da arpillera que representa o caso da menina Evelyn,[5] encontrada morta com sinais de estrangulamento e estupro, e o caso do menino Natan,[6] desaparecido na cidade de Altamira. Essas são histórias de corpos que foram silenciados, mas que reverberam no imaginário das comunidades em Altamira.

Ao analisarmos o bordado, vemos bonecos de tecido que representam crianças segurando o cartaz às margens do rio Xingu, e notamos também um barco feito de tecido cinza, preto e rosa que navega no rio. A composição fala do rio com muita proximidade, pois suas águas é que permitiam a conexão entre as várias comunidades residentes nas ilhas formadas pelo serpenteio do rio Xingu. A partir dessa narrativa, o rio é entendido como a ligação das diversas comunidades, sendo também a via de deslocamento e de trocas produtivas. Nesse trabalho, as mulheres bordadeiras falam de suas angústias frente à transformação do rio em cenário para exploração sexual de crianças, adolescentes e mulheres.

Na imagem podemos ver uma casinha representada com o tecido azul, a porta vermelha, a janela feita de um pedaço de tecido preto e, na lateral esquerda da casa, a mata, representada por árvores feitas com tecido verde e marrom-claro. Por entre as árvores, notamos a

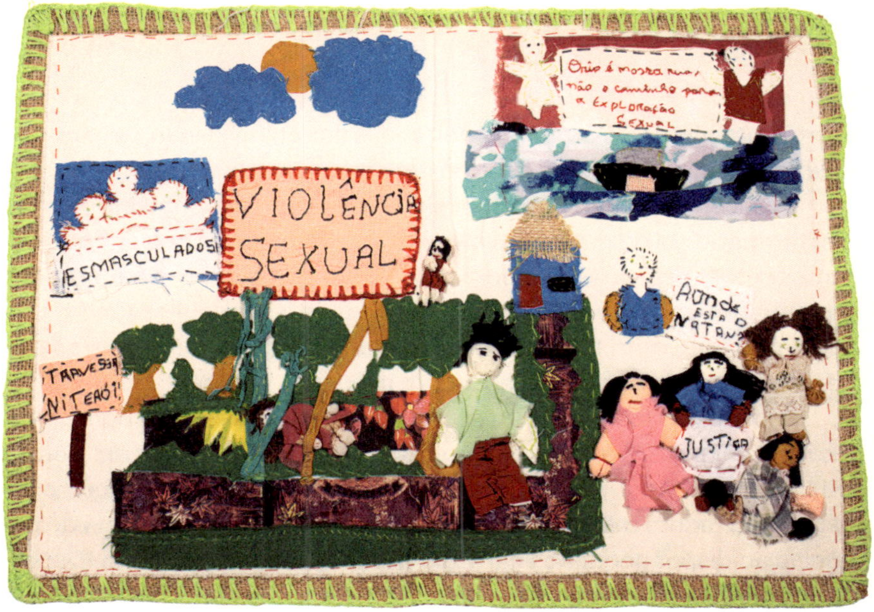

Mulheres Atingidas por Barragens do Pará [Women Affected by Dams from Pará]

16. ***Travessa Niterói*** [Niterói Lane], 2016
Bordado sobre tecido [Needlework on fabric], 63 × 47 cm
Acervo do [Collection of] Movimento dos Atingidos por Barragens (MAB)

silenced, the bodies of children and adolescents who were raped and brutally murdered, and this extreme violence relegated to colonial territories is depicted in the arpillera *Travessa Niterói* [Niterói Lane] (2016) [img. 16].

At the time of my first interview with Edizângela, in Belém, the MAB Women's Collective was holding a series of arpillera workshops in the Xingu region, and precisely in that month, September 2016, the women embroidered *Travessa Niterói*. In that conversation, Edizângela spoke about the motivations of the women's group for embroidering the arpillera that represents the case of Evelyn,[5] a young girl found dead with signs of strangulation and rape, and the case of Natan,[6] a boy who went missing from his own home in the city of Altamira. These are stories of bodies that were silenced, but which reverberate in the imagination of the communities in Altamira.

When we look at the embroidery, we see rag dolls representing children holding signs on the banks of the Xingu River, and also a boat made of gray, black, and pink fabric sailing along it. The composition speaks of the river very intimately, because it is what allowed the connection between the various communities living on the islands formed by its meandering course. Not only a connection, the river is also a means of transportation and productive exchange. Here, the women embroiderers speak of their distress faced with the transformation of the river into a setting for sexual exploitation of children, adolescents, and women.

In the image we can see a small house represented with blue fabric, a red door, a window made from a piece of black fabric and, on the left side of the house, the forest, represented by trees made from

representação de uma criança deitada: é a menina Evelyn, cujo corpo foi encontrado em um terreno próximo a sua casa.

Nessa mesma cena, uma pequena estrada feita com tecido verde e estampado sai da casa de Evelyn e chega até dois bonequinhos, que representam seus pais à espera de notícias. Já no canto esquerdo da cena há um cartaz bordado com os dizeres "violência sexual" e um quadrado feito com tecido azul contendo três bonequinhos brancos, como que sombras do passado, com a palavra "emasculados".

Sobre o desaparecimento de Natan, a arpillera exibe um boneco de tecido branco, azul e marrom-claro, ao lado de um cartaz que diz "Aonde está o Natan?". Aqui, percebemos o mesmo padrão estético das arpilleristas da ditadura militar chilena, que desenvolveram essa forma de denúncia ao dispor pequenos cartazes bordados com a pergunta "*Dónde están*?" [Onde eles estão?]. Esses cartazes eram levados a protestos e traziam mensagens apresentadas por familiares das pessoas desaparecidas. A narrativa questionava a falta de informações acerca do desaparecimento de pessoas durante o regime militar de Pinochet.

Ainda nesse mesmo bordado, podemos ver quatro mulheres protestando contra a prostituição e a exploração sexual. Na composição elas trazem consigo um cartaz que pede "justiça". As figuras do bordado representam as mulheres libertadas da Boate Xingu.

Embora o padrão estético de representação chilena seja utilizado aqui, quem segura o cartaz não são os familiares de Natan, mas ele próprio. O menino de camiseta azul e olhos feitos de fios verdes é quem apresenta a denúncia, é sua presença, é ele quem aparece na tela.

As mulheres que bordaram a cena imaginam ver o menino com vida, não apenas o vislumbre de uma imagem emudecida e esbranquiçada como a que representa os meninos emasculados de Altamira, que se parecem mais com anjos e menos com pessoas.

À medida em que bordadeiras não se esquecem dos corpos – porque as lutas sociais são processos que se dão *sobre* os corpos –, todos os casos trazidos na arpillera conclamam a ausência como o total emudecimento dos fatos. Não há corpos que possam testemunhar o vilipêndio, há apenas a invisibilidade da banalização do sofrimento humano e o vazio da incerteza.

É na esperança de construir um espaço conjunto de afetos e de dignidade humana que elas bordam, mas também por compreenderem que corpos racializados são os mais afetados pelas ruínas operadas pelo capitalismo e pelo patriarcado.

O desejo evocado no bordado acima representado vem da realidade vivida pelas mulheres envolvidas na construção dessa arpillera. Elas compartilham o mesmo sentimento de inconformidade frente

green and light brown fabric. Between the trees, we see a representation of a child lying down: it is Evelyn, the girl whose body was found in a field near her house.

In the same scene, a small road made of green and printed fabric leaves Evelyn's house and reaches two other figures, who represent her parents waiting for news. In the left corner of the scene there is an embroidered sign saying "sexual violence" and a square made of blue fabric containing three little white dolls, like shadows of the past, containing the word "emasculated."

Regarding the disappearance of the boy, the arpillera displays a doll made out of white, blue, and light brown fabric, next to a sign that reads "Where is Natan?". Here, we see the same aesthetic pattern as the arpilleristas of the Chilean military dictatorship, who developed this form of denunciation by displaying small embroidered signs with the question "*Dónde están*?" [Where are they?]. These signs were taken to protests and carried messages presented by relatives of missing persons, a narrative questioning the lack of information about the disappearance of people during Pinochet's military regime.

In the same embroidery, we can also see four women protesting against prostitution and sexual exploitation. In the composition, they are carrying a sign calling for "justice." The figures in the embroidery represent the women freed from Boate Xingu.

Although the aesthetic standard of Chilean representation is used here, it is not Natan's relatives who hold the sign, but himself. The boy in blue T-shirt and eyes made of green stitches is the one presenting the complaint, it is his presence, it is him appearing on the piece.

The women who embroidered the scene imagine the boy alive, not just a glimpse of a muted, whitish image like the one representing the emasculated boys of Altamira, who look more like angels and less like people.

Just as embroiderers do not forget the bodies—because social struggles are processes that take place *on* the bodies—all the cases brought up in this arpillera call for absence as the total silencing of facts. There are no bodies that can bear witness to the vilification, only the invisibility of the trivialization of human suffering and the emptiness of uncertainty.

It is in the hope of building a shared space of affection and human dignity that they embroider, but also because they understand that racialized bodies are the most affected by the ruins wrought by capitalism and patriarchy.

The desire evoked in the embroidery shown above comes from the reality experienced by the women involved in the construction of

ao vilipêndio da dignidade humana e é desse sentimento que nasce a necessidade de denúncia. É com esse objetivo que mulheres impactadas por obras de infraestrutura do Brasil todo se reúnem e bordam. Elas bordam testemunhos da realidade vivida.

O CORPO QUE LUTA

Considerando as narrativas das bordadeiras do MAB, desde as idealizadoras do projeto até as mulheres que lutam pela sobrevivência em Altamira, observamos que as arpilleras abriram espaços de enunciação na arena pública que, de outra maneira, não teriam alcançado. Seja pelo caráter artesanal, seja pela articulação interna do MAB, o que gostaria de ressaltar aqui é que por meio dos tecidos as bordadeiras transformaram histórias de dor em política. Ocupando o espaço público, elas assim fizeram a partir de seu próprio olhar, trazendo as dores vividas e escrevendo sua história com mãos femininas.

O Coletivo de Mulheres do MAB conseguiu ainda travar na esfera pública o debate sobre os crimes sexuais, expondo relatos de mulheres mantidas em cárcere privado e lançando a atenção social sobre a violação de corpos de mulheres e crianças, bem como sobre o feminicídio. A arpillera torna o corpo feminino um suporte sobre o qual se inscreve o descaso das populações submetidas a contextos de opressão.

O que move e provoca questionamentos em minha pesquisa como um todo é o caráter artesanal da luta empreendida pelas mulheres do MAB. Seria possível supor que os bordados das arpilleras estão circunscritos à ideia de "arte popular", que servem como relatos das situações de miséria humana às quais as populações atingidas vêm sendo submetidas. Contudo, acredito que a luta através do bordado extrapola essas fronteiras de análise, revelando seu caráter anti-imperialista, antipatriarcal e de luta pelo direito ao território.

O território é parte do tecido social; a natureza tem sentido, se não direito, e assume uma outra acepção para as pessoas que vivem em tantos lugares da América Latina: sejam campesinos, indígenas, ribeirinhos, sejam os povos da Amazônia. Quando esse olhar não é entendido, e nem respeitado, torna-se evidente que apenas um tipo de racionalidade, fundamentalmente eurocêntrica, está sob o controle territorial. Nesse sentido, para o capitalismo, a terra e tudo o que há nela são meros recursos e, portanto, passíveis de mercantilização.

Quando vemos lutas como essa e tantas outras que estão em curso na América Latina – lutas que ressignificam os espaços e as relações de poder segundo a perspectiva de quem luta, de quem

this arpillera. They share the same feeling of nonconformity in the face of the abuse of human dignity, and from this feeling arises the need to denounce. With such aim in mind, women impacted by infrastructure projects all over Brazil get together and embroider. They embroider testimonies of the reality they experience.

THE BODY THAT FIGHTS

Considering the narratives of the MAB embroiderers, from the ones who idealized the project to the women fighting for survival in Altamira, we can notice that the arpilleras have opened up spaces of enunciation in the public realm that they would not have reached otherwise. Whether for their artisanal aspect or because of MAB's internal articulation, I would like to emphasize here that, through fabrics, the embroiderers have transformed stories of pain into politics. Occupying the public space, they did so from their own perspective, bringing the pain they experienced, and writing history by the hands of women.

The MAB Women's Collective has also succeeded in bringing the debate on sexual crimes into the public sphere, exposing accounts of women held in forced confinement, and drawing social attention to the violation of women's and children's bodies, as well as to feminicide. The arpillera turns the female body into a support in which the neglect of populations subjected to contexts of oppression is inscribed.

What drives and provokes questions in my research as a whole is the artisanal nature of the struggle undertaken by the women of MAB. It could be assumed that the embroidery of the arpilleras is limited to the idea of "vernacular art," which serves as an account of situations of human misery to which the affected populations have been subjected. Even so, I believe that the struggle through embroidery goes beyond these analytical boundaries, revealing its anti-imperialist and anti-patriarchal character, as well as the struggle for the right to territory.

Territory is part of the social fabric. Nature has a meaning, if not rights, and takes on a different one for the people who live in so many places in Latin America: whether they are subsistence farmers, Indigenous people, riverside dwellers, or even the peoples of the Amazon. When this perspective is not understood nor respected, it becomes clear that only one type of rationality, fundamentally Eurocentric, is in control of territory. In this sense, for capitalism, land and what it contains are mere resources and can, therefore, be commodified.

When we see struggles like this and so many others that are underway in Latin America–struggles that give new meaning to spaces

reivindica o olhar –, percebemos um movimento um tanto maior que o próprio objeto da luta, ou seja, a terra, que é a dignidade humana. Temos em curso a construção de caminhos alternativos que levam em conta outras epistemologias, contadas a partir das suas próprias mãos de povos da terra.

O caráter antipatriarcal da luta do Coletivo de Mulheres do MAB reside no fato de elas buscarem ser representadas por si mesmas, como sujeitas da própria história e das experiências por elas vividas. Nesse sentido, as mulheres que bordaram as arpilleras mencionadas neste ensaio, assim como as que compõem a exposição no Museu de Arte de São Paulo Assis Chateaubriand (MASP), são tratadas como agentes de sua própria história, não relegadas apenas ao lugar de vítimas.

Embora este texto tenha evidenciado o quanto corpos racializados e mercantilizados, em sua maioria de mulheres, padecem em contextos de investidura do capital nos rincões do Brasil. Contudo, o caráter corpóreo da luta demonstra que o conhecimento nunca é mobilizado apenas por conceitos, análises e razões. O compromisso ativo com a luta pela dignidade humana considera como armas de mobilização a afetividade e a emoção.

Por mais forte que seja o inconformismo, a revolta e a raiva, esses sentimentos sozinhos não sustentam lutas como a que temos aqui, pois, uma vez empreendida, a luta torna-se a única opção. Segundo os relatos das mulheres que escutei em Altamira, muitas delas mães que perderam entes queridos, a única forma de continuar vivendo era lutando.

É também por meio dos sentidos, que nos acompanham na condição de humanos, que lutas como essas são construídas. O corpo, ao bordar histórias como as contidas na arpillera *Boate Xingu*, remete à presença constante da violência, e mais do que uma denúncia, é a dor que movimenta as mãos que costuram.

MONISE BUSQUETS é educadora e comunicadora social, doutora em Ciências do Ambiente e docente na Universidade Federal do Tocantins (UFT). Sua pesquisa reflete a violação dos direitos humanos sofridos por mulheres atingidas pela barragem de Belo Monte, no Pará, Amazônia brasileira. Busquets pesquisa ainda temas como cultura e meio ambiente, subalternidade e a luta pela dignidade humana empreendida por movimentos sociais.

and power relations according to the perspective of those who are fighting and claiming their perspective—we perceive a movement that is somehow greater than the object of the struggle itself, namely land, which is human dignity. We observe the current construction of alternative paths that take into account other epistemologies, told from their own hands as peoples of the land.

The anti-patriarchal nature of the struggle of the MAB Women's Collective lies in the fact that they seek to be represented by themselves, as subjects of their own history and experiences. In this sense, the women who embroidered the arpilleras mentioned in this essay, as well as those exhibited in Museu de Arte de São Paulo Assis Chateaubriand (MASP), were seen as agents of their own history, not classified as mere victims.

Although this text has shown how racialized and commodified bodies, mostly those of women, suffer in contexts of capital investment in the corners of Brazil. However, the corporeal nature of the struggle demonstrates that knowledge is never mobilized only by concepts, analyses, and reasons. The active commitment to the struggle for human dignity considers affection and emotion as weapons of mobilization.

However strong non-conformity, revolt, and anger may be, these feelings alone cannot sustain struggles like the one we have here, because once undertaken, it becomes the only option. According to the accounts of the women I heard in Altamira, many of them mothers who lost their loved ones, the only way to continue living was to fight.

It is also through the senses, which accompany us in our human condition, that struggles like these are built. The body, when embroidering stories such as those contained in the *Boate Xingu* arpillera, refers to the constant presence of violence and more than by denunciation, those sewing hands are moved by pain.

Translated from Portuguese by Daniel Lühmann

MONISE BUSQUETS is a social educator and communicator, holder of a PhD in Environmental Sciences, and lecturer at Universidade Federal do Tocantins (UFT). Her research contemplates the violation of human rights suffered by women affected by the Belo Monte Dam in Pará, in the Brazilian Amazon. Busquets also researches topics such as culture and the environment, the subaltern condition, and the struggle for human dignity undertaken by social movements.

NOTAS

1 Entre 11 de setembro de 1973 e 11 de março de 1990, instaurou-se no Chile o regime militar de Augusto Pinochet, momento no qual muitos maridos e pais foram presos e outros tantos homens desapareceram por ser filiados a partidos de esquerda. A repressão política chilena atingiu direta e majoritariamente os homens – isso se deve à maior participação deles na política e nos espaços de trabalho.

2 A Norte Energia, consórcio construtor da Usina Hidrelétrica de Belo Monte, iniciou a construção em 2013, no Rio Xingu, Pará, mesmo sendo alvo de muita resistência das populações ribeirinhas e indígenas. Sem infraestrutura para lidar com o aumento populacional exponencial por conta do início das obras, o crescimento da demanda por serviços e o agravamento dos problemas sociais existentes, a construção de Belo Monte foi e ainda é palco de muitas violações dos direitos humanos.

3 Disponível em http://g1.globo.com/pa/para/noticia/2013/08/mulher-e-presa-suspeita-de-trafico-sexual-de-jovens-em-altamira-pa.html. Acesso em 4.11.2024.

4 Para mais informações sobre o caso, ver http://g1.globo.com/espirito-santo/noticia/2016/07/caso-emasculados-de-altamira-medico-do-es-vai-para-semiaberto.html. Acesso em 5.11.2024.

5 Sobre o caso da menina Evelyn, ver http://g1.globo.com/pa/para/noticia/2014/12/crianca-de-9-anos-e-encontrada-morta-com-sinais-de-abuso-no-pa.html. Acesso em 4.11.2024.

6 Sobre o caso do menino Natan, ver http://g1.globo.com/pa/para/noticia/2014/10/pais-de-menino-desaparecido-em-altamira-pedem-ajuda-da-populacao.html. Acesso em 4.11.2024.

NOTES

1 Between September 11, 1973, and March 11, 1990, the military regime of Augusto Pinochet was established in Chile, a time when many husbands and fathers were imprisoned, and many other men disappeared for being members of left-wing parties. Chile's political repression directly and mostly affected men—which was due to their greater participation in politics and the workplace.

2 Norte Energia, the consortium in charge of the Belo Monte Hydroelectric Power Plant project, began the construction on the Xingu River in Pará in 2013, despite much resistance from the riverside and Indigenous populations. Without infrastructure to deal with the exponential population increase due to the start of the construction, the growth in demand for services, and the worsening of existing social problems, the construction of Belo Monte was and still is the scene of many human rights violations.

3 Available at http://g1.globo.com/pa/para/noticia/2013/08/mulher-e-presa-suspeita-de-trafico-sexual-de-jovens-em-altamira-pa.html. Retrieved Dec. 23, 2024.

4 For more information on the case, see http://g1.globo.com/espirito-santo/noticia/2016/07/caso-emasculados-de-altamira-medico-do-es-vai-para-semiaberto.html. Retrieved Dec. 23, 2024.

5 Regarding the case of the girl named Evelyn, see http://g1.globo.com/pa/para/noticia/2014/12/crianca-de-9-anos-e-encontrada-morta-com-sinais-de-abuso-no-pa.html. Retrieved Dec. 23, 2024.

6 Regarding the case of the boy named Natan, see http://g1.globo.com/pa/para/noticia/2014/10/pais-de-menino-desaparecido-em-altamira-pedem-ajuda-da-populacao.html. Retrieved Dec. 23, 2024.

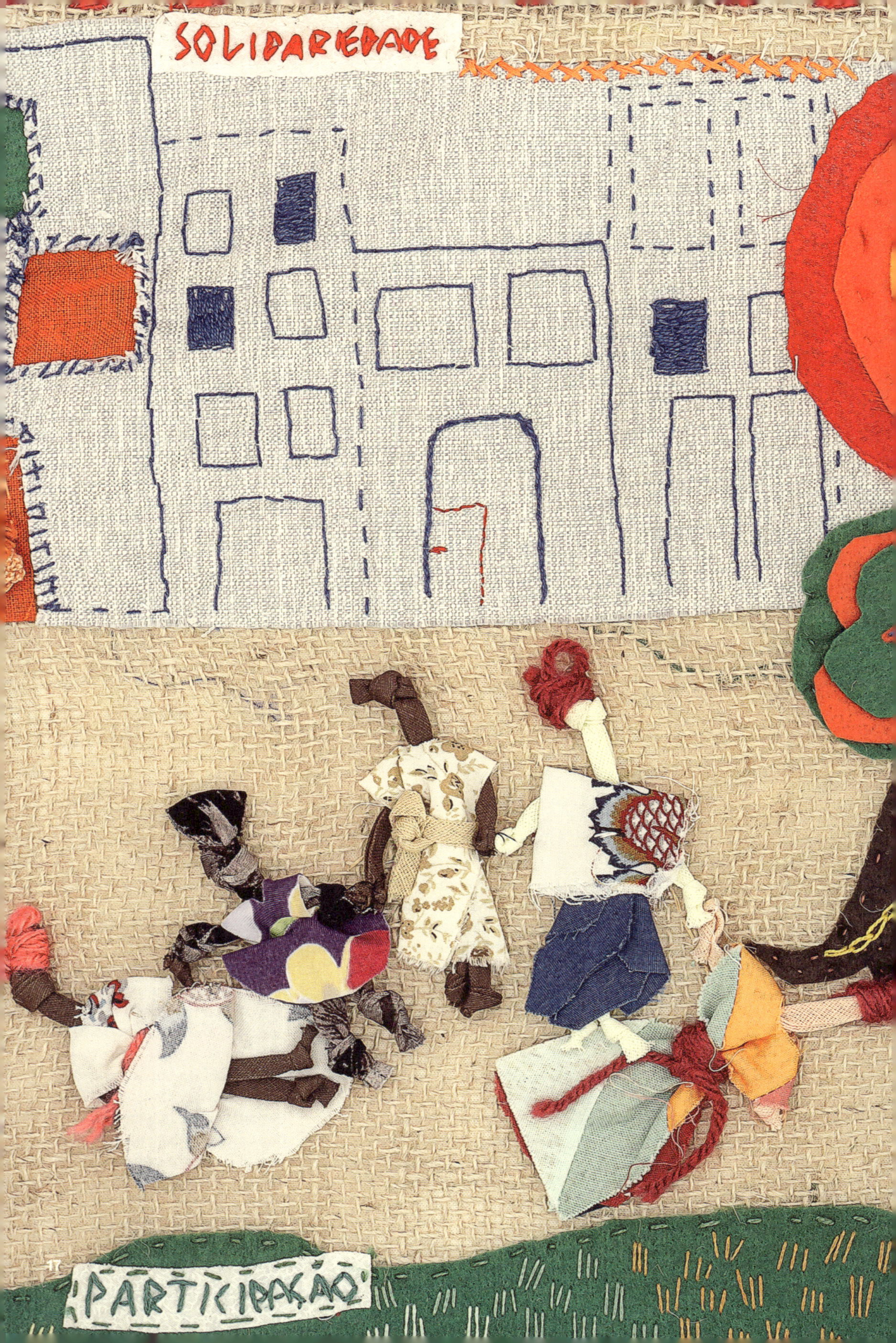
SOLIDARIEDADE
PARTICIPAÇÃO

Memórias que podemos tocar e sentir

Memories That Can Be Touched and Felt

CAROLINA CAYCEDO

Estudei Artes Plásticas em Bogotá entre 1995 e 1999. Na universidade, havia uma diferença marcante entre artes plásticas e arte têxtil, e as arpilleras nunca foram mencionadas em nenhuma das minhas aulas. Só depois de me formar e estudar por conta própria a obra de artistas latino-americanas como Violeta Parra (1917-1967) é que aprendi sobre a técnica das arpilleras. Foi por meio dessas "canções que se pintam"[1] que acessei o acúmulo de cores, materiais, vinhetas, texturas, afetos e histórias de vida que são as arpilleras. Sua linguagem me atraiu desde o primeiro momento porque me era familiar; elas me remetem ao colorido trabalho têxtil da minha avó Helena [img. 18], à sua sala de costura cheia de linhas, retalhos, botões, lã, remendos e alfinetes e agulhas. Ali, eu aprendia enquanto a observava. Graças a ela, os têxteis fazem parte de meu imaginário e expressão artísticos. Porém, ao contrário das imagens ternas e sonhadoras dos têxteis da minha avó, as arpilleras chilenas denunciam violações de direitos humanos e refletem processos coletivos e organizacionais, de resistência e de luta. As arpilleras oferecem outras perspectivas sobre a ditadura, incluindo acontecimentos excluídos das narrativas oficiais e oficialistas, apresentando os olhares de mulheres, vítimas, sobreviventes e suas famílias, que contam suas próprias histórias e experiências. São testemunhos visuais que podemos tocar e sentir. Contribuem para a construção da memória histórica do nosso continente em conjunto com testemunhos orais, textos e documentos que nos permitem reconhecer os atos de violência e de resistência no Chile.

Na Guatemala, a Comisión Presidencial Coordinadora de la Política del Ejecutivo en Materias de Derechos Humanos [Comissão Presidencial de Coordenação da Política dos Direitos Humanos] (COPREDEH) descreve a memória histórica como "o acúmulo de experiências de um povo [...]. [É] o esforço consciente de alguns grupos humanos para encontrar-se com seu passado e conhecer, explicar e valorizar eventos que conformaram sua própria história".[2] O Centro Nacional

I studied Visual Arts in Bogotá between 1995 and 1999. At the university, there was a clear distinction between Visual Arts and Textile Art, and arpilleras were never mentioned in any of my classes. Only after graduating and studying the work of Latin American female artists such as Violeta Parra (1917–1967) on my own, did I learn about the arpillera technique. Through the arpilleras–these "songs that are painted"[1]–I had access to a wealth of colors, materials, vignettes, textures, affections, and life stories. The language of the arpilleras attracted me from the very beginning, as it felt familiar to me. It took me back to the colorful textile work of my grandmother Helena [img. 18], to her sewing room full of threads, scraps, buttons, wool, patches, pins, and needles; in there, I learned by watching her Thanks to her, textiles are part of my artistic expression and imagination. But unlike the tender and dreamy images of my grandmother's textiles, the Chilean arpilleras denounce human rights violations and reflect collective and organizational processes of resistance and struggle. The arpilleras offer us other perspectives on the military dictatorship, including facts excluded from official and pro-establishment narratives, presenting the views of women, victims, survivors, and their families, who tell their own stories and experiences. They are visual testimonies that can be touched and felt. They contribute to the construction of the historical memory of our continent together with oral testimonies, texts, and documents that allow us to recognize the acts of violence and resistance in Chile.

In Guatemala, the Comisión Presidencial Coordinadora de la Política del Ejecutivo en Materias de Derechos Humanos [Presidential Commission for the Coordination of the Executive Policy on Human Rights] (COPREDEH) describes historical memory as "the accumulation of experiences of a people [...]. [It] is the conscious effort of some human groups to encounter their past in order to know, explain, and value events that shaped their history."[2] In Colombia, the Centro Nacional de Memoria Histórica [Center for Historical Memory] (CNMH)

de Memoria Histórica de Colombia (CNMH) a define como um veículo para o esclarecimento de acontecimentos violentos e a dignificação das vozes das vítimas.[3] Em países com longos e sangrentos episódios de ditadura ou guerra, como a Colômbia, o Brasil ou o Chile, a memória histórica ajuda a revelar a diversidade das experiências sociais e surge como uma medida de reparação de caráter simbólico. É um conceito e uma prática que podem nos ajudar a identificar e responsabilizar os perpetradores e a proteger os direitos das vítimas, sendo uma primeira garantia para evitar a repetição da violência. A memória histórica é um processo coletivo de busca por verdade, reparação e justiça.

A MEMÓRIA HISTÓRICA AMBIENTAL NOS TÊXTEIS DO MAB

Represa-Represión/Be Dammed [Represa-Repressão/Seja condenado] (2012-em processo) é um projeto artístico de longa duração que revela os impactos da infraestrutura energética em comunidades e ecossistemas ribeirinhos. Comecei esse corpo de trabalho acompanhando processos de resistência contra a construção de hidrelétricas na Colômbia, particularmente as lutas contra a hidrelétrica El Quimbo, no rio Magdalena; Hidroituango, no rio Cauca; e Hidrosogamoso, no rio Sogamoso. Esses processos organizacionais estão articulados ao Movimiento Ríos Vivos,[4] da Colômbia, que por sua vez está interligado a outros movimentos da América Latina, como o Movimiento Mexicano de Afectados y Afectadas por las Presas y em Defensa de los Ríos (Mapder), no México, e o Movimento dos Atingidos por Barragens (MAB) no Brasil, sob o nome de Red Latino-Americana de Afectados por Represas y por los Ríos, sus Comunidades y el Agua (REDLAR).[5] Hoje, muitos desses movimentos regionais trabalham juntos por meio do Movimiento de Afectados por Represas de América Latina (MAR).[6]

Em 2016, fui convidada pela 32ª Bienal de São Paulo, *Incerteza viva*, para continuar, em território brasileiro, o trabalho que vinha realizando com *Represa-Represión*. As companheiras e os companheiros da Ríos Vivos me colocaram em contato com o MAB, e foi essa rede de trabalho organizacional e político, de solidariedade e afetos, que me apoiou para visitar e colaborar com diversas comunidades no Brasil. Entre os meses de maio e agosto de 2016, militantes do MAB me receberam em sua coordenação em São Paulo, nas comunidades do entorno de Mariana e do rio Doce, em Minas Gerais, atingidas pelo rompimento da barragem de rejeitos de mineração de Fundão, bem como na cidade de Altamira, no estado do Pará, onde a então recém-inaugurada usina hidrelétrica de Belo Monte, no rio Xingu, deslocava pelo menos 20 mil pessoas.[7] Também tive a oportunidade de visitar

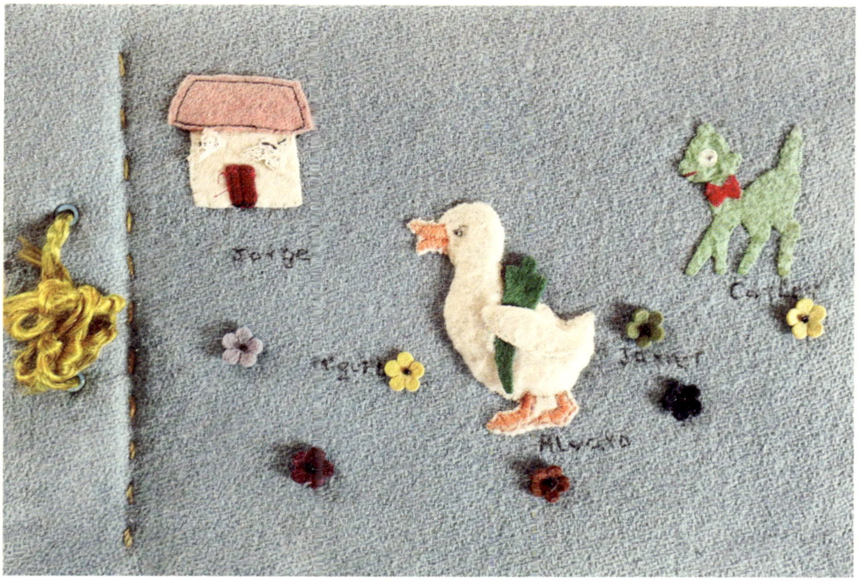

18. **Capa de álbum de família de Helena Cardona feito de tecido lenci, papelão, fio, lã e lantejoulas** [Cover of Helena Cordona's family photo album made of lenci fabric, cardboard, thread, wool, and sequins], *circa* 1960

defined it as a vehicle for clarifying violent events and dignifying the voices of the victims.[3] In countries with long and bloody episodes of dictatorship or war, such as Colombia, Brazil, or Chile, historical memory helps to reveal the diversity of social experiences, emerging as a symbolic measure of reparation. It is a concept and a practice that can help us identify perpetrators and hold them accountable, protect the rights of victims, and is a first guarantee to avoid the repetition of violence. Historical memory is a collective process of searching for truth, reparation, and justice.

THE ENVIRONMENTAL HISTORICAL MEMORY IN MAB TEXTILES

Represa-Represión/Be Dammed (2012–ongoing) is a long-term artistic project that reveals the effects of energy infrastructure on riverine communities and ecosystems. I began this body of work by accompanying processes of resistance against the construction of hydroelectric power plants in Colombia, particularly the struggles against the El Quimbo Hydroelectric Power Plant on the Magdalena River, Hidroituango on the Cauca River, and Hidrosogamoso on the Sogamoso River. These organizational processes are linked to the Movimiento Ríos Vivos Colombia [Colombia's Living Rivers Movement],[4] which is part of a network with other Latin American movements such as Movimiento Mexicano de Afectados y Afectadas por las Presas y en Defensa de los Ríos [Mexican Movement of People Affected by Dams and in Defense

comunidades quilombolas e caiçaras do vale do rio Ribeira de Iguape e da Ilha do Cardoso, articuladas ao Movimento dos Ameaçados por Barragens do Vale do Ribeira SP/PR (Moab),[8] no estado de São Paulo.

Naquela época, a Coletiva de Mulheres do MAB já havia realizado a exposição de arpilleras no Memorial da América Latina, em São Paulo[9] e estava arrecadando fundos para finalizar o documentário *Arpilleras: atingidas por barragens bordando a resistência*.[10] Quando visitei o escritório de São Paulo, as mulheres do MAB me entregaram o catálogo da exposição e me contaram sobre a realização do filme, que descrevia o processo de criação de arpilleras dentro do MAB. Imediatamente, começamos a imaginar como seria possível apoiar esse processo apresentando algumas arpilleras na Bienal de São Paulo. O MAB colocou mãos à obra e iniciou um processo de produção e seleção de arpilleras para serem incluídas na instalação da Bienal. Enquanto isso, eu realizava visitas de campo, nas quais ia recolhendo testemunhos orais, material audiovisual e diversos objetos, como tarrafas, bateias, varas de pesca e outros elementos que mais tarde fariam parte das diferentes peças apresentadas na Bienal.

Em Barra Longa, Minas Gerais, conheci um grupo de mulheres que se dedica ao artesanato têxtil e ao bordado. Elas me convidaram para visitar sua oficina e loja Pice Lanna,[11] que permanecia fechada desde o rompimento da barragem. Quando perguntei por que não haviam reaberto a loja, elas me disseram que haviam desistido de seu trabalho porque ainda estavam sob o choque da avalanche de lama tóxica.[12] Era junho de 2016, fazia então oito meses que a loja estava fechada. Antes da lama, seus bordados refletiam o cotidiano da cidade e do rio, cenas da vida rural e da pesca, contos e histórias populares da região. Tudo isso foi arruinado pela lama. Além do mais, muitos dos locais onde recolhiam fibras naturais e matérias-primas para seu artesanato estavam contaminados ou inacessíveis. Durante o nosso encontro, propus ao grupo o exercício de retomar o bordado para contar o que haviam vivenciado após o rompimento da barragem, usando o material têxtil para expressar sua tristeza e indignação. Se quisessem, poderíamos incluir esses bordados na apresentação da Bienal. Logo depois, no início de agosto, recebi em São Paulo uma caixa cheia de maravilhosos panos pintados e bordados por mulheres de Barra Longa, Gesteira e outros locais afetados. Elas aproveitaram minha proposta para se reunir e se organizar em torno do ativismo visual, curando parcialmente o trauma por meio da recuperação do trabalho manual diário e denunciando, a partir das imagens bordadas, as injustiças vividas. Esse exercício de narrar visualmente os impactos físicos e emocionais, a contaminação das águas, o desaparecimento de bens comuns e modos de

of Rivers] (MAPDER), in Mexico, and Movimento dos Atingidos por Barragens [Movement of People Affected by Dams] (MAB) in Brazil, under the name of Red Latinoamericana de Afectados por Represas y por los Ríos, sus Comunidades y el Agua [Latin American Network of People Affected by Dams and Rivers, their Communities and Water] (REDLAR).[5] Today, many of these regional movements work together through the Movimiento de Afectados por Represas de América Latina [Movement of People Affected by Dams in Latin America] (MAR).[6]

In 2016, I was invited by the 32nd Bienal de São Paulo, *Incerteza viva* [Live Uncertainty], to continue, in Brazilian territory, the work I had been doing with *Represa-Represión*. My colleagues from Ríos Vivos put me in contact with MAB, and this network of organizational and political work, solidarity, and affection has supported me to visit and collaborate with various communities in Brazil. Between May and August 2016, MAB activists welcomed me to their coordination in São Paulo, in the communities surrounding Mariana and the Doce River, Minas Gerais state, affected by the collapse of the Fundão tailings dam, as well as in the city of Altamira, in the state of Pará, where the then recently inaugurated Belo Monte Hydroelectric Power Plant on the Xingu River displaced at least 20 thousand people.[7] I also had the opportunity to visit Quilombola[8] and Caiçara[9] communities in the valley of the Ribeira de Iguape River and Ilha do Cardoso, articulated to the Movimento dos Ameaçados por Barragens do Vale do Ribeira SP/PR [Movement of People Threatened by Dams in the Ribeira Valley SP/PR] (MOAB),[10] in the state of São Paulo.

By then, the MAB Women's Collective had already done the arpilleras' exhibition at Memorial da América Latina in São Paulo[11] and was raising funds to finish the documentary *Arpilleras: atingidas por barragens bordando a resistência* [Arpilleras: Women Affected by Dams Embroidering the Resistance].[12] When I visited their office in São Paulo, the women from MAB gave me the exhibition catalog and told me about the film, which described the arpillería[13] process within the MAB. We immediately began to imagine how it would be possible to support this process by presenting some arpilleras at Bienal de São Paulo. The MAB got to work and began producing and selecting arpilleras to be included in the installation at the Bienal. Meanwhile, I was making field visits and collecting oral testimonies, audiovisual material, and various objects such as cast nets, gold pans, fishing rods, and other elements that would later be part of the different pieces presented in the exhibition.

When in Barra Longa, Minas Gerais, I met a group of women dedicated to textile crafts and embroidery. They invited me to their

vida, foi uma forma de construir memória histórica ambiental sobre aquele acontecimento criminoso.

No folheto *Memoria ambiental y reconciliación* [Memória ambiental e reconciliação], publicado em 2018 pela Censat Agua Viva – Amigos de la Tierra, da Colômbia, a autora Jessica Toloza Chaparro nos oferece uma definição de memória histórica ambiental elaborada no âmbito dos acordos de paz na Colômbia. Esse conceito pode muito bem ser aplicado ao contexto de crimes ambientais associados ao extrativismo de minerais e de recursos energéticos (como o caso de Mariana), entendendo-se que o extrativismo é inerentemente violento, já que se trata de uma guerra contra a natureza:

> Ao rigoroso exercício de narração sobre o percurso da guerra nos territórios e sua consequente influência nos planos de vida e modos de habitar das comunidades, poderíamos chamar memória histórica ambiental, a qual ainda não faz parte dos grandes relatos do país, mas das memórias locais, que são em boa medida aquelas que devem construir uma narrativa diversa da Nação. Para os processos e coletivos que realizaram exercícios de memória ambiental, a guerra e os megaprojetos minerais-energéticos representam a mesma ameaça: despossessão e deslocamento. O exercício de fazer memória torna-se então uma possibilidade de ampliar as verdades e resistir à ameaça de uma guerra que continua e, o que talvez seja pior, à ofensiva de um falso desenvolvimento que os deixa sem voz, exclui e revitimiza. A memória histórica ambiental almeja esclarecer as relações de tensão e poder entre os sistemas de relacionamento criados pelas comunidades e as estruturas de despossessão e destruição que foram gestadas dentro das estruturas armadas da guerra, com o propósito de permanecer nos territórios onde se busca implementar os acordos de paz.[13]

Os bordados das mulheres de Minas Gerais evidenciam a natureza não só como um cenário de violências, mas também como mais uma vítima. Entidades naturais como o rio, peixes, árvores e frutas também sofrem com a avalanche mortal. Um bordado de Sandra mostra o rio azul tornando-se marrom devido à contaminação da lama, enquanto um helicóptero sobrevoa as pessoas que olham para o rio estupefatas. A imagem é cercada pela frase: "O rompimento da barragem não vai destruir nossa história, por isso temos coragem de lutar por nossa memória" [img. 21]. Outro bordado, de Iris, começa com a palavra "Samarco", da qual se desprendem linhas marrons que representam a avalanche tóxica a engolir casas e árvores em seu caminho: Bento

workshop and store, Pice Lanna,[14] which had been closed since the dam collapse. When I asked the women why the shop wasn't reopened, I was told they had stopped working because they were still in a state of shock due to the toxic mud avalanche.[15] It was June 2016, so the place had been closed for eight months. Before the mudslide, their embroidery reflected the village and river daily life, scenes of rural life and fishing, tales, and folk stories of the region. The mudslide ruined all of this. Besides, many places where they collected natural fibers and raw materials for their crafts had been contaminated or made inaccessible. During our meeting, I proposed the exercise of taking up embroidery again to tell what they had experienced after the dam failed and using the textile material to express their sadness and indignation. If they were willing, we could include these embroideries in the Bienal presentation. In early August, I received in São Paulo a box filled with cloths wonderfully painted and embroidered by women from Barra Longa, Gesteira, and other affected communities. They took advantage of my proposal to meet and organize themselves around visual activism, partially healing the trauma through the recovery of daily manual work and denouncing, through the embroidered images, the injustices they had experienced. This exercise of visually narrating the physical and emotional impacts, the water contamination, and the disappearance of common goods and ways of life was a way of constructing environmental historical memory about this criminal event.

In the brochure *Memoria ambiental y reconciliación* [Environmental Memory and Reconciliation] published in 2018 by CENSAT Agua Viva–Amigos de la Tierra Colombia, the author Jessica Toloza Chaparro offers us a definition of environmental historical memory developed during the peace agreements in Colombia. This concept can be applied to the context of environmental crimes associated with mining-energy extractivism (such as that of Mariana), understanding that extractivism is inherently violent as it is a war against nature:

> The rigorous exercise of narrating the war course on the territories and its consequent influence on the life plans and ways of living of the communities could be called environmental historical memory, which is not yet part of the great narratives of the country but is part of the local memories, which are largely those that must build a diverse narrative of the Nation. For the processes and collectives that have carried out exercises of environmental memory, war and mining-energy megaprojects carry the same threat: dispossession and displacement. The exercise of creating memory then becomes the possibility of expanding the truths and resisting the threat of a

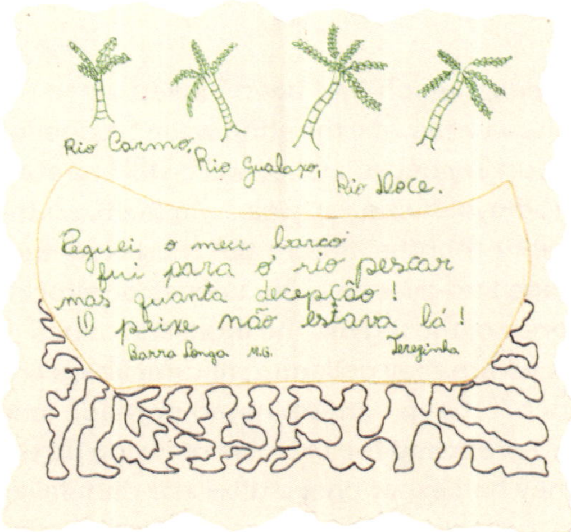

19

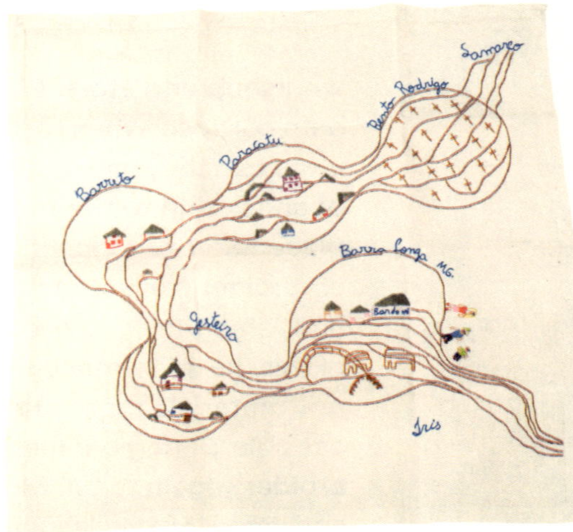

20

19-22. **Bordados feitos por Teresinha, Iris, Sandra e Pice, mulheres da bacia do Rio Doce atingidas pelo rompimento da barragem da Samarco** [Embroidery made by Teresinha, Iris, Sandra and Pice, women from the Doce River basin affected by Samarco dam collapse], Mariana, Minas Gerais, 2016

Rodrigues, Paracatu, Barreto, Gesteira, Barra Longa [img. 20]. A cena de Bento Rodrigues possui cruzes em referência às vidas perdidas. Outras peças incluem mensagens como: "Rio Carmo, rio Gualaxo, rio Doce. Peguei o meu barco, fui para o rio pescar, mas quanta decepção! O peixe não estava lá!" [img. 19]; "Depois do crime, as tuas ruas desertas, silentes ou em festas, trago todas bem guardadas" [img. 22]; e "A vida sem... o doce das frutas". Essas declarações poéticas falam sobre relações ecossistêmicas intoxicadas pela lama. A dinâmica cotidiana entre os seres humanos, o rio e os peixes não é mais possível, transformando-se em memórias pelas quais lutar e que protegem do apagamento decretado pela avalanche. Ficar sem "o doce das frutas" serve de metáfora, denunciando a contaminação do rio Doce, inabitável e intragável por causa da lama, e a vida que se torna amarga em consequência desse crime.

Alguns desses bordados, junto com as arpilleras emprestadas pela Coletiva de Mulheres do MAB, fizeram parte das *Cosmotarrafas*, uma série de esculturas suspensas feitas com redes de pesca artesanal que foram instaladas para a Bienal na icônica rampa do pavilhão Ciccillo Matarazzo [img. 24]. A *Cosmotarrafa Ver-o-Peso* (2016) [img. 23] foi feita com redes de pesca compradas no mercado homônimo em Belém do Pará. A peça fica pendurada em um único ponto e as redes são amarradas entre si. O nó central contém um pequeno pedaço de madeira coletado em Bento Rodrigues. A madeira, em forma de pássaro, está amarrada com força, assim como a lama deixou os rios, os animais e as plantas da bacia: amarrados, asfixiados, sem vida. Dentro das redes, há pequenos lenços retangulares. Um deles tem um olho bordado e, ao redor dele, a frase: "Meus olhos choram lágrimas?

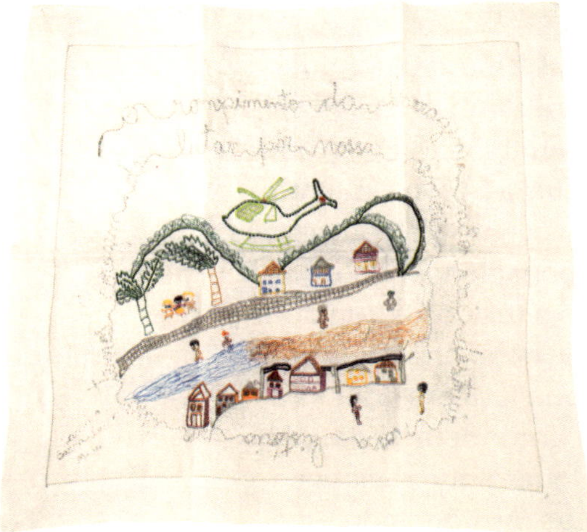

21

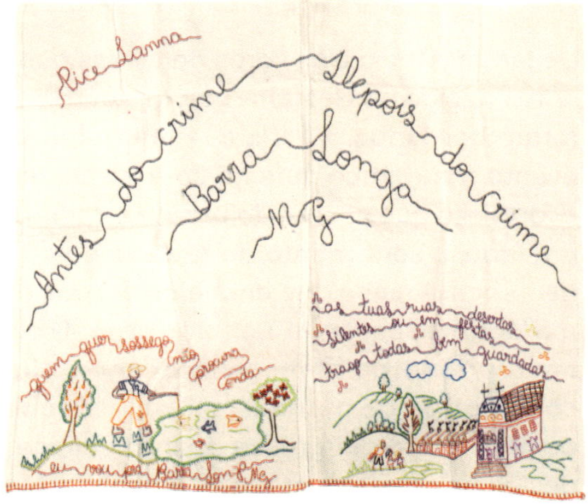

22

> war that continues and, what may be worse, the onslaught of a false development that leaves them voiceless, excludes, and revictimizes them. Environmental historical memory aims to clarify the relations of tension and power between the relationship systems created by the communities and the structures of dispossession and destruction built within the armed structures of war to remain in the territories where the peace agreements are being implemented.[16]

The embroideries of the Minas Gerais women depict nature not only as a scene of violence but also as another victim. Natural entities such as the river, fish, trees, and fruit also suffer from the deadly avalanche. One of Sandra's embroideries shows the healthy blue river turning brown due to the mud contamination, while a helicopter flies over people who look at the river in astonishment. The image is surrounded by the phrase "O rompimento da barragem não vai destruir nossa história, por isso temos coragem de lutar por nossa memória" [The collapse of the dam will not destroy our history, therefore we dare to fight for our memory] [img. 21]. Another embroidery, by Iris, begins with the name of the Brazilian mining company Samarco, from which brown threads emerge representing the toxic avalanche swallowing houses and trees in its path: Bento Rodrigues, Paracatu, Barreto, Gesteira, Barra Longa [img. 20]. The scene of Bento Rodrigues has crosses in reference to the lives lost. Other cloths include messages such as "Rio Carmo, rio Gualaxo, rio Doce. Peguei o meu barco, fui para o rio pescar mas quanta decepção! O peixe não estava lá!" [Carmo River, Gualaxo River, Doce River. I took my boat and went to the river to fish, but what a disappointment! The fish weren't there!] [img. 19], "Depois do crime, as tuas

De lama!". Outro traz flores coloridas com a frase: "Sou mulher guerreira nascida no Gesteira, sou também bordadeira". Ambos os lenços foram bordados por Iris e refletem tanto a vulnerabilidade que um evento traumático gera no corpo e no sentir de uma pessoa, quanto a fortaleza que advém do processamento de um evento violento. Por um lado, o sentimento de tristeza enlaçado à consciência do envenenamento físico que enche os corpos de metais tóxicos e transforma lágrimas em lama. Por outro, a reafirmação de estar arraigada em um território, de se reconhecer como alguém que luta em conjunto com o ofício de bordadeira. É uma declaração empoderada de sua posição tanto geográfica quanto política, de alguém que resiste ao deslocamento. Nessa *cosmotarrafa*, relaciono os territórios do Pará e de Minas Gerais, ambos impactados por projetos minerais-energéticos que fazem parte do mesmo modelo ditatorial. As hidrelétricas e a mineração caminham de mãos dadas. Basta ver como, depois de imposta a hidrelétrica de Belo Monte, abriu-se o caminho para que a mineradora canadense Belo Sun explorasse ouro na Volta Grande do Xingu.

Todas as peças foram compartilhadas com o público da Bienal no dia 5 de novembro de 2016, durante uma sessão de debate sobre

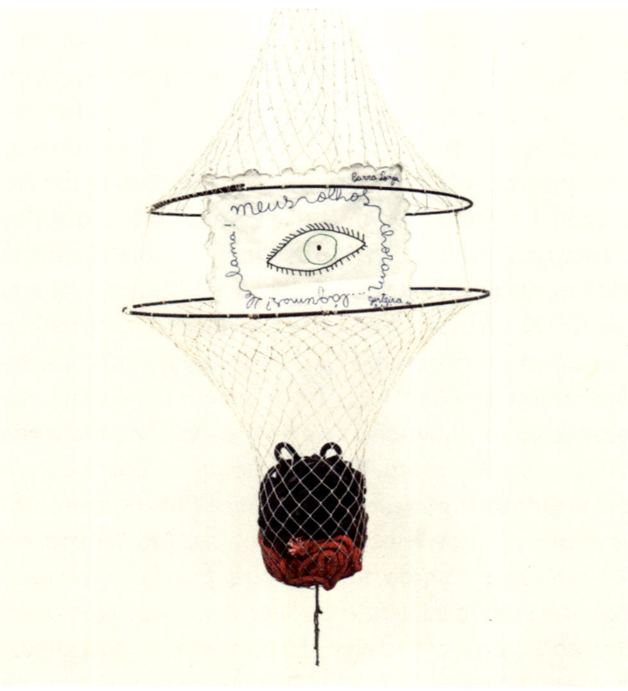

Carolina Caycedo

23. ***Cosmotarrafa Ver-o-Peso***
[Cosmonet Ver-o-Peso] (detalhe) [detail], 2016
Instituto de visión, Bogotá, Colômbia e [and] Nova York, Estados Unidos [New York, United States]

ruas desertas, silentes ou em festas, trago todas bem guardadas" [After the crime, your deserted streets, silent or in celebration, I keep them all well-guarded] [img. 22], "A vida sem… o doce das frutas" [Life without… the sweetness of fruits]. These poetic statements speak to the ecosystemic relationships intoxicated by the mudslide. The everyday dynamics between humans, river and fish are no longer possible, they become memories to fight for and to protect from the erasure enacted by the avalanche. To go about without the "sweetness of fruits" is a metaphor to denounce the contamination of the Doce River [Sweet River], how the mud renders the river's water unlivable and undrinkable, and how, by consequence of this crime, life turns bitter.

Some of these embroideries, together with the arpilleras lent by the MAB Women's Collective, were part of *Cosmotarrafas* [Cosmonets], a series of hanging sculptures made with artisanal fishing nets that were installed for the Bienal on the iconic ramp of the Ciccillo Matarazzo Pavilion [img. 24]. The *Cosmotarrafa Ver-o-Peso* [Ver-o-Peso Cosmonet] (2016) [img. 23] is made with fishing nets bought at the Ver-o-Peso market in Belém, Pará. The piece hangs from a single point and the nets are tied together. The central knot holds a small piece of wood collected in Bento Rodrigues. The wood, shaped like a bird, is knotted tightly, just as the mud left the rivers, animals, and basin plants: knotted, suffocated, lifeless. Inside the nets, there are small rectangular handkerchiefs. One of them has an embroidered eye, and around it the phrase: "Meus olhos choram lágrimas? De lama!" [Do my eyes cry tears? Of mud!]. Another one has colorful flowers with the phrase: "Sou mulher guerreira nascida no Gesteira, sou também bordadeira" [I am a warrior woman born in Gesteira, I am also an embroiderer]. Both handkerchiefs were embroidered by Iris and reflect the vulnerability that a traumatic event generates in the body and feelings of a person, as well as the strength that entails processing a violent event. On the one hand, there is a feeling of sadness linked to the awareness of physical poisoning, which fills the body with toxic metals and turns tears into mud. On the other hand, there is the reaffirmation of being rooted in a territory, of recognizing oneself as someone who fights while exercising the craft of embroidery. It is an empowered declaration of her position, both geographical and political, as someone who resists displacement. In this *cosmotarrafa*, I connect the territories of Pará and Minas Gerais, both impacted by mining-energy projects that are part of the same dictatorial model. Hydroelectric plants and mining go hand in hand. It suffices to see how right after the Belo Monte Hydroelectric Power Plant was imposed, the way was paved for the Canadian mining company Belo Sun to exploit gold in the Volta Grande of the Xingu River.

gestão hídrica e o modelo mineral-energético no Brasil, que organizei junto com a coordenação do MAB. Penduramos os panos bordados nas janelas da sala de reuniões, visíveis para os participantes dos debates e visitantes da Bienal. Depois do debate, fizemos uma geocoreografia[14] no Parque Ibirapuera para relembrar o primeiro aniversário do crime. Escrevemos "águas para a vida" [img. 25] com nossos corpos e lembramos os nomes das pessoas falecidas. As pessoas impactadas pelo crime em Mariana haviam tomado consciência de que seus direitos econômicos, sociais, culturais e ambientais foram violados. A prolífica criação de documentários, publicações, obras de arte, performances, ações diretas e imagens, incluindo bordados e arpilleras, foi crucial para a construção da memória histórica ambiental daquele evento criminoso, não apenas para as pessoas afetadas em Minas Gerais, mas também para todo o Brasil e para o mundo inteiro.

NOSSAS GENEALOGIAS FEMININAS

Minha linhagem feminina da luta ambiental (2018-em processo) é uma série de retratos de mulheres defensoras da vida. Os retratos foram feitos com traços rápidos de tinta sobre papel, reproduzindo fotos de ativistas em ações de protesto, posando para a câmera ou recebendo prêmios. Muitas delas foram estigmatizadas, judicializadas e até semeadas[15] por seu ativismo socioambiental. Em 2019, recebi um convite do Museu de Arte de São Paulo Assis Chateaubriand (MASP) para ampliar a série com quarenta retratos de mulheres brasileiras a serem incluídos na exposição *Histórias feministas: artistas depois de 2000* (2019).[16] A série já contava com uma ativista do MAB, Nilce de Souza Magalhães (1965-2016), conhecida como Nicinha, semeada em 2016 por denunciar violações de direitos por parte da Energia Sustentável do Brasil e sua usina hidrelétrica Jirau, no rio Madeira [img. 58]. Para *Histórias feministas*, retratei mulheres militantes do MAB, como Dilma Ferreira Silva (1972-2019) [img. 33], defensora dos direitos das comunidades da Amazônia, semeada em 2019 em sua residência no município de Baião, no Pará. Incluí também mulheres que conheci em 2016, como Edizângela Alves Barros, deslocada por Belo Monte, Djanira da Silva Rocha, pescadora e garimpeira, e Maria do Carmo Silva, camponesa, ambas afetadas pelo crime em Mariana.

Também foram incluídos na exposição três painéis em grande escala da série *Muxeres en mi* [Mulheridades em mim] (2010-19), feitos com roupas de mulheres da minha família e de colegas artistas latino-americanas da minha geração. Os painéis foram costurados de forma que as roupas que os compõem ainda possam ser vestidas e

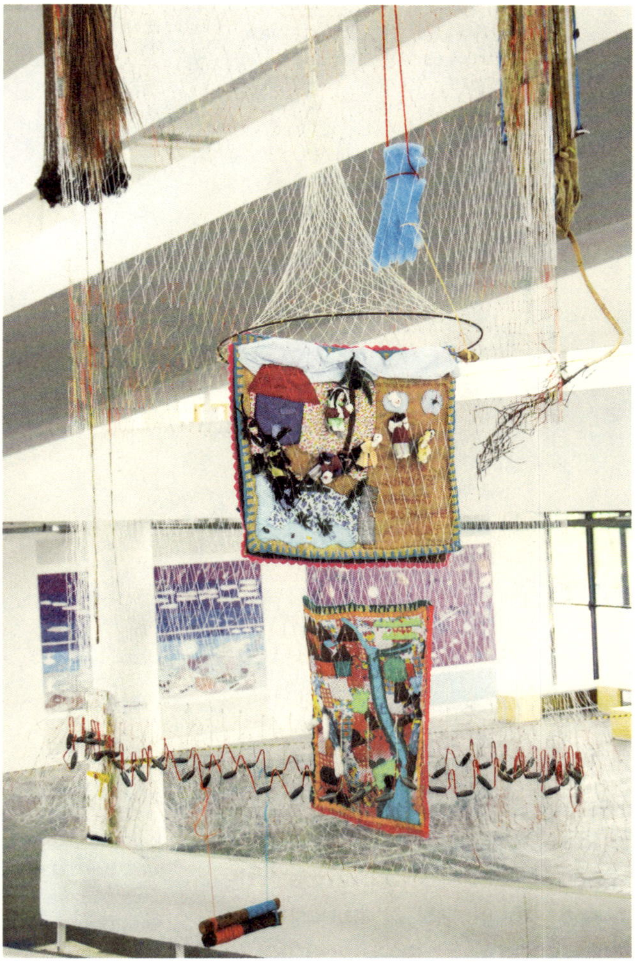

Carolina Caycedo

24. ***Cosmotarrafa Xingu*** [Xingu Cosmonet], 2016

Vista da instalação, 32ª Bienal de São Paulo, com as arpilleras do Movimento dos Atingidos por Barragens: *A dupla violação do trabalho das atingidas* (superior) [img. 45]; *Água é direito do povo* (inferior) [img. 56]; e *Quilombo Piririca* (2015), das Mulheres Atingidas do Quilombo Piririca, Vale do Ribeira, São Paulo [Installation view, 32nd Bienal de São Paulo, with arpilleras from the Movimento dos Atingidos por Barragens (Movement of People Affected by Dams): *A dupla violação do trabalho das atingidas* (The Double Violation of the Work of Women Affected by Dams) (upper) [img. 45]; *Água é direito do povo* (Water Is a Right of the People) (lower) [img. 56]; and *Quilombo Piririca* (2015), by the Women Affected by Dams from Quilombo Piririca, Vale do Ribeira, São Paulo], 2016
Solomon R. Guggenheim Museum, compra com fundos doados pelo Latin American Circle [purchased with funds contributed by the Latin American Circle], 2017, Nova York, Estados Unidos [New York, United States]

The complete set of embroidered cloths were shared with the public of the Bienal on November 5, 2016, during a debate session on water management and the mining-energy model in Brazil that we organized with the coordination of MAB. We hung the embroideries in the meeting room windows, visible to the participants of the debates and the visitors. After the debate, we performed a geochoreography[17] in Ibirapuera Park to remember the first anniversary of the crime. With our bodies, we wrote *"águas para a vida"* [waters for life] [img. 25], and remembered the names of the deceased. The people impacted by Mariana's crime had become aware that their economic, social, cultural, and environmental rights were violated. The prolific creation of documentaries, publications, works of art, performances, direct actions, and images, including embroidery and arpilleras, was crucial in the construction of the environmental historical memory of this criminal event, not only for the people affected by it in Minas Gerais but also for all of Brazil and the entire world.

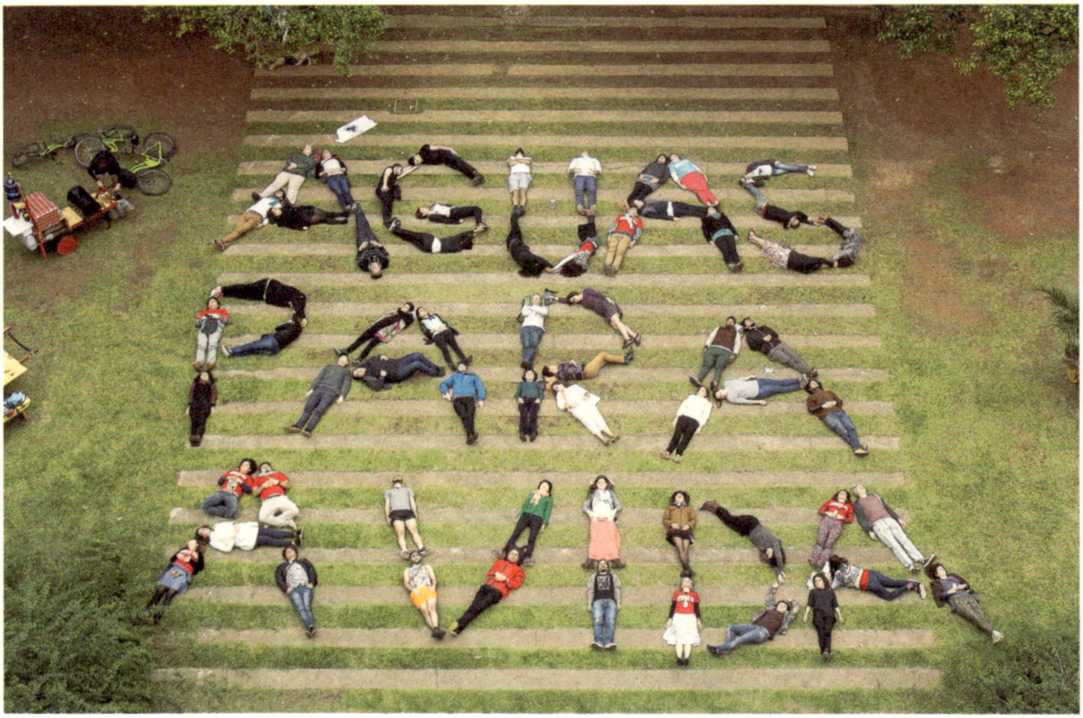

trazem bordados nomes de outras artistas latino-americanas, ou que desenvolveram suas carreiras na América Latina, mas de gerações anteriores à minha, que influenciaram meu pensamento e prática artística. Com essa peça, busco elaborar outra genealogia feminina, muito pessoal, que interfere na história da arte centrada majoritariamente na obra de homens brancos ocidentais.

Da mesma forma que as arpilleras do MAB, *Minha linhagem feminina da luta ambiental* e *Muxeres en mi* interseccionam o trabalho artístico com a educação popular, apoiando-se no potencial emancipatório da arte para trazer à tona histórias das mulheres, suas linguagens estético-políticas, seus sonhos e lutas. Oferecem uma constelação genealógica feminina e feminista na qual nos podemos enraizar como mulheres criativas e cuidadoras da vida, respondendo à violência estrutural e às políticas de exclusão que têm sido exercidas durante séculos sobre o corpo das mulheres e suas contribuições para a sociedade. As arpilleristas do MAB, assim como eu, sentem a necessidade de construir e contar suas próprias histórias, pois a História oficial apaga continuamente as referências femininas ou feminilizadas dos cenários políticos, culturais e organizacionais.

Durante a inauguração de *Histórias feministas*, realizei, junto com a coletiva de Mulheres do MAB, uma performance colaborativa em que ativamos os painéis de *Muxeres en mi* [imgs. 26-28]. Participaram cerca de vinte mulheres de diferentes coletivos: MAB, Movimento

25. **Registro do ato *Geocoreografia: águas para a vida*, proposto pela artista Carolina Caycedo na 32ª Bienal de São Paulo** [Documentation of the act *Geochoreography: Waters for Life*, proposed by the artist Carolina Caycedo at the 32nd Bienal de São Paulo], 2016

OUR FEMALE GENEALOGIES

Mi genealogía femenina de la resistencia ambiental [My Female Genealogy of Environmental Resistance] (2018-ongoing) is a series of portraits of women defenders of life. The portraits are made with quick ink strokes on paper. They reproduce photos of activists in protest action, posing for the camera or receiving awards. Many of them have been stigmatized, prosecuted, and even sown[18] for their socio-environmental activism. In 2019, I received an invitation from Museu de Arte de São Paulo Assis Chateaubriand (MASP) to expand the series with forty portraits of Brazilian women, to be included in the exhibition *Feminist Histories: Artists After 2000* (2019).[19] The series already included a MAB activist, Nilce de Souza Magalhães (1965–2016), known as Nicinha, sown for denouncing rights violations by Energia Sustentável do Brasil and its Jirau Hydroelectric Power Plant on the Madeira River [img. 58]. For *Feminist Histories*, I portrayed women activists from MAB such as Dilma Ferreira Silva (1972-2019) [img. 33], a defender of the rights of Amazonian communities, sown in 2019 in her house in Baião, Pará. I also included women I met in 2016, such as Edizângela Alves Barros, displaced by Belo Monte, Djanira da Silva Rocha, a fisherwoman and *garimpeira* (artisanal gold miner), and Maria do Carmo Silva, a subsistence farmer, both affected by the crime in Mariana.

The exhibition also included three large-scale banners from the series *Muxeres en mi* [Womyn in Me] (2010–19), made with clothes from women in my family and fellow female Latin American artists of my generation. The banners are sewn in such a way that one can still wear the clothing items, and they have embroidered names of artists who are also Latin American, or who developed their careers in Latin America, but from generations before mine and who have influenced my artistic thinking and practice. With this piece, I seek to elaborate a new, very personal, feminine genealogy, which interferes with the history of art focused mostly on the work of white Western men.

Like the MAB arpilleras, *Mi genealogía femenina de la resistencia ambiental* and *Muxeres en mi* intersect artistic work with popular education, relying on the emancipatory potential of art to bring women's stories, as well as their aesthetic-political languages, dreams, and struggles to the forefront. They offer a feminine and feminist genealogical constellation in which we can root ourselves as creative women and caretakers of life, responding to the structural violence and exclusion policies that have been exercised for centuries on women's bodies and contributions to society. The MAB arpilleristas, like me, feel the need to construct and tell our own stories, because the official

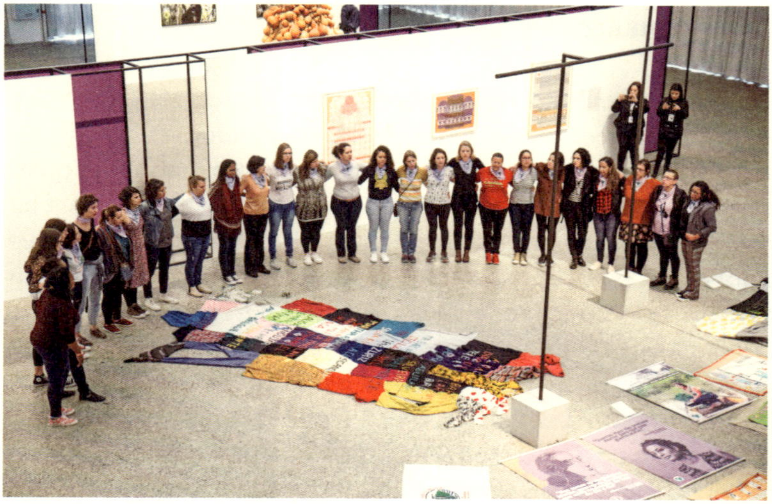

26

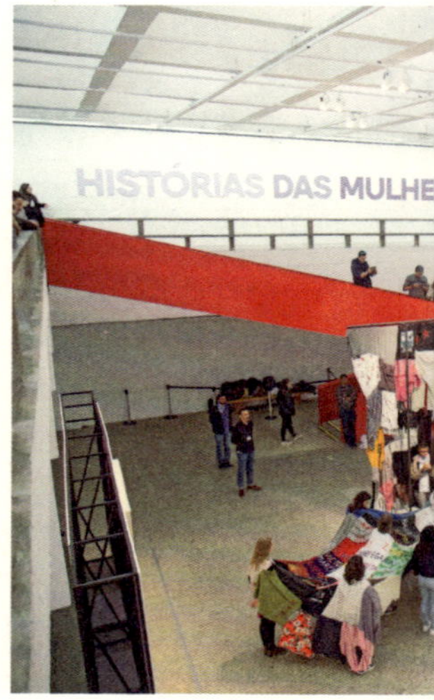

27

Sem-Teto do Centro (MSTC) e Central de Movimentos Populares (CMP). A ação começou com os painéis sendo despendurados e vestidos por diversas mulheres ao mesmo tempo. Percorremos a exposição fazendo paradas em frente às obras de outras artistas, enquanto o público e as demais participantes acompanhavam o cortejo carregando as bandeiras dos movimentos, arpilleras e cartazes. A cada parada homenageávamos companheiras de luta, algumas ainda vivas, outras já semeadas. Tuíre Kayapó (1970-2024), Carmen Silva, Francia Márquez, Francisca da Silva Nascimento, Dorothy Stang (1931-2005), Margarida Maria Alves (1933-1983), Marielle Franco (1979-2018), Nicinha e Berta Cáceres (1971-2016), entre outras. Concluímos a ação com uma roda em que cantamos todas juntas: "Minha ciranda não é minha só. Ela é de todas nós, ela é de todas nós". Essa ação mostra como, por meio da performance, pode ser gerado um vínculo entre a pedagogia, a educação popular e as coletividades, que abrem espaços, dentro das instituições de arte contemporânea, para a empatia, para a solidariedade e para o debate sobre as reivindicações de um novo modelo de sociedade e de transições ecossociais justas.

Para mim, o trabalho artístico é uma forma de acompanhar e apoiar processos organizacionais que se contrapõem às narrativas capitalistas e opressivas. Como parte dessa tarefa, existe a intenção de ocupar o espaço expositivo institucional, inerentemente hegemônico e colonial, com obras de arte produzidas por coletivos e movimentos em luta. Embora muitas dessas obras não tenham sido necessariamente criadas para o cubo branco[17] ou para espaços museográficos, para mim, estão à altura da sofisticação e complexidade política,

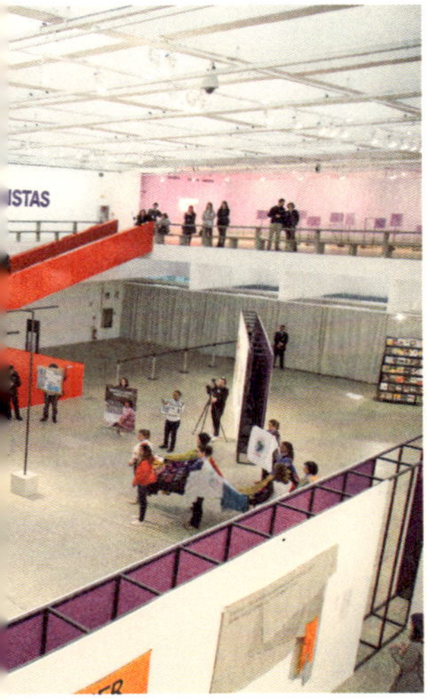

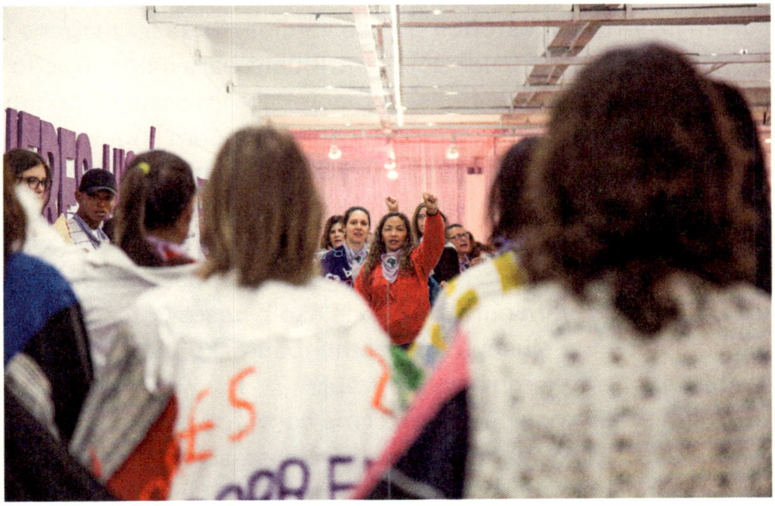

28

Carolina Caycedo

26-28. ***Muxeres en mi*** [Mulheridades em mim] [Womyn in Me]
Registros de ação no contexto da da exposição *Histórias das mulheres, histórias feministas*
[Documentations of the action in the context of of the exhibition *Women's Histories, Feminist Histories*], Museu de Arte de São Paulo Assis Chateuabriand, 2019

History continually erases feminine or feminized referents from political, cultural, and organizational scenarios.

During the opening of *Feminist Histories*, together with MAB Women's Collective, we carried out a collaborative performance where we activated the banners of *Muxeres en mi* [imgs. 26-28]. Around twenty women from different collectives participated: MAB, Movimento Sem-Teto do Centro [Movement of Homeless People from São Paulo City Center] (MSTC), and Central de Movimentos Populares [Central of People's Movements] (CMP). The action began with several women taking down the banners and wearing them. We went through the exhibition stopping in front of the works of different artists while the other participants and the public followed the procession carrying the flags of the movements, arpilleras, and posters. At each stop we paid tribute to comrades in struggle, some still alive, others already sown: Tuíre Kayapó (1970–2024), Carmen Silva, Francia Márquez, Francisca da Silva Nascimento, Dorothy Stang (1931–2005), Margarida Maria Alves (1933–1983), Marielle Franco (1979–2018), Nicinha, Berta Cáceres (1971–2016), among others. We ended the action in a circle singing about the importance of collective belonging: "Minha ciranda não é minha só. Ela é de todas nós, ela é de todas nós" [My *ciranda* is not mine alone. It belongs to all of us, it belongs to all of us]. Performance can connect pedagogy, popular education, and collectivities, opening spaces within contemporary art institutions for empathy and solidarity, where demands for a new model of society and fair eco-social transitions can be debated.

Artistic practice for me is a vehicle to accompany and support organizational processes that counter capitalist and oppressive

narrativa, formal e estética que se verificam nas linguagens da arte contemporânea, uma vez que contribuem para a construção da memória histórica e da memória ambiental, abrem espaços pedagógicos e participativos dentro da instituição e propõem linguagens e estéticas que promovem as agendas políticas dos movimentos sociais de base que lutam por uma sociedade mais digna e equitativa.

Nesse quadro de intenções, tive a oportunidade de facilitar a inclusão das arpilleras do MAB em algumas exposições. Em 2023, quatro arpilleras fizeram parte da exposição *Wasser Botschaften* [Mensagens da água] no Museum am Rothenbaum: Kulturen und Künste der Welt (Markk), em Hamburgo [img. 29].[18]

Para essa exposição, o Markk me convidou para fazer parte de um "*Water Think Tank*", ou grupo de especialistas, que assessorou a equipe curatorial no processo de relacionar os conhecimentos ecológicos armazenados nas coleções históricas do Markk com os movimentos contemporâneos por conservação da água e justiça climática no Sul Global. Quando perguntei às mulheres da coletiva do MAB se estavam interessadas em participar dessa exposição, inicialmente houve alguma relutância devido ao passado colonial e de saque violento do Markk, anteriormente conhecido como Museu de Etnologia de Hamburgo.[19] É importante fazer uma pausa e refletir sobre os efeitos da inserção de nossas expressões culturais e populares em espaços expositivos hegemônicos; a que pautas servimos com essas inserções; e se as instituições que nos abrem suas portas estão realmente comprometidas, ou ao menos alinhadas, com as motivações políticas que nos levam a criar objetos de arte. Nesse caso, o MAB decidiu participar da exposição, entendendo que alguns de seus objetivos eram "apontar as origens coloniais das atuais crises hídricas" e "convidar-nos a ouvir as mensagens da água e a repensar nossas relações além da posição humana".[20] Além disso, nos últimos anos, o Markk embarcou em um processo de verdade, reparação e restituição, apresentando exposições que desmascaram a procedência colonial de sua coleção e sua história entrelaçada com as redes comerciais de Hamburgo, em que as narrativas de aquisição são corrigidas para incluir práticas de saque, despossessão e apropriação ocorridas no passado, liderando processos de restituição de objetos, como é o caso dos bronzes do Reino de Benin (atual Nigéria).[21]

Enquanto escrevo este texto, três arpilleras do MAB estão em exibição no Vincent Price Art Museum (VPAM) do East Los Angeles Community College, como parte de *Situamos la vida en el centro* [Situamos a vida no centro] (2024-25) [img. 30],[22] um projeto de fôlego que inclui uma exposição itinerante,[23] uma publicação e uma série de

narratives. As part of this practice, there is a desire to occupy the institutional exhibition space, inherently hegemonic and colonial, with works of art produced by collectives and movements in struggle. Although many of these works are not necessarily created for the white cube[20] or museum spaces, for me, they are on par with the political, narrative, formal, and aesthetic sophistication and complexity that can be appreciated in the languages of contemporary art, since they contribute to the construction of historical memory and environmental memory, open pedagogical and participatory spaces within the institution, and propose languages and aesthetics that advance the political agendas of grassroots social movements that fight for a more dignified and equitable society.

Within this framework, I could facilitate the inclusion of MAB arpilleras in a couple of exhibitions. In 2023, four arpilleras were shown in the exhibition *Wasser Botschaften* [Water Messages] at the Museum am Rothenbaum: Kulturen und Künste der Welt (MARKK) in Hamburg [img. 29].[21]

For this exhibition, MARKK invited me to be part of a "Water Think Tank," or group of experts, which advised the curatorial team in the process of connecting the ecological knowledges stored in MARKK's historical collections with contemporary water conservation and climate justice movements in the Global South. When I asked the MAB Women's Collective if they would be interested in participating in this exhibition, there was initial reluctance due to the colonial past of violent plundering by MARKK, formerly known as the Hamburg Museum of Ethnology.[22] It is important to pause and reflect on the effects of inserting our cultural and popular expressions into hegemonic exhibition spaces, the agendas we serve with these insertions, and whether the institutions that open their doors to us are truly committed, or at least aligned, with the political motivations that drive us to create art objects. In this case, MAB decided to participate in the exhibition, understanding that one of the exhibition's objectives was to "shed light on the colonial origins of the current water crises" as well as to "invite us to listen to the messages of water and to rethink our relationships beyond the human position."[23] Moreover, in recent years MARKK has embarked on a process of truth, reparation, and restitution, presenting exhibitions that unmask the colonial provenance of its collection and its intertwined history with Hamburg's trade networks, correcting acquisition narratives to include past practices of looting, dispossession, and appropriation, and leading restitution processes for objects, such as the Benin Bronzes (Nigeria).[24]

As I write this text, three MAB arpilleras are on display at the Vincent Price Art Museum (VPAM) at the East Los Angeles Community

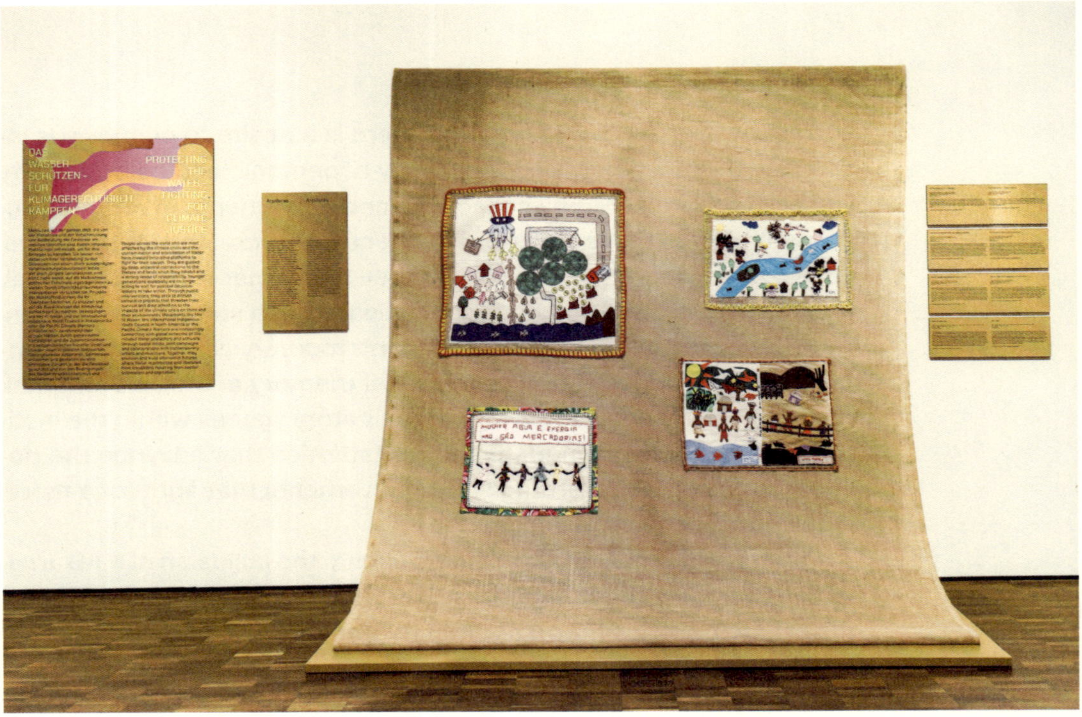

encontros pedagógicos que buscam nutrir redes de trabalho e solidariedade entre artistas, movimentos sociais e coletivos que lideram a transição ecossocial no continente americano. Além do MAB, outros movimentos ligados ao Movimiento de Afectados por Represas de América Latina estão representados no projeto, como as Comunidades Sembradoras de Territorios, Aguas y Autonomías (SETAA), de Antióquia, o Movimiento Social en Defensa de los Ríos Sogamoso y Chucurí de Santander, ambos da Colômbia, bem como as Mujeres Modatima, do Chile. *Situamos la vida en el centro* muda o foco do meu projeto anterior, *Represa-Represión/Be Dammed*, das consequências sociais e ambientais das infraestruturas energéticas para as resistências e transições que as comunidades atingidas configuram em resposta. Essa mudança é parcialmente motivada por uma necessidade pessoal de me reposicionar de um lugar de perda e dor para um lugar de abundância e alegria. O mais importante é que reflete a evolução das pautas dos movimentos sociais que acompanhei ao longo dos anos. Essas comunidades e suas mobilizações estão conscientes da iminência do aquecimento global e do colapso climático, e experimentaram na própria carne como o capitalismo verde, com suas falsas soluções, exacerba as dinâmicas de poder desiguais e coloniais entre o Norte e o Sul globais. Portanto, são os movimentos de base que encabeçam e constroem processos de regeneração ecológica, transformação ecossocial e transições energéticas que verdadeiramente

29. **Vista da exposição** [View of the exhibition] **Wasser Botschaften** [Mensagens sobre a água] [Water Messages], Museum am Rothenbaum (Markk), Hamburgo, Alemanha [Hamburg, Germany], 2023

College, as part of *Situamos la vida en el centro* [We Place Life at the Center] (2024-25) [img. 30],[25] a long-term project that includes a traveling exhibition,[26] a publication, and a series of educational meetings seeking to foster networks of work and solidarity between artists, social movements, and collectives leading the ecosocial transition in the Americas. Besides MAB, other movements linked to the Movimiento de Afectados por Represas de América Latina are represented in the project, such as the Comunidades Sembradoras de Territorios, Aguas y Autonomías [Seeder Communities of Territories, Waters and Autonomies] (SETAA) from Antioquia and the Movimiento en Defensa de los Ríos Sogamoso y Chucurí [Movement in Defense of the Sogamoso and Chucurí Rivers] of Santander, both from Colombia, as well as the Mujeres Modatima [Modatima Women] from Chile. *Situamos la vida en el centro* shifts the focus of my previous project, *Represa-Represión/Be Dammed*, from the social and environmental consequences of energy infrastructures to the resistances and transitions that affected communities configure as a response. This shift is partly motivated by a personal need to reposition myself from a place of loss and pain to one of abundance and joy. Most importantly, it reflects the evolving agenda of the social movements I have accompanied over the years. These communities and their mobilizations are aware of the imminence of global warming and climate collapse. They have experienced firsthand how green capitalism, with its false solutions, exacerbates unequal and colonial power dynamics between the Global North and South. Grassroots movements are the ones leading and building processes of ecological regeneration, ecosocial transformation, and energy transitions that truly address their community and ecosystem needs, with artistic and cultural creation being an important aspect of these transitions.

Finally, I reflect. At the beginning of this text, I wrote that my grandmother's work was tender and dreamy in contrast to the political content of the arpilleras. I correct myself: my grandmother's textiles are political. Maybe not in the same intentional way as the arpilleras, but from a feminist point of view that does not underestimate the power of daily work. It is the expressive language of a Latin American woman born in 1929 who has experienced discrimination against women throughout different historical periods, and who through her crafts and textiles managed to poeticize life, creating more friendly imaginaries, textures that caress, blankets, and clothes that give warmth and love, and that intertwine the hearts of several generations of my family.

MAB's arpilleras do that and more: they appropriate symbolic and real spaces, generating changes in narratives with common

atendem às necessidades comunitárias e ecossistêmicas, sendo a criação artística e cultural um aspecto importante dessas transições.

Por último, reflito. No início deste texto, escrevi que o trabalho da minha avó era terno e sonhador, em contraste com o conteúdo político das arpilleras. Corrijo-me: os têxteis da minha avó são, sim, políticos. Talvez não da mesma forma intencional que as arpilleras, mas de um ponto de vista feminista, que não subestima o poder do trabalho cotidiano. É a linguagem expressiva de uma mulher latino-americana nascida em 1929 que sofreu discriminação ao longo de diferentes períodos históricos e que, por meio de suas manualidades e têxteis, conseguiu poetizar a vida, criando imaginários mais amáveis, texturas que acariciam, mantas e roupas que dão calor e amor, e que entrelaçam os corações de diversas gerações da minha família.

As arpilleras do MAB fazem isso e algo mais: apropriam-se de espaços simbólicos e reais, gerando mudanças de narrativas com materiais comuns e linguagens acessíveis a um público amplo. Contribuem para a memória histórica do nosso continente a partir da reconstrução regenerativa da memória coletiva, fortalecendo os sentipensares e as vozes de mulheres, jovens e meninas. Elevam a dimensão ambiental, que se constitui como eixo de transformação e descolonização dos discursos hegemônicos sobre política, ciências, humanidades e artes. No nível pessoal, os têxteis da minha avó e as arpilleras foram cruciais para meu crescimento como mulher, mãe e artista, pois fizeram-me apreciar outras formas de entender o ser, o conhecer e o fazer.

Uma saudação solidária às minhas companheiras arpilleristas e guerreiras bordadeiras!

Traduzido do espanhol por Lívia Prado Martins

CAROLINA CAYCEDO é uma artista multidisciplinar colombiana que vive em Los Angeles. Processos e cooperações são práticas centrais em seu trabalho, na medida em que ela mesma contribui com a reconstrução de uma memória ambiental e histórica, de um espaço fundamental para a justiça climática e social.

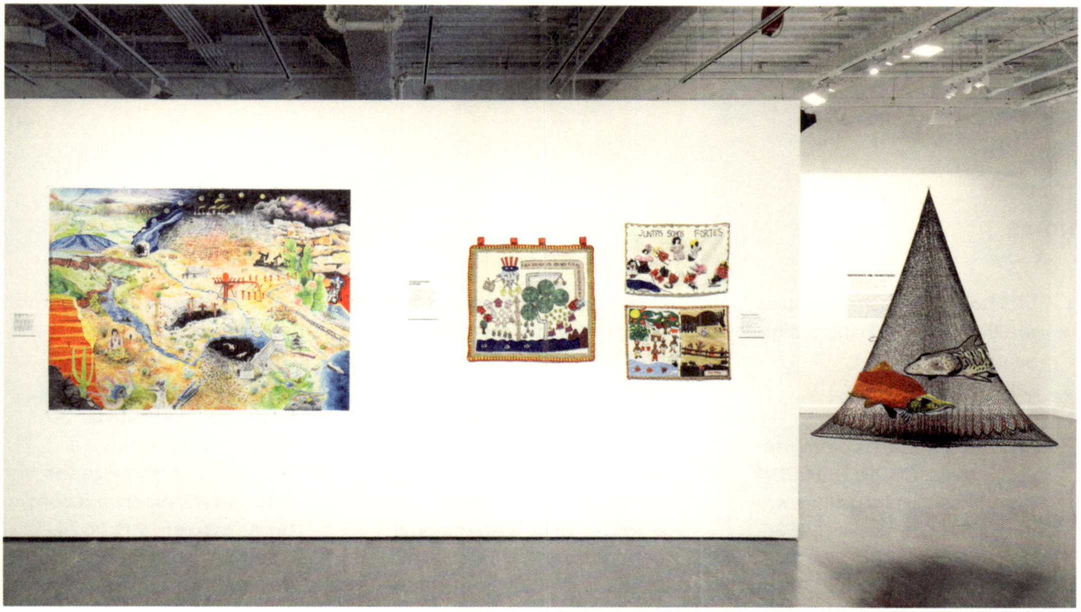

30. **Vista da instalação** [View of the installation] ***Situamos la vida en el centro*** [Situamos a vida no centro] [We Place Life at the Center], Vincent Price Art Museum, Los Angeles, Estados Unidos [United States], 2024

materials and languages accessible to a wide audience. They contribute to the historical memory of our continent through the regenerative reconstruction of collective memory, strengthening the think-feelings,[27] and voices of women, young women, and girls. They elevate the environmental dimension, which constitutes an axis to transform and decolonize hegemonic discourses on politics, science, humanities, and the arts. On a personal level, my grandmother's textiles and the arpilleras have been crucial to my own growth as a woman, mother, and artist, as they have made me appreciate other ways of being, knowing, and doing.

A solidarity greeting to my fellow arpilleristas and embroidery warriors!

Translated from Spanish by Lívia Prado Martins

CAROLINA CAYCEDO is a Colombian multidisciplinary artist living in Los Angeles. Process and participation are central to Caycedo's practice as she contributes to the reconstruction of environmental and historical memory, a fundamental space for climate and social justice.

NOTAS

1 Violeta Parra descrevia suas arpilleras como "canções que se pintam".

2 *Derechos humanos, memoria histórica, reparación y resarcimiento*. Guatemala: COPREDEH, 2011. Disponível em https://www.corteidh.or.cr/tablas/r29530.pdf. Acesso 13.1.2025.

3 Disponível em https://web.archive.org/web/20240301055658/https://www.centrodememoriahistorica.gov.co/micrositios/caminosParaLaMemoria. Acesso em 7.1.2025.

4 Ríos Vivos Colombia reuniu processos contra a construção de megaprojetos nas regiões de Antióquia, Caldas, Cauca, Córdoba, Huila e Santander. Ver em https://defensaterritorios.wordpress.com/. Acesso em 13.1.2025

5 O primeiro encontro da REDLAR ocorreu em agosto de 1999, durante a Consulta Regional convocada pela Comissão Mundial de Barragens (WCD) em São Paulo. Desde então, mais de 250 membros de organizações, redes, frentes e movimentos sociais, indígenas, ambientalistas, de direitos humanos e organizações de mulheres de dezoito países latino-americanos participaram da REDLAR, envolvendo mais de um milhão de pessoas. Disponível em https://red-lar.org/quienes-somos. Acesso em 2.1.2025.

6 O MAR foi lançado no âmbito do 4° Encontro Internacional de Ciências Sociais e Barragens, realizado entre os dias 19 e 23 de setembro de 2016 na Universidade Federal da Fronteira Sul, em Chapecó, Santa Catarina. Atualmente, é uma organização regional com representação de vinte países.

7 Essa cifra está de acordo com a ONG e o órgão de controle International Rivers, embora a organização local sem fins lucrativos Xingu Vivo afirme que o número é de 50 mil. Com o avanço do processo de impeachment contra, em 5 de maio de 2016, Dilma Rousseff acelerou sua agenda para inaugurar a polêmica hidrelétrica ainda inacabada.

8 Ver https://www.instagram.com/moabvaledoribeira/?locale=fr_CA. Acesso em 9.1.2025.

9 Entre os dias 25 de setembro e 25 de outubro, o Memorial da América Latina, em São Paulo, acolheu a exposição *Arpilleras: bordando a resistência*, que reuniu 37 peças de bordado criadas por mulheres de seis países da América Latina e da Europa, com o objetivo de problematizar e transgredir o papel feminino na sociedade. Dessas arpilleras, 25 foram produzidas coletivamente por mulheres do MAB.

10 O documentário estreou no dia 20 de setembro de 2017 em Florianópolis, como preâmbulo do 8° Encontro Nacional do MAB.

11 A oficina de bordado Pice Lanna continua ativa, oferecendo produtos e bordados personalizados. Ver https://www.picelanna.com.br/. Acesso em 2.12.2024.

12 O rompimento da barragem de rejeitos de mineração da empresa Samarco, em 5 de novembro de 2015, produziu uma avalanche de lama tóxica que contaminou os rios do Carmo, Gualaxo e Doce. A avalanche de lama atingiu a foz do rio Doce, no Oceano Atlântico. Esse fenômeno também é conhecido como "lama da Samarco".

13 Jessica Toloza Chaparro, *Memoria Ambiental y Reconciliación*, Censat Agua Viva – Amigos de la Tierra Colombia, Bogotá, 2018, p. 30. Disponível em https://co.boell.org/sites/default/files/memoriambiental1_web.pdf. Acesso em 5.11.2024.

14 Joseph Daniel Valencia, curador do Museu de Arte Vincent Price em Los Angeles, descreve as geocoreografias como "ações no espaço público que combinam arte e protesto, enfatizando o papel da coletividade, da confiança mútua e do uso do corpo como ferramenta política para intervir em questões locais arraigadas na terra. Essas ações costumam ser catárticas e servem como

NOTES

1 Violeta Parra described her arpilleras as "songs that are painted."

2 *Derechos humanos, memoria histórica, reparación y resarcimiento* (Guatemala: COPREDEH, 2011), 19. Available at https://www.corteidh.or.cr/tablas/r29530.pdf. Retrieved Dec. 2, 2024.

3 See https://web.archive.org/web/20240301055658/https://www.centrodememoriahistorica.gov.co/micrositios/caminosParaLaMemoria. Retrieved Dec. 9, 2024.

4 Ríos Vivos Colombia has brought together legal actions against the construction of megaprojects in the regions of Antioquia, Caldas, Cauca, Córdoba, Huila, and Santander. See https://defensaterritorios.wordpress.com/. Retrieved Dec. 2, 2024.

5 The first meeting of REDLAR was held in August 1999, during the Regional Consultation convened by the World Commission on Dams (WCD) in São Paulo, Brazil. Since then, more than 250 members of social, Indigenous, environmental, human rights, and women's organizations, networks, fronts, and movements from eighteen Latin American countries, involving over one million people, have participated in REDLAR. Available at https://red-lar.org/quienes-somos. Retrieved Dec. 2, 2024.

6 MAR was launched during the 4° Encontro Internacional Ciências Sociais e Barragens [4th International Meeting of Social Sciences and Dams], held between September 19 and 23, 2016 at Universidade Federal da Fronteira Sul, in Chapecó, Santa Catarina, Brazil. It is currently a regional organization with representation from twenty countries. See https://www.facebook.com/AfectadosporRepresas/. Retrieved Dec. 9, 2024.

7 This figure is according to the NGO and regulatory body International Rivers; however, the local non-profit organization Xingu Vivo para Sempre puts the number at 50 thousand. With the advancement of the impeachment process against her, on May 5, 2016, Dilma Rousseff accelerated her agenda to inaugurate the controversial hydroelectric plant, which was still incomplete. See https://xinguvivo.org.br/. Retrieved Dec. 9, 2024.

8 A quilombola is a member of a traditional Afro-Brazilian community, known as quilombo, which historically refers to settlements established by escaped enslaved people in Brazil. [Editor's Note]

9 A caiçara is a person from traditional coastal communities in Brazil. [Editor's Note]

10 For further information, visit MOAB's Instagram profile available at https://www.instagram.com/moabvale-doribeira/?locale=fr_CA. Retrieved Dec. 2, 2024.

11 Between September 25 and October 25 of 2015, Memorial da América Latina in São Paulo hosted the exhibition *Arpilleras: bordando a resistência* [Arpilleras: Embroidering Resistance], which brought together 37 pieces of embroidery created by women from six countries in Latin America and Europe, with the aim of problematizing and transgressing the female role in society. Twenty-five of these arpilleras were produced collectively by women from MAB.

12 The documentary was released on September 20, 2017 in Florianópolis, Brazil, as a prelude to the 8° Encontro Nacional do MAB [8th MAB National Meeting]. See https://www.facebook.com/events/1749587728398440. Retrieved Dec. 9, 2024.

13 Arpillería is the process of making an arpillera [Editor's Note]

14 The Pice Lanna embroidery workshop is still active, offering customized products and embroidery. See https://www.picelanna.com.br/. Retrieved Dec. 2, 2024.

culminação ideal de um dia de programação, permitindo que os indivíduos estejam presentes nos seus corpos e participem de algo maior do que eles próprios".

15 "Semeadura" é um termo usado na América Latina em referência ao assassinato de lideranças sociais que não se tornam vítimas, mas cujo legado continua a alimentar a luta. Ver Carolina Caycedo, "*La Siembra*-The Sowing". *e-flux journal*, n. 129, set. 2022. Disponível em https://www.e-flux.com/journal/129/484604/la-siembra-the-sowing/. Acesso em 2.12.2024.

16 De 23 de agosto a 17 de novembro de 2019. Disponível em https://masp.org.br/exposicoes/historias-feministas. Acesso em 13.1.2025.

17 O cubo branco responde à noção do espaço expositivo como "neutro", sem expressão ou mensagem, onde o contexto desaparece e apenas a arte aparece.

18 As arpilleras incluídas na exposição *Wasser Botschaften* foram: *Privatização das águas na natureza* (2017) [img. 60], das Mulheres Atingidas pelos projetos de Pequenas Centrais Hidreléticas (PCHs) na região oeste da Bahia; *Preservar o rio é preservar a vida!* (2019), das Mulheres Atingidas por barragens do Rio Grande do Sul; *Watu morreu* (2019) [img. 76], das Mulheres Atingidas de São Paulo, produzida durante oficina de produção de arpilleras no Sesc Consolação, São Paulo; e *Mulheres, água e energia não são mercadorias!* (2021) [img. 39], do Coletivo Nacional de Mulheres do MAB.

19 Fundado em 1879, o Markk abriga uma das maiores coleções etnológicas da Europa, com aproximadamente 350 mil objetos provenientes do mundo todo.

20 A exposição *Wasser Botschaften*, de 25 de fevereiro a 31 de outubro de 2023, integrou o projeto da União Europeia "TAKING CARE. Ethnographic and World Cultures Museums as Spaces of Care". Disponível em https://markk-hamburg.de/veranstaltungen/water-messages/. Acesso em 2.12.2024.

21 Além de *Wasser Botschaften*, algumas dessas exposições foram *Hey Hamburg, do you know Duala Manga Bell?* [Ei, Hamburgo, vocês conhecem Duala Manga Bell?] (2021), *Amina Zoubir: Archaeology of the colonized body* [Amina Zoubir: Arqueologia do corpo colonizado] (2021), *Benin. Looted History* [Benin: história saqueada] (2021) e *Lightning Symbol and Snake Dance: Aby Warburg and Pueblo Art* [Símbolo do relâmpago e dança da cobra: Aby Warburg e arte popular] (2022). Para saber mais sobre a restituição dos bronzes de Benin, ver https://digitalbenin.org/. Acesso em 2.12.2024.

22 De 8 de setembro de 2024 a 1° de março de 2025. Ver https://vincentpriceartmuseum.org/exhibitions-we-place-life.html. Acesso em 2.12.2024.

23 A exposição viaja ao Museu de Arte Miguel Urrutia (Mamu), Bogotá, em abril de 2025.

15 The collapse of the Samarco mining tailings dam on November 5, 2015 produced an avalanche of toxic mud that contaminated the Do Carmo, Gualaxo, and Doce rivers. The mudslide reached the mouth of the Doce River in the Atlantic Ocean. This phenomenon is also known as "The Samarco mudslide."

16 Jessica Toloza Chaparro, *Memoria Ambiental y Reconciliación*. Censat Agua Viva–Amigos de la Tierra Colombia, Bogotá, 2018, 30. Available at https://co.boell.org/sites/default/files/memoriambiental1_web.pdf. Retrieved Nov. 5, 2024.

17 Joseph Daniel Valencia, curator at the Vincent Price Art Museum in Los Angeles, describes geo-choreographies as "actions in public space that combine art and protest, emphasizing the role of collectivity, mutual trust, and the use of the body as a political tool to intervene in local issues rooted in the land. These actions are often cathartic and serve as an ideal culmination of a day of programming, allowing individuals to be present in their bodies and participate in something larger than themselves."

18 "Sowing" is a term used in Latin America in reference to the murder of social leaders who do not become victims but whose legacy continues to feed the struggle. See Carolina Caycedo, "*La Siembra*-The Sowing." *e-flux journal*, no. 129, Sep. 2022. Available at https://www.e-flux.com/journal/129/484604/la-siembra-the-sowing/. Retrieved Dec. 2, 2024.

19 August 23 to November 17, 2019. See the exhibition catalog: Mariana Leme, Adriano Pedrosa, and Isabella Rjeille (eds.), *Women's Histories, Feminist Histories* (São Paulo: Museu de Arte de São Paulo Assis Chateaubriand, 2019).

20 The white cube responds to the notion of a "neutral" exhibition space, without expression or message, where the context disappears and only the art appears.

21 The arpilleras included in the *Wasser Botschaften* exhibition are: *Privatização das águas na natureza* [Privatization of Waters in Nature] (2017) [img. 60], by Women Affected by the Small Hydroelectric Power Plants (PCHs) projects at the West of Bahia; *Preservar o rio é preservar a vida!* [Preserving the River Is Preserving Life!] (2019), by Women Affected by Dams from Rio Grande do Sul; *Watu morreu* [Watu Is Dead] (2019) [img. 76], by Women Affected by Dams from São Paulo, produced during an arpilleras production workshop at SESC Consolação (São Paulo, Brazil); and *Mulheres, água e energia não são mercadorias!* [Women, Water, and Energy Are Not Commodities!] (2021) [img. 39], by the MAB National Women's Collective

22 Founded in 1879, MARKK holds one of the largest ethnological collections in Europe, with approximately 350 thousand objects from all over the world.

23 The exhibition *Wasser Botschaften*, February 25 to October 31, 2023, was part of the European Union project "TAKING CARE–Ethnographic and World Cultures Museums as Spaces of Care." See https://markk-hamburg.de/veranstaltungen/water-messages/. Retrieved Dec. 2, 2024.

24 In addition to *Wasser Botschaften*, some of these exhibitions are *Hey Hamburg, Do You Know Duala Manga Bell?* (2021-24), *Amina Zoubir: Archaeology of the Colonized Body* (from 2021), *Benin. Looted History* (2021), and *Lightning Symbol and Snake Dance: Aby Warburg and Pueblo Art* (2022-23). To learn more about the restitution of the Benin Bronzes, see https://digitalbenin.org/. Retrieved Dec. 2, 2024.

25 September 8, 2024 to March 1, 2025. See https://vincentpriceartmuseum.org/exhibitions-we-place-life.html. Retrieved Dec. 2, 2024.

26 The exhibition travels to the Museo de Arte Miguel Urrutia (MAMU) in Bogotá in April 2025.

27 In Spanish, "sentipensar," a word that merges both the verbs "to feel" and "to think," referring to a way of thinking that incorporates feeling and intuition, challenging the exclusivity of "rationality" as the sole valid knowledge. [Editor's Note]

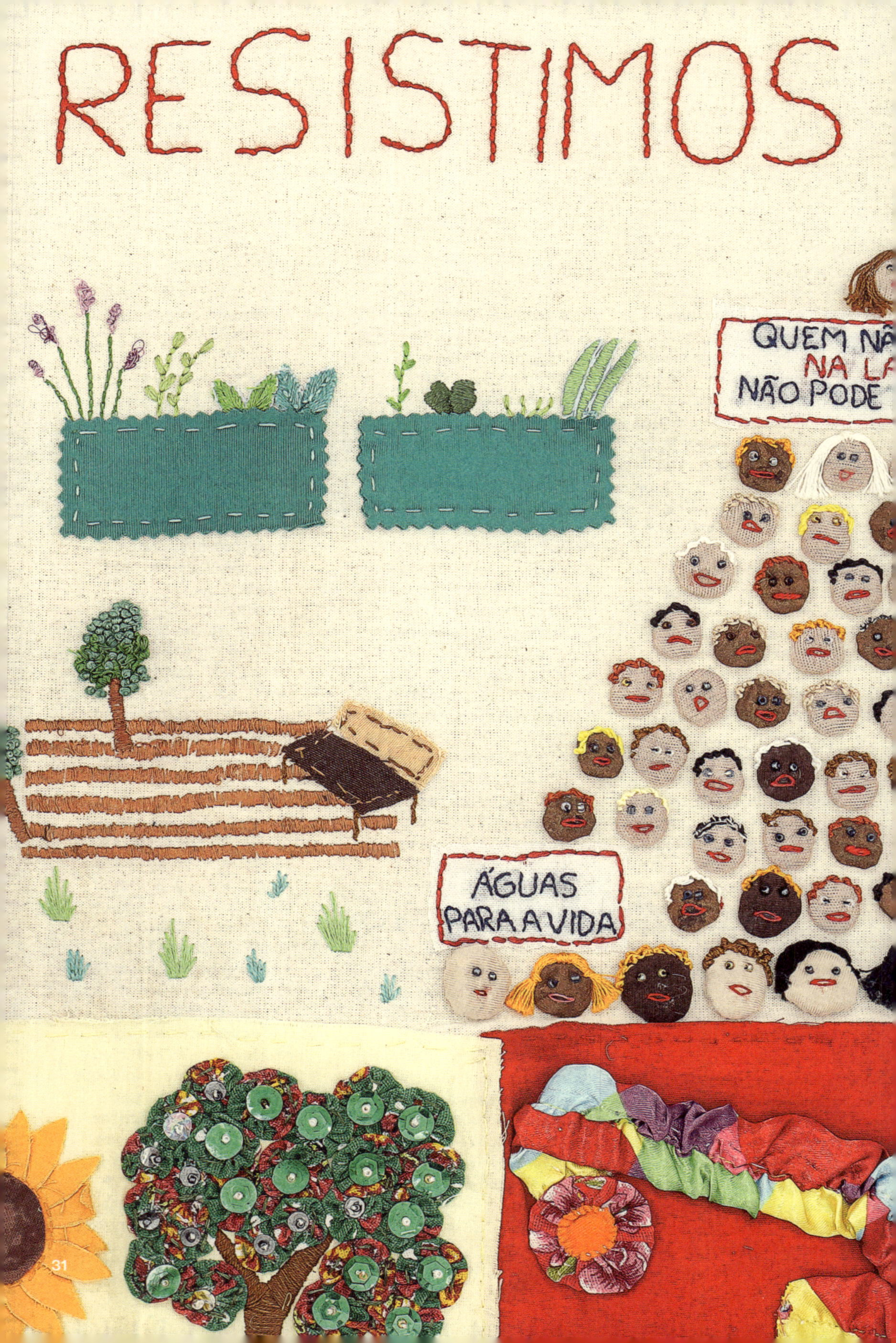
RESISTIMOS
NÃO PODE
ÁGUAS
PARA A VIDA

Bordando histórias, tecendo redes de organização

Embroidering Stories, Weaving Organizational Networks

DAIANE HÖHN, ESTHER VITAL, LOUISE LÖBLER COM [WITH] **ISABELLA RJEILLE**[1]

ISABELLA RJEILLE O intuito desta conversa é compor um texto com muitas vozes, costurando relatos pessoais com a história coletiva da atuação das mulheres no Movimento dos Atingidos por Barragens (MAB). O MAB foi fundado no final dos anos 1970, ainda no contexto da ditadura civil--militar brasileira; no entanto, a introdução mais formal de uma pauta voltada às demandas das mulheres se deu apenas em 2011, com o 1º Encontro das Mulheres Atingidas por Barragens [imgs. 32, 33] e a introdução das oficinas de arpilleras, que veio na sequência. Como era a atuação das mulheres antes de 2011? Como vocês analisam a luta das mulheres atingidas na história do movimento? Como o encontro em 2011 ajudou a avançar nas pautas do grupo e como a produção de arpilleras se relaciona com essa história?

DAIANE HÖHN Quando a gente conta a história do MAB, apesar de talvez não parecer, as mulheres sempre estiveram presentes e sempre participaram da organização desde a época das comissões regionais, nos anos 1970. O movimento se nacionalizou em 1991, mas sempre houve a participação das mulheres, fosse no fornecimento de condições para que os companheiros – seus maridos – pudessem ir para as atividades externas, fosse na participação dos encontros promovidos pelo movimento, contribuindo para que esses encontros acontecessem. Às vezes, a participação das mulheres não é muito explícita, mas é fundamental dizer que elas sempre estiveram presentes na vida da organização, trazendo seus pontos de vista e suas pautas. Havia também um contexto político favorável à participação das mulheres no Brasil nos anos 1980, não era só o MAB, as organizações sindicais, movimentos populares, partidos políticos também vivenciaram isso. Tratava-se de retirar as mulheres de casa e trazê-las para a vida política, e nós fizemos parte desse momento histórico. A Claides[2] menciona isso no filme – ela e tantas outras companheiras vivenciaram esses primeiros momentos das mulheres em espaços de decisão. Foi importante porque os impactos das barragens na vida das mulheres são diferenciados. Sobretudo na reconstrução das casas, do novo ambiente em que elas iam morar após serem forçadamente deslocadas pelas empresas, pois elas não eram reconhecidas como "atingidas".[3] Só eram reconhecidos os homens que fossem proprietários das terras. Havia uma série de questões materiais e imateriais que eram importantes

ISABELLA RJEILLE The purpose of this conversation is to compose a text with many voices, weaving personal accounts together with the collective history of women's actions in the Movimento dos Atingidos por Barragens [Movement of People Affected by Dams] (MAB). MAB was founded in the late 1970s, still in the context of the Brazilian civil-military dictatorship; however, the formal development of an agenda focused on women's demands only took place in 2011, with the 1st Meeting of Women Affected by Dams [img. 32, 33] and the introduction of arpilleras workshops, which came right after that. What were women's actions and roles like before 2011? How do you see the struggle of Women Affected by Dams in the movement's history? How did the meeting in 2011 help advance the group's agendas and how does the production of arpilleras relate to this story?

DAIANE HÖHN When we tell the story of MAB, although it may not seem like it, women have always been present and have always participated in the organization since the time of regional committees in the 1970s. The movement became a national one in 1991, but still, women have always participated, whether by providing conditions for their partners–their husbands–to attend external activities or by taking part in meetings promoted by the movement, by helping to make these meetings happen. Sometimes, women's participation is not very explicit, but it must be said that they have always been present in the life of the organization, bringing their points of view and their agendas. In the 1980s, there was also a Brazilian political context in which women's participation was enabled; it was not just MAB, but labor unions, popular movements, and political parties also experienced that. It was about taking women out of their households and bringing them into political life, and we were part of this historic moment. Claides[2] mentions that in the film–she and so many other fellows experienced these first moments of women in decision-making spaces. It was important because the construction of dams impacts women's lives in very different ways. Especially in rebuilding their homes, the new environment in which they would live after being forcibly displaced by companies because they were not seen as "affected."[3] Only men who owned some land were considered as such. There were several significant material and immaterial issues in women's lives that were not taken into account; many rights were violated. This happened in the

na vida das mulheres e que não eram levadas em consideração, violando uma série de direitos. Isso aconteceu nos anos 1970, nas barragens de Tucuruí, Itaparica, Sobradinho, Itaipu... Existe um histórico de negação de direitos – a cada dez atingidos, sete nunca receberam nenhum tipo de indenização ou compensação.

Quem construía as barragens, no período da ditadura – 1970, 1980, até o período neoliberal[4] – era o Estado brasileiro, através da Eletrobrás e suas subsidiárias: Chesf, Eletrosul, Eletronorte e Furnas. No período neoliberal, nós tivemos uma mudança, a energia era tratada como uma mercadoria e os atingidos eram considerados um custo. Não era mais somente o Estado brasileiro que construía barragens. Nesse novo ciclo a iniciativa privada passou a controlar o setor elétrico brasileiro. Em um primeiro momento, essas empresas se tornaram donas das distribuidoras de energia e depois da geração de energia – é o momento em que empresas nacionais e internacionais entram em cena para planejar, construir e operar, intensificando a violação de direitos. Percebemos que o agente privado é muito agressivo na relação com os atingidos. Na maioria dos casos, esse agente privado não tem sede no Brasil, então os atingidos lidam com um consórcio de empresas que não está próximo. Anteriormente, sabíamos que o escritório das empresas estava, por exemplo, em Florianópolis (da Eletrosul), ou, no máximo, em Brasília. A referência era nacional. Mas, a partir de 1994, houve uma mudança radical de propriedade das barragens no nosso país. Nos governos Lula (2003-2011) e Dilma 1 (2011-2014), o Brasil vivenciou o PAC 1 e o PAC 2.[5] Aquele foi um momento de construção de novas grandes obras de infraestrutura e de parcerias públicos-privadas, sobretudo na Amazônia, e continuávamos sentindo fortemente a violação de direitos.

O que aconteceu em Itaparica e Sobradinho estava se reproduzindo mais uma vez em Campos Novos e Machadinho. O MAB denunciou as violações durante a visita ao Brasil de Hina Jilani, relatora especial da ONU para defensores de direitos humanos, em 2006, quando ela esteve no acampamento de atingidos/as pela barragem de Campos Novos, Santa Catarina. Na ocasião, relatamos a ela as violações de direitos que vinham acontecendo, inclusive porque os atingidos estavam sendo criminalizados, e dissemos que o Estado brasileiro precisava reconhecer isso. A partir dessa visita e de muita luta e pressão, conseguimos estabelecer que houvesse uma Comissão Especial "Atingidos por Barragens" do Conselho de Defesa dos Direitos da Pessoa Humana (CDDPH) para averiguação das denúncias de violações de direitos humanos. Após quatro anos de trabalho (2006-2010), com visitas in loco, missões, audiências públicas, reuniões com empresas e o poder público, acompanhamento e monitoramento de sete casos de barragens, a comissão concluiu, em 2010, que há um "padrão de violações de direitos humanos" no planejamento, construção e operação de barragens no Brasil.

O Relatório final da Comissão Especial "Atingidos por Barragens" identificou dezesseis direitos violados, e destaca que as mulheres são atingidas "de forma particularmente grave e encontram maiores obstáculos para a recomposição de seus meios e modos de vida [...] elas não têm, via de regra, sido consideradas em suas

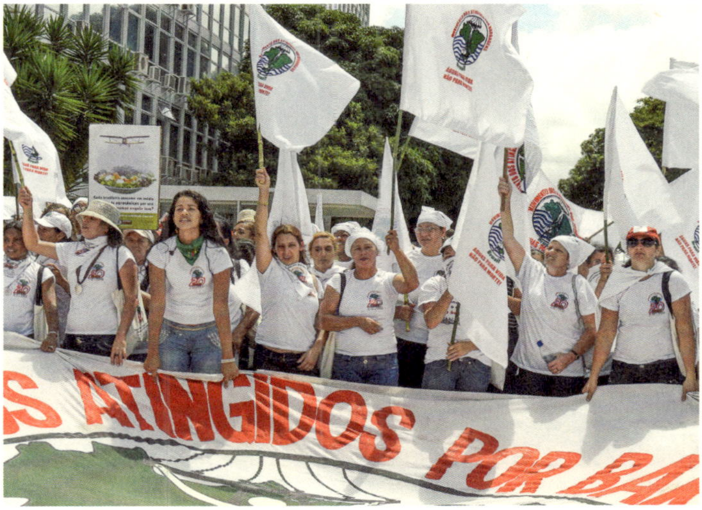

32. **1° Encontro Nacional das Mulheres Atingidas Por Barragens** [1st National Conference of Women Affected by Dams], 2011

1970s with Tucuruí, Itaparica, Sobradinho, and Itaipu dams... There is a history of not granting rights—out of every ten affected people, seven never received any type of indemnity or compensation.

During the military dictatorship—in the 1970s and 1980s, up until the neoliberal period[4]—the one actor responsible for building dams was the Brazilian government, through Eletrobrás and its subsidiaries: Chesf, Eletrosul, Eletronorte, and Furnas. We saw a change during the neoliberal period: energy was regarded as a commodity and those affected by it were considered an economic cost. It was no longer only the Brazilian government that built dams. In this new cycle, the private sector began to control the Brazilian electricity sector. At first, these companies became owners of the energy distributors and then of the energy generators—this was when national and international companies stepped in to plan, build, and operate them, intensifying the violation of rights. We noticed that private actors are very aggressive in their relationship with those affected. In most cases, these private actors are not based in Brazil, so those affected deal with a consortium of companies that is not close by. Previously, we knew that the companies' offices were, for example, in Florianópolis (Eletrosul), or, at worst, in Brasília. The reference was national. But from 1994 onwards, there was a radical change in the ownership of dams in our country. During the administrations of Lula (2003–2011) and Dilma Rousseff (2011–2014), Brazil experienced PAC 1 and PAC 2.[5] That was a time of construction of new large infrastructure projects and public-private partnerships, especially in the Amazon, and we continued to suffer the violation of rights severely.

What had happened in Itaparica and Sobradinho was being repeated in Campos Novos and Machadinho. In 2006, MAB reported these violations to Hina Jilani, the UN Special Rapporteur on the status of human rights advocates, when she visited the encampment of people affected by the Campos Novos Dam in Santa Catarina, Brazil. At the time, we reported to her the rights violations that were taking place, including the criminalization of affected people, and we told her that the Brazilian government needed to recognize them. After this visit and a lot of struggle

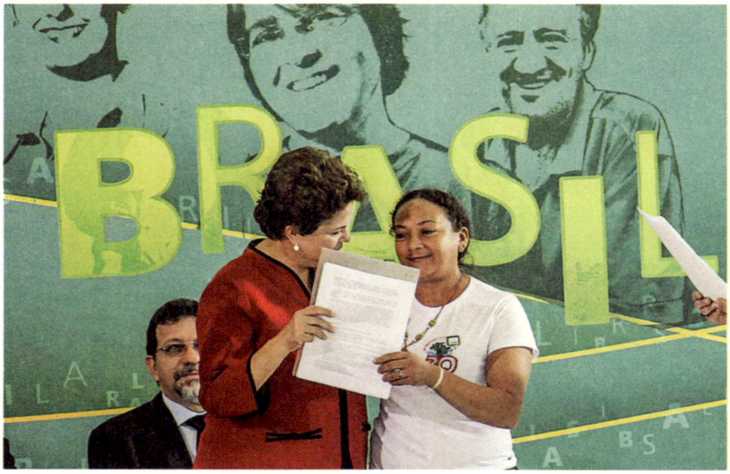

33. **Presidenta Dilma Rousseff e a militante do MAB, Dilma Ferreira (morta em 2019), entregando as pautas do Movimento no 1° Encontro Nacional das Mulheres Atingidas por Barragens** [Brazilian President Dilma Rousseff and MAB's activist, Dilma Ferreira (who passed away in 2019), delivering the Movement's agenda at the 1st National Conference of Women Affected by Dams], Brasília, 2011

especificidades e dificuldades particulares".[6] Este é o primeiro documento institucional público que legitima as denúncias de violação de direitos que o MAB sempre fez na construção das barragens no Brasil.

É importante afirmar que as mulheres atingidas sempre lutaram por seus direitos em seus territórios. A partir de 2010, o MAB realizou um trabalho piloto no estado de Rondônia, um diagnóstico junto à realidade concreta das mulheres, no qual foram sistematizadas as principais violações aos seus direitos relacionados ao mundo do trabalho; à participação política; à relação com as empresas; à perda de laços comunitários; aos direitos sexuais e reprodutivos e ao acesso a políticas públicas.

Em 2011, quando realizamos o 1° Encontro Nacional das Mulheres – no qual mais de quinhentas mulheres[7] estiveram reunidas para debater como o modelo energético as afeta de maneira particular –, foram trazidos muitos relatos de como as empresas chegavam nos territórios e como os direitos estavam sendo violados e negados. Lembro que as mulheres de Rondônia, atingidas pelas usinas hidrelétricas de Jirau e de Santo Antônio, mas também de outras regiões do país, traziam fortemente essa realidade.

Esse estudo de caso, realizado em 2010, foi a base para a preparação do Encontro Nacional das Mulheres. Era o primeiro ano do governo Dilma Rousseff, e o encontro das mulheres atingidas também tinha a intenção de dar evidência à pauta nacional do MAB, que estava parada. Por nossa reivindicação, a presidenta Dilma recebeu as quinhentas mulheres do MAB no palácio [img. 33]. E foi muito importante termos ido à Brasília; foi uma forma de dizer: "nós não somos contra a energia, somos contra a forma como as barragens são implantadas". Porque em muitos momentos nos acusaram de ser "contra o desenvolvimento", de que a luta por direitos afugentava os investidores. Nesse encontro foram reafirmadas as violações que o atual modelo energético trazia para a vida das mulheres atingidas, assim como os compromissos da organização, como consta na carta final do encontro.

Voltamos para os estados com o compromisso de organizar mais mulheres.

and pressure, we established the Special Commission "People Affected by Dams" in the Council for the Defense of Human Rights (CDDPH) to investigate reports of human rights violations. After four years of work (2006-2010), with on-site visits, missions, public hearings, and meetings with companies and public authorities, of following and monitoring seven dams, the Commission concluded in 2010 that there is a "pattern of human rights violations" in the planning, construction, and operation of dams in Brazil.

The final report of the Special Commission "People Affected by Dams" found sixteen rights that were disregarded, and highlighted that women are affected "in a particularly serious manner," "face greater obstacles to rebuilding their means and ways of life," and "have not, as a rule, been considered in their specificities and particular difficulties."[6] This is the first public institutional document that legitimizes the reports of rights violations that MAB has always made regarding the construction of dams in Brazil.

It is important to state that the women affected have always fought for their rights in their territories. Starting in 2010, MAB carried out a pilot project in the state of Rondônia, a diagnosis of their reality that streamlined the main violations of their rights in different fields: labor, political participation, relationships with companies, loss of community ties, sexual and reproductive rights, and access to public policies.

In 2011, when we held the 1st National Women's Meeting—where more than five hundred women[7] gathered to discuss how the energy generation model affects them in particular—many accounts were brought up about how companies were reaching their territories and how their rights were being violated and not granted. I remember that women from Rondônia, affected by the Jirau and Santo Antônio Hydroelectric Power Plants but also from other Brazilian regions, brought up this reality forcefully.

This case study, conducted in 2010, was the basis for preparing the National Women's Meeting. It was the first year of Dilma Rousseff's government, and the meeting of the Women Affected by Dams also intended to highlight MAB's national agenda, which had stalled. In response to our demands, President Dilma received the five hundred women from MAB at the presidential palace [img. 33]. It was very important that we went to Brasília; it was a way of saying, "We are not against electric energy, we are against the way dams are built." Because on many occasions we were accused of being "against development" and scaring away investors with our fight for rights. At this meeting, we restated the violations that the current energy generation model brought to the lives of the affected women, as well as the organization's commitments, as stated in the meeting's final statement.

We went back to the states committed to mobilizing more women. It was not about creating a separate movement but understanding how women who are on the front lines of the communities, who are mobilizing people, who are seeking their rights, should position themselves in decision-making and political advocacy spaces. Thus, after the meeting in 2011, we returned with the task of further enhancing women's participation, so that they could have a voice in decision-making spaces, which could further strengthen MAB.

Não se tratava de criar um movimento separado, mas de entender como é que mulheres que estão na linha de frente das comunidades, que estão organizando o povo, que buscam os direitos, deveriam se colocar nos espaços de decisão e de incidência política. Assim, a partir do encontro em 2011, nós retornamos com a tarefa de potencializar ainda mais a participação das mulheres, para que elas pudessem estar nos espaços de decisão, que pudessem fortalecer ainda mais o MAB.

Vale ressaltar que o resultado da luta histórica, depois de muitas idas e vindas, passa pelos enfrentamentos dos crimes de rompimentos das barragens de mineração (como Mariana em 2015 e Brumadinho em 2019)[8] [imgs. 34, 35]. Em 2023, foi finalmente aprovada e sancionada a Política Nacional Aldir Blanc de Fomento à Cultura (PNAB), e todo o trabalho das mulheres com a produção das arpilleras ajudou muito nesse processo e deu visibilidade às pautas e denúncias das violações, por isso, para nós, é um trabalho vitorioso.

LOUISE LÖBLER Eu estava no encontro das mulheres e trabalhei do começo ao fim! Apenas gostaria de ponderar o quanto foi importante aquele espaço: além da simbologia de um momento que marcou a história do movimento, que fez com que nós mulheres nos sentíssemos importantes para a organização, todas voltaram aos seus estados reconhecendo e pressionando para que tivessem um espaço nos lugares que antes não tinham. Havia alguns espaços ocupados por mulheres, a coordenação dos grupos de base, por exemplo, porém quem representava o estado não eram elas. Então, a partir daquele encontro, a gente se sentiu empoderada. Eu lembro até hoje da felicidade que sentimos coletivamente; para muitas de nós, foi a primeira vez a visitar Brasília. Lembro da felicidade da Dilma em nos receber... nossa, eu não tinha um telefone pra tirar foto! Mas o bonito foi a gente se sentir importante, de voltar empoderada para nossa organização e compreender que o MAB é um movimento misto, mas que as mulheres têm importância dentro dele. É como a Dani [Daiane Höhn] disse: não queríamos construir um novo movimento só de mulheres, mas fortalecer o movimento que já existia com a nossa intencionalidade e participação. Para isso, tínhamos que dar lugar para as mulheres, e é por aí que perpassam as arpilleras. Esse encontro foi muito importante, pois confirmou algo que já sabíamos. É aquela velha história: já sabíamos que éramos muitas, mas não sabíamos que podíamos ocupar os espaços, que tínhamos condições, tanto quanto os nossos companheiros, de promover debates, de fazer análise de conjuntura, de assumir as coordenações, de ocupar os lugares de decisão política, para além das tarefas de cuidar das crianças, de fazer comida e da secretaria.

Uma pauta que existia no processo de negociação dos reassentamentos das pessoas deslocadas pela construção das barragens era a questão de que o lote nunca ficava no nome da mulher, mas apenas no do homem, do marido. Por que não podia ficar no nome dos dois? Foi a partir daí que a gente começou a questionar essas coisas. Claro, antes de 2011 já havia ocorrido algumas conquistas nesse aspecto, mas foi ali que a gente se percebeu como um sujeito presente, para além do que já sabíamos. As mulheres são a base da estrutura, nós precisamos existir para dar

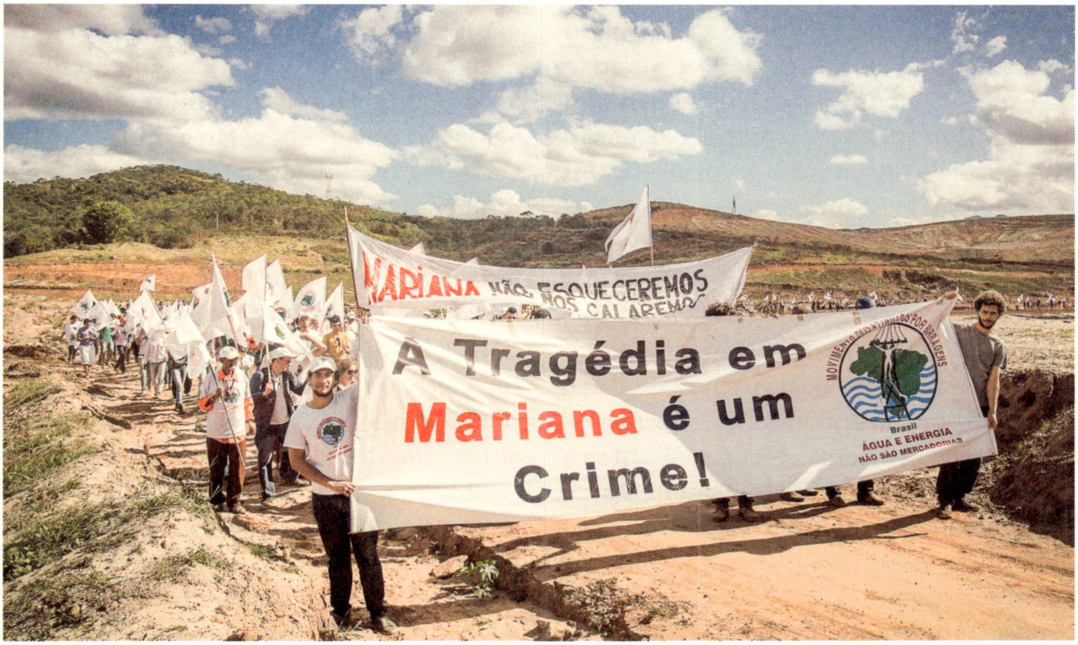

34. Encontro de Atingidos da bacia do rio Doce, 4 de setembro de 2016 [Encounter of People Affected by Dams from the Doce River basin, Sep. 4, 2016]

It is worth mentioning that the result of this historic struggle, after many comings and goings, involves confronting the crimes of mining tailings dam collapses (such as in Mariana in 2015 and Brumadinho in 2019)[8] [imgs. 34, 35]. In 2023, the Aldir Blanc National Policy for the Promotion of Culture (PNAB) was finally approved and endorsed, and all the work of women regarding the production of arpilleras helped a lot in this process and shone a light on their agendas and reports of violations. So, for us, it is a successful work.

LOUISE LÖBLER I was at the women's meeting and worked from start to finish! I would just like to consider how significant that space was: in addition to the symbolism of a moment that marked the history of the movement, which made us women feel important to the organization, everyone went back to their states recognizing the need to demand a space in places where they didn't have it before. There were some spaces occupied by women, the coordination of grassroots groups, for instance, but these women were not the ones representing the state. So, from that meeting on, we felt empowered. I still remember the happiness we felt collectively; for many of us, it was the first time we visited Brasília. I remember how happy Dilma was to welcome us... Gosh, I didn't have a phone to take a picture! But the beautiful thing was that we felt important, that we returned empowered to

condições de que existam os trabalhadores com a sua força. E no MAB, eu acredito que esse 1° Encontro das Mulheres Atingidas por Barragens foi o começo. E assim, quando essa chave virou, as arpilleras impulsionaram esse processo.

ESTHER VITAL Bom, não sei se tenho muito o que acrescentar, talvez um olhar externo, porque eu tinha vindo da Espanha e chegado no Brasil com outra mentalidade. Eu não participei do encontro, mas sei que foi muito forte. Uma coisa foi crucial, antes e depois do encontro: a determinação da necessidade de se auto-organizar como mulheres do MAB, o que até então não acontecia de uma forma sistemática. Eu estava trabalhando nos projetos do Movimento buscando dinheiro, e sempre havia outras prioridades, que nunca eram o encontro das mulheres. E, realmente, ocorreu uma mudança cultural dentro do Movimento a partir desse empoderamento que a Louise mencionou. Era muito perceptível que havia uma resistência dos homens diante dessa tomada dos lugares de poder pelas mulheres, não só no MAB, mas em qualquer estrutura. Quando a estrutura de poder se mexe, alguém vai criar alguma resistência. Eu me lembro que havia uma pressão interna do Movimento, à medida que as mulheres avançavam nessa auto-organização.

Como a Dani apontou, sabemos que existem violações diferenciadas que atingem apenas as mulheres; nós precisamos estudar isso e falar disso com propriedade. Então vamos fazer o diagnóstico, como a gente fez em Rondônia, vamos perguntar para as mulheres, vamos sistematizar. As coisas se prolongam no tempo e há muito trabalho por trás, de gente sistematizando, estudando, entendendo; de encontro, de debate, e isso é muito rico. Eu não tinha essa cultura, então para mim foi incrível ver isso acontecendo. Me lembro que havia uma pressão nesse encontro, entre as mulheres da direção do MAB e uma cooperação internacional. Da cooperação internacional – que financiava algumas atividades do MAB – havia uma certa exigência de querer saber o que nós estávamos fazendo e quantas mulheres estavam participando. Era algo ainda muito impositivo, que não dava conta de entender a realidade local e acabava servindo mais para preencher formulário. No entanto, isso acabou se tornando importante, pois serviu como uma justificativa para as mulheres poderem quebrar as resistências masculinas internas, pois agora era a União Europeia que estava exigindo fazer uma atividade com as mulheres.

E acho também que as arpilleras chegaram no momento certo. Se não tivessem chegado, as mulheres teriam encontrado outra forma de se expressar, de se organizar. Mas essa atenção e essa pressão internacional, de exigir que os projetos contemplassem atividades específicas para as mulheres, já dava a legitimidade que elas precisavam para poder exigir um encontro próprio. Então fazíamos a reunião da coordenação nacional e depois as mulheres ficavam mais um pouco para discutir os assuntos específicos delas. Acho muito importante que as mulheres tenham esse espaço seguro de reunião, sem querer dividir o movimento em dois, mas criar um espaço próprio de conversa.

As arpilleras chegaram primeiro com o projeto da União Europeia – que deu as condições econômicas e políticas para sistematizar esse trabalho – no entanto,

our organization and understood that MAB is a mixed movement, but that women are important within it. It's like Dani [Daiane Hohn] said: we didn't want to build a new movement of women only but to strengthen the movement that already existed with our purposefulness and participation. To do this, we had to make room for women, and that is where the arpilleras come in. This meeting was very important since it confirmed something we already knew. It's that old story: we already knew there were many of us, but we didn't know that we could occupy spaces, that we were capable, just like our male fellows, of promoting debates, interpreting the situation, taking on coordination roles, and occupying political decision-making positions, in addition to the tasks of taking care of children, cooking, and working in the secretariat.

One of the issues in the negotiation process aimed at the resettlement of people displaced by the construction of dams was that the plots of land would never be registered in the name of women, but only of men, the husbands. Why couldn't it be registered in the name of both? That's when we started to question these things. Of course, before 2011, there had already been some achievements in this regard, but it was then that we began seeing ourselves as active subjects, besides what we already knew. Women are the foundation of the structure; we need to exist to provide the conditions for workers to exist with their strength. I believe this 1st Meeting of Women Affected by Dams was the beginning for all of that at MAB. And so, when that switch flipped, the arpilleras drove the process.

ESTHER VITAL Well, I don't know if I have much to add, perhaps an outside perspective, because I had come from Spain and arrived in Brazil with a different mindset. I didn't participate in the meeting, but I know it was very powerful. One thing was crucial before and after the meeting: establishing the need to self-organize as women of MAB, which until then, had not happened systematically. I was working on the Movement's projects raising money, and there were always other priorities, which were never the women's meeting. And, indeed, a cultural change occurred within the Movement based on this empowerment that Louise mentioned. The resistance from men to this taking of positions of power by women was evident, not only in MAB but in any organization. As structures of power change, some may be resistant. I remember that there was internal pressure within the Movement as women advanced in this self-organization.

As Dani pointed out, we know that different types of violations only affect women; we must examine them and address them knowledgeably. So, let's make a diagnosis as we did in Rondônia, let's ask women, let's systematize it. Things take time and there's a lot of work behind it, with people systematizing, studying, understanding it; with meetings, with debates, and this is very rewarding. I didn't have this culture, so, for me, it was incredible to see this happening. I remember that there was tension at this meeting, between the women on the MAB board and an international cooperation partnership. From the international cooperation—which financed some of MAB's activities—there was a certain demand to know what we were doing and how many women were participating. It was still something very imposing, which didn't quite grasp the local reality

esse tipo de projeto já estava nas linhas de trabalho do encontro nacional, isso já estava no movimento. As arpilleras só entraram como uma ferramenta dentro do método de organização nacional do MAB. Acho que o grande diferencial das arpilleras do MAB, em comparação com outros movimentos, organizações e coletivos, é que as mulheres do MAB as transformaram em uma ferramenta dentro de uma metodologia própria, que já estava construída. As arpilleras só trouxeram uma linguagem para as mulheres promoverem esses encontros, colocarem essas discussões no mundo e criarem. Como a Dani falou, esses meios materiais possibilitavam os encontros e a pesquisa, pois podíamos entender quais eram os impactos das construções das barragens, como afetavam as pessoas, o que iríamos fazer: o que difere, por exemplo, o que acontece em Rondônia do que acontece em outros lugares? Das grandes barragens para as pequenas barragens? Por que as mulheres não estão nos lugares de poder e de decisão? Elas não querem ou não têm acesso a esse espaço?

Todas essas discussões vieram das informações que as arpilleras trouxeram, que nada mais são do que as mulheres costurando seus testemunhos. É a mesma coisa que fazer uma audiência pública, só que com linha e agulha. E ainda eram feitas de forma coletiva! Então isso é importante, porque as arpilleras no Chile não eram feitas de forma coletiva, elas eram feitas de forma individual num espaço coletivo, a venda era cooperativa e tudo mais. No MAB, não; criou-se uma metodologia de trabalho no qual partíamos das relações entre as mulheres, possibilitando que elas trabalhassem na arpillera de forma coletiva, sem deixar suas experiências individuais de fora. Elas já tinham feito uma discussão prévia, então todo o processo de debate político acontecia antes da peça, era educação popular pura e dura. A arpillera era apenas um meio, as discussões aconteciam antes, durante e depois. Depois dessa primeira leva de oficinas com o projeto da União Europeia, as oficinas ganharam autonomia e se espalharam pelo Brasil.

Eu me lembro que um dos momentos mais marcantes foi a realização coletiva da curadoria da exposição [no Memorial da América Latina em 2015].[9] Vimos todas as arpilleras separadas por eixo temático e por estados brasileiros e então selecionamos quais mostrar, que histórias contar e por quê. Para mim, estar em uma sala enorme com inúmeras arpilleras espalhadas pelo chão, discutindo coletivamente como vamos contar nossa história foi muito importante. Isso mostra que a arpillera não é apenas uma técnica de bordado, mas é a continuação de todo esse trabalho prévio das mulheres, como a Dani falou, que existe desde os anos 1970, na luta pela sua auto-organização.

IR Gostaria que vocês falassem um pouco do processo de organização das oficinas e como essa metodologia de construção coletiva, característica do MAB, se dá. Como essa criação de espaços de diálogos entre mulheres contribui não apenas para sua auto-organização, mas também fornece ferramentas para denunciar violações, documentar e escrever suas histórias?

DH A arpillera é um instrumento político pedagógico de educação feminista. Para muitas pessoas, a arpillera pode ser uma obra de arte, que se prega na parede. Mas

and ended up serving more as a way to fill out forms. However, it ended up being important since it served as a justification for women to be able to break down internal male resistance, because now it was the European Union requesting an activity to be performed with and for women.

I also think that the arpilleras arrived at the right time. If they hadn't arrived, women would have found another way to express themselves, to organize themselves. But this international attention and pressure, demanding that projects include activities specific to women, gave them the legitimacy they needed to request their own meeting. So, we held the national coordination meeting, and then the women stayed a little longer to discuss their specific issues. I think it's very important that women have this safe space to meet, without splitting the movement in two, but creating their own space for debate.

The arpilleras first arrived with the European Union project–which provided the financial and political conditions to systematize the work. However, this type of project was already part of the work guidelines of the national meeting, it was already part of the movement. The arpilleras only functioned as a tool within MAB's national organization method. I think that the great difference between MAB's arpilleras, as compared to other movements, organizations, and collectives, is that the women from MAB turned them into a tool within their own methodology, which was already developed. The arpilleras only brought a language for women to promote these meetings, to put these discussions out into the world and to create. As Dani said, these material means allowed the meetings and research because we could understand the impacts of the construction of dams, how they affected people, and what we were going to do: for instance, what is the difference between what happens in Rondônia and what happens in other places? Between large dams and small dams? Why aren't women in positions of power and decision-making? They don't want to, or they can't access this space?

All these discussions have derived from the information brought by the arpilleras, which are nothing more than women stitching together their testimonies. It's the same thing as holding a public hearing, only with a needle and thread. And they were also done collectively! So, this is important, because the arpilleras in Chile were not done collectively, they were done individually in a collective space, the sales were cooperative, and everything else. In MAB, however, a work methodology was created through which we started from the relationships among the women, enabling them to work on the arpillera collectively, without leaving out their personal experiences. They had already had a prior discussion, so the entire process of political debate happened before the piece was created; it was pure and simple popular education. The arpillera was just a means, the discussions happened before, during, and after its production. After this first phase of workshops with the European Union project, the workshops became autonomous and spread throughout Brazil.

I remember that one of the most remarkable moments was the collective curation of the exhibition [at Memorial da América Latina in 2015].[9] We saw all the arpilleras divided by theme and by which Brazilian states they were from, and then we selected which ones to show, which

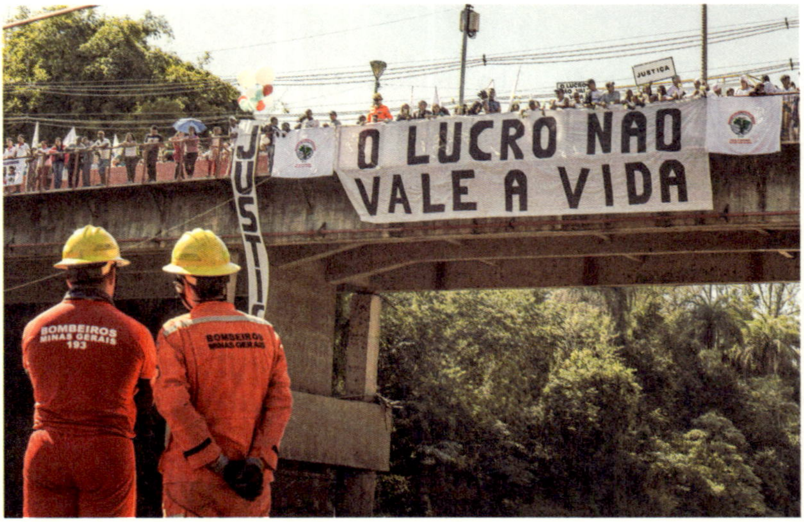

35. Ação do MAB em protesto contra a impunidade do rompimento da barragem em Brumadinho, 25 de julho de 2019 [MAB action in protest against the impunity of Brumadinho's dam collapse, Jul. 25, 2019]

é o que a Esther falou, para nós o significado político desse testemunho têxtil está na organização das mulheres, na luta das mulheres pelos seus direitos, e na proposição política também – dos sonhos, das utopias, daquilo que nós almejamos. Então é denúncia, mas é também um projeto de esperança.

Algumas peças são de denúncia, mas muitas são de projeção do que buscamos, do que queremos, e assim como as arpilleras são instrumentos, há um sujeito político também por trás dessa construção, que são as mulheres atingidas. Acho que essa é uma tecla muito importante e cara para nós, porque quem faz são pessoas, são trabalhadoras. Nós temos que caracterizar muito bem isso: são mulheres, são "sujeitas" políticas. Porque se não a gente desfoca, leva para a peça; ela é importante, sim, mas é o resultado. Ela só acontece porque tem um ser social que produz isso – um sujeito histórico –, que são as mulheres atingidas organizadas no MAB.

Se olharmos a história antes, nos anos 1980 até o início dos anos 2000, o MAB era uma organização dos atingidos por barragens pela geração de energia, pelo acúmulo de água. Recentemente tivemos os crimes da Vale em Minas Gerais (Mariana e Brumadinho), e ameaças de rompimentos seguem em Minas Gerais e em outras regiões. Nós temos atingidas por outros projetos energéticos, como de energia solar, de energia eólica, de oleodutos, gasodutos, enfim... uma série de questões que são referentes ao modelo energético brasileiro vigente. Nós afirmamos que existem atingidas pelo modelo energético nos centros urbanos, que pagam altas tarifas de energia elétrica [imgs. 42, 43, 74, 75], de água, de gás [img. 72], e, nos últimos tempos, temos as atingidas pelas consequências dos eventos da crise climática – como as enchentes e deslizamentos recentes em São Sebastião e em São Paulo, em fevereiro de 2023, as enchentes na Bahia e em Minas Gerais, em 2021, e a enchente que aconteceu em maio deste ano, 2024, no Rio Grande do Sul, e o que está acontecendo agora, com as secas na Amazônia [img. 77, 87, 88].

Então, o conceito de "atingido" se ampliou, e são essas as sujeitas atingidas

stories to tell, and why. For me, being in a huge room with countless arpilleras spread across the floor, collectively discussing how we were going to tell our story, was very important. This demonstrates that the arpillera is not just an embroidery technique but is also the continuation of all this previous work by women, as Dani said, that has existed since the 1970s, in the struggle for self-organization.

IR I would like you to talk a little about the process of organizing the workshops and how this collective construction methodology, typical of MAB, works. How does this creation of spaces for dialogue among women not only add to their self-organization but also provide tools for reporting violations, documenting, and writing their stories?

DH Arpilleras are a political and pedagogical instrument for feminist education. For many people, arpilleras may be works of art that can be hung on a wall. But as Esther said, for us, the political significance of this textile testimony lies in the mobilization of women, in women's struggle for their rights, and in the political proposal—of dreams and utopias, of what we long for. So, it is a denunciation but also a project of hope.

Some pieces are rebukes, but many are projections of what we seek, of what we want, and just as arpilleras are tools, there is also a political subject behind this idea, which is the women affected by dams. I think this is a very significant and valued key for us because the ones making them are people, they are workers. We have to emphasize this greatly: they are women, they are political subjects. If we don't do it, we lose focus, we value only the piece; the piece is important, of course, but it is the result. It only exists because there are social beings that produce it—historical subjects—who are the affected women organized in MAB.

If we consider history, from the 1980s to the early 2000s, MAB was an organization of people affected by dams that generated electric energy and accumulated water. Recently, we had the crimes committed by Vale in Minas Gerais (Mariana and Brumadinho), and threats of dam collapses continue in Minas Gerais and other regions. There are people affected by other energy projects, such as solar energy, wind energy, oil pipelines, and gas pipelines—a series of issues related to the current Brazilian energy generation model. We affirm that people are affected by this energy model in urban centers, people who pay high fees for electricity [imgs. 42, 43, 74, 75], water, gas [img. 72], and, recently, there are those affected by the consequences of the climate crisis events—such as the floods and landslides in São Sebastião and São Paulo in February 2023, the floods in Bahia and Minas Gerais in 2021, and the flood that occurred in May 2024, in Rio Grande do Sul, and what is happening now, with the droughts in the Amazon [imgs. 77, 87, 88].

So, the definition of "affected person" has expanded, and these are the affected subjects who embroider currently, who translate their realities into arpilleras. Therefore, we seek to organize this audience to discuss the reality we live in and what society we want to build with this organizational potential.

I remember that, when we started carrying out the arpillera workshops, the first issue that women in the communities raised was: "But we don't know how

que hoje bordam, que traduzem as suas realidades para a arpillera. Portanto, é esse público que buscamos organizar e discutir em que realidade vivemos e que sociedade queremos construir com esse potencial de organização.

Eu lembro que quando começamos a fazer as oficinas de arpilleras, a primeira questão que vinha das mulheres nas comunidades era: "mas a gente não sabe bordar!". "Não precisa saber costurar, o que precisamos saber é contar o que está acontecendo nas nossas vidas". E aí a troca de experiências vai ocorrendo naturalmente no grupo – uma sabe fazer um ponto, outra sabe fazer a bonequinha, outra sabe desenhar bem e depois a outra costura e então vamos materializando a ideia. Primeiro a gente coloca a ideia no papel, coletivamente, discute e aprofunda quais são os impactos que estamos vivenciando. O que nós vamos representar: é um rio? É o preço da luz? Uma enchente? E depois traduzimos isso para as peças, no tecido, e bordamos juntas.

Lembro de uma vez que fizemos essa oficina no Tapajós, com as mulheres indígenas. Em teoria, nós temos um certo roteiro para seguir: primeiro a gente reúne as mulheres e discute, depois colocamos a ideia no papel e desenhamos, e por fim, a gente borda. É mais ou menos assim, mas às vezes acontece de outras formas. Dizemos assim: "O trabalho começa pela porta que o povo abre". Com as mulheres indígenas do Tapajós, primeiro, elas não vinham nas reuniões, quem vinha para as reuniões eram os caciques, eram os homens; as mulheres não tinham vez. Então, começamos a fazer o trabalho com as mulheres ameaçadas pelo complexo hidrelétrico de São Luiz no Tapajós. Então, a gente começou a bordar primeiro, nós trouxemos as agulhas e fomos bordando com elas, e depois passamos a discutir os impactos das hidrelétricas de São Luiz no Tapajós. A lógica do nosso roteiro se inverteu, e mesmo assim, construímos arpilleras com elas, e elas bordaram brilhantemente a realidade e o impacto que as obras causariam nas suas vidas e na vida da população da região. Então, é muito interessante, porque cada local é um fazer. Não existe uma receita pronta. Temos a intenção de discutir coletivamente determinado assunto, mas, no fundo, o que buscamos é levar uma semente de organização. Como é que, depois disso, uma rede entre as mulheres pode ser estabelecida, um espaço seguro pode ser criado, para que elas possam contar sobre o que estão vivendo, e que isso, depois, possa se potencializar em um processo organizativo, e mais do que isso, de luta pelos seus direitos antes negados? Que esse processo possa ajudá-las a se reconhecer como mulheres, como atingidas – porque muitas não se consideram atingidas. Então, também é o processo de construir essa identidade de atingida. As oficinas carregam esse embrião de uma organização de mulheres, de enxergar-se como parte dessa organização, como atingidas e, depois, dentro de uma organização maior que é o MAB.

LL Queria resgatar como as arpilleras chegaram no MAB para reforçar como esse processo passou pela organicidade que já existia no movimento. Quando fomos para a Argentina em 2013 fazer uma oficina de arpilleras[10] tivemos o cuidado de ter representatividade de mulheres de vários estados do Brasil, cerca de dez ou onze mulheres. Depois, quando nós voltamos

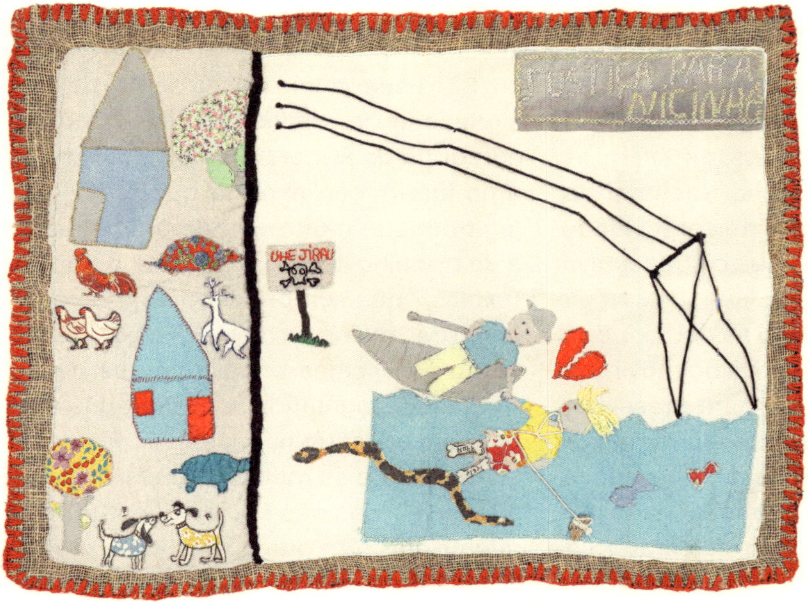

Mulheres Atingidas de Rondônia [Women Affected by Dams from Rondônia]

36. ***Justiça para Nicinha*** [Justice for Nicinha], 2016
IMG. 58

to embroider!" "There's no need to know how to sew, what we need to know is how to tell what's happening in our lives." Then, the exchange of experiences happened naturally in the group—one knows how to do a stitch, another knows how to make a doll, another can draw, another sews, and then we start to materialize the idea. First, we collectively put the idea on paper, discuss it, and delve deeper into the impacts that we are experiencing. What are we going to depict: is it a river? Is it the price of electricity? A flood? And then we translate it into our pieces, on fabric, and we embroider it together.

I remember one time we held this workshop in Tapajós, with Indigenous women. In theory, we have a certain script to follow: first, we gather women and talk; then we put the idea on paper and draw it; and, finally, we embroider the piece. It's more or less like that, but sometimes it happens in other ways. We say: "The work begins with the door that people open." The Indigenous women of Tapajós, at first, didn't come to the meetings; the ones who came were the chiefs, the men; the women had no place. Then, we started working with the women threatened by the São Luiz hydroelectric complex in Tapajós. We started embroidering, we brought needles and started embroidering with them, and then we began discussing the impacts of the São Luiz Hidroelectric Power Plants in Tapajós. The logic of our script was reversed, and still, we created arpilleras with them, and they brilliantly embroidered their reality and the impact the works would have on their lives and the lives of the region's inhabitants. So, it is very interesting, since each place is different. There is no ready-made recipe. We intend to discuss collectively a certain subject, but what we seek deep down is to spread the seeds of organization. How, after that, can a network among women be established, a safe space created, so that they can talk about what they are experiencing, and how this can then be strengthened into an organizational process—and more than that, a fight for their previously

e compartilhamos a experiência e a ideia de fazer as arpilleras, durante o encontro lá na Florestan Fernandes, estavam as mulheres da Coordenação Nacional do Movimento, que tinha representatividade de todos os lugares em que o MAB estava organizado na época.

Então, esse processo se deu por dentro da estrutura organizativa do movimento. Acho que isso é importante ressaltar, nós não criamos uma nova organicidade para isso. Usamos a estrutura que já existia com uma intencionalidade e, por conta de o movimento ser de caráter nacional, isso nos colocava o desafio de ter arpilleras em todos lugares do Brasil. Em alguns lugares funcionou mais, em outros, menos. Mas, hoje, o movimento tem um acervo gigantesco. Por conta dessa intencionalidade, as mulheres foram se apropriando desse instrumento pedagógico e levando para os seus estados. Em cada estado tinha também uma coordenação de mulheres que se encontravam, e cada coordenação tinha a representação de várias regiões de cada estado; então, isso foi se massificando. Considerar esse processo é muito importante para compreendermos o motivo do MAB ter um acervo tão grande de peças.

DH Nós fazemos questão de contar a história das arpilleras em todas as oficinas que fazemos. De ressaltar que nós carregamos um legado que vem das mulheres chilenas. É o primeiro passo de qualquer conversa, disso não abrimos mão.

EV Isso é outro ponto que eu acho bem importante. Acredito que nesse começo e em toda a trajetória das arpilleras do MAB, esse vínculo se deu no Memorial da Resistência em São Paulo, numa oficina dentro de uma exposição de arpilleras chilenas com a curadoria da Roberta Bacic.[11] Enfim, havia uma instituição externa que tinha uma legitimidade muito grande em pesquisa e de trabalho com as arpilleras, a Conflict Textiles,[12] que sempre acompanhou o trabalho das mulheres do MAB – não dizendo como as oficinas tinham que ser feitas, mas dando legitimidade. Então, após esse primeiro encontro na Argentina, eu pensei: "Eu quero que as mulheres do MAB façam arpilleras", mas não sou eu quem precisa querer, elas têm que querer! Essa era um pouco a minha preocupação. Quando eu fui fazer as oficinas e programar essa questão dentro do Memorial da Resistência, pensei: "Acho que agora é o momento, porque elas vão ver as arpilleras". Não é a mesma coisa você falar sobre e você ver as peças ao vivo. Também a arpillera, em si, tem uma carga muito forte. É muito forte ver uma arpillera chilena, criada no contexto de ditadura militar, diferente do contexto político de criação das arpilleras do MAB. As arpilleras chilenas eram arpilleras de luta criadas em um contexto muito limitado pela própria repressão. No contexto do MAB, estamos numa democracia. Você pode falar, você pode se expressar. Claro que se você for dentro da barragem, de determinada forma haverá repressão – e temos, inclusive, companheiras que têm sido mortas [img. 36] –, mas o período histórico é outro. E hoje temos muito mais capacidade de fazer um trabalho pedagógico como o que o MAB faz. Na Argentina, a exposição das arpilleras que Roberta organizou foi histórica.[13] Tinha mais de setenta arpilleras chilenas, é uma das maiores exposições que ela já fez. E a gente teve três dias com essas onze mulheres tomando

denied rights? This process can help them recognize themselves as women, as affected people—because many do not consider themselves affected. So, it is also the process of building this identity as affected people. The workshops carry this embryo of a women's organization, of seeing themselves as part of this organization, as affected people, and, later, as part of a larger organization that is MAB.

LL I'd like to recap how the arpilleras became part of MAB to reinforce how this process was part of the organic nature that already existed in the movement. When we went to Argentina in 2013 to hold an arpillera workshop,[10] we thought it was important to have women from several Brazilian states, about ten or eleven women. Later, when we returned and shared the experience and the idea of creating the arpilleras, during the meeting at Florestan Fernandes, the women from the National Coordination of the Movement, which represented all the places where MAB was organized at the time, were present.

So, this process took place within the organizational structure of the movement. I think it is important to emphasize that we did not create a new chart for this. We used the structure that already existed deliberately, and since the movement was inherently national, this presented us with the challenge of having arpilleras in every part of Brazil. In some places, it worked well, but in others, not so much. However, currently, the movement has a huge collection. Because of this purposefulness, women began to appropriate this pedagogical instrument and take it to their home states. In each state, there was also a coordination of women who held meetings, and each coordination had representatives from several regions of each state; so, it became widespread. Considering this process is very important to understand why MAB has such a large collection of pieces.

DH We make a point of telling the story of the arpilleras in all the workshops we hold. A point of noting that we carry on a legacy originated from Chilean women. It is the first step in any talk, and we do not overlook that.

EV This is another point that I think is very significant. I believe that in the beginning and throughout the entire trajectory of the MAB arpilleras, this connection was made at the Memorial da Resistência in São Paulo, in a workshop within an exhibition of Chilean arpilleras curated by Roberta Bacic.[11] Also, there was an external institution that had great legitimacy in researching and working with arpilleras, Conflict Textiles,[12] which always followed the work of the MAB women—not by telling them how the workshops should be performed, but by giving them legitimacy. So, after that first meeting in Argentina, I thought: "I want the MAB women to make arpilleras" but I was not the one who had to want it—they had to want it! That was my concern. When I carried out workshops and addressed this issue at the Memorial da Resistência, I thought: "Now is the time, because they will see the arpilleras." It's not the same thing to talk about them and to see the pieces in person. The arpillera itself carries a very strong meaning. It is very powerful to see a Chilean arpillera created in the context of that country's military dictatorship, different from the political context in which the MAB arpilleras were created. The Chilean arpilleras struggled in

café da manhã, almoçando e jantando arpillera, mas também conversando com a Roberta. Ela trouxe um monte de vídeos de outros movimentos na Colômbia, na África, e de outros lugares que estavam produzindo arpilleras. A gente não partiu do zero; partimos e já fomos bem abraçadas por esse outro movimento que veio antes e com uma série de referências para podermos pensar do nosso próprio jeito, que foi o que aconteceu depois.

IR A arpillera é uma linguagem têxtil, visual, e também uma expressão artística coletiva, que atravessa muitas fronteiras e consegue se comunicar com um público muito grande. Ela é também um testemunho, um documento histórico, uma escrita com linha e agulha feita coletivamente por mulheres. E, como na escrita há uma escolha de palavras, na arpillera há escolha dos tecidos, da maneira de narrar a história. É perceptível como são representadas as mulheres atingidas – as bonecas têm cor de pele, são mulheres diversas. Nós vemos como os empresários são representados, a cor da pele e o gênero: são sempre homens, são sempre brancos, muitas vezes loiros, inclusive calvos (também mostrando uma questão etária). O lugar das escolhas estéticas dessas representações diz muito sobre quem é essa sujeita que escreve com a arpillera suas histórias.

EV Com certeza, e acho que muitas vezes no movimento social a gente tem muita clareza das pautas, tem uma justificativa para tudo, damos muita importância para essa formação argumentativa, que é muito do discurso, muito da palavra. Acho também isso muito masculino. Cada arpillera é uma síntese, e há muita dificuldade para se fazer isso, ainda mais quando existe tanto ruído. Então existe essa capacidade de fazer uma síntese e passar a mensagem de uma forma muito delicada. E isso também é uma contradição que a arpillera carrega, pois é uma linguagem delicada, doméstica, sensível, linda, que tem esse trabalho de cuidado, do ponto etc., e a narrativa que está apresentando é uma narrativa violenta, de denúncia, de injustiça.

A arpillera também permite a criação de um espaço de politização para as mulheres, ao qual muitas vezes apenas seus companheiros tiveram acesso. Esse diálogo também é criado com o público geral; afinal, fazemos as arpilleras para falar com as outras pessoas. E foi ao começar a adotar essa linguagem – algo que veio das mulheres – que o MAB ganhou muito mais visibilidade. As arpilleras (e não apenas elas) colocaram o movimento em muitos lugares onde antes o movimento não estava. A linguagem poética é a linguagem do amor contra a linguagem da morte, né? Que é a das barragens. Essa é a contradição que a gente sempre trabalha nos estudos; quais são as contradições do sistema energético? Quantas são as contradições do sistema capitalista? Acho que as arpilleras têm esse poder, de sintetizar e colocar na tela essa contradição. Elas trazem a voz das mulheres de forma coletiva. Elas expressam diversas vozes na arte, sem precisar de um discurso de liderança central. Não se trata de ser antiliderança, mas de transmitir uma mensagem coletiva.

Então, todo esse conhecimento que as arpilleras trazem não vem de uma autoria específica, não é um artigo científico, mas é uma análise de conjuntura a partir de uma reunião de pauta do movimento social. É outro tipo de conhecimento que

a context that was very limited by repression. In the context of MAB, we live in a democracy. You can speak, you can express yourself. Of course, if you go inside the dam, there will be a certain kind of repression—and we even have fellow women who have been killed [img. 36]—but the historical period is different. And today we have much more ability to do teaching work like the one that MAB performs. In Argentina, the exhibition of arpilleras that Bacic organized was historic.[13] It featured more than seventy Chilean arpilleras; it is one of the largest exhibitions she has ever done. We spent three days with these eleven women having arpilleras for breakfast, lunch, and dinner, but also talking with Bacic. She brought a lot of videos from other movements in Colombia, Africa, and other places that were producing arpilleras. We didn't start from scratch; as soon as we began, we were embraced by this other movement that came before ours and by several references so that we could think in our own way, which is what happened later.

IR The arpillera is a textile and visual language, as well as a collective artistic expression that crosses many borders and can communicate with a very large audience. It is also a testimony, a historical document, a writing with needles and threads made collectively by women. And, as in writing there is a choice of words, in arpillera there is a choice of fabrics, for the way of telling a story. It is noticeable how women affected are depicted—the dolls have skin color; they are diverse women. We see how the businessmen are depicted, their skin color and gender: they are always men, they are always white, often blond, and even bald (also showing an age aspect). The aesthetic choices of these depictions say a lot about who are the women writing their stories with arpilleras.

EV Certainly, and I think that often in social movements we are very clear about our agendas, we have a justification for everything, we give much importance to this argumentative formation, which is very much about discourse, about words. I also think that this is very masculine. Each arpillera is a synthesis, and it is very difficult to do this, even more so when there is so much noise. So, there is this ability to synthesize and convey the message very gently. This is also a contradiction that the arpilleras carry, because theirs is a delicate, domestic, sensitive, beautiful language, which involves the work of care, of the stitch, etc., while the narrative it shows is violent, of denunciation, of injustice.

The arpilleras also allow women to create a space for politicization, which often only their male fellows could access. It also creates this dialogue with the audience; after all, we produce arpilleras to talk to other people. It was when we started using this language—something that came from women—that MAB gained much more visibility. The arpilleras (and not only them) took the movement to many places where it had not been before. Poetic language is the language of love against the language of death, right? That is the language of dams. This is the point that we always investigate in our studies: what are the contradictions of the energy generation system? How many contradictions are there in capitalism? I believe arpilleras have the power to synthesize and put these contradictions on canvases. They bring the voice of women collectively. They express different voices in art, without

o movimento vai criando e construindo sua própria epistemologia. Há vários trabalhos acadêmicos, inclusive dos próprios militantes do MAB, falando das arpilleras e desse processo, colocando os nomes: se é metodologia de educação popular feminista ou outra coisa. Isso me parece muito importante: existe uma tendência nesses espaços de poder – seja um museu, seja uma audiência pública – de trazer o movimento para preencher uma lacuna histórica, quase como de uma forma paternalista, e não é assim. Eu acredito que esses espaços ganham muito mais que o movimento, sabe?

Outro assunto que tem a ver com a arpillera é o da arte popular. O que todas as arpilleras têm em comum é esse poder de levantar essas contradições, além da criação de uma estética e uma linguagem próprias. E você, como observador dentro do mundo, você também vê que existem várias estéticas. Não é só uma estética preconcebida, europeia, de artista individual. Existem outras estéticas, outras formas de fazer arte, de mostrar arte, de discutir arte. Eu acredito que a ocupação desses espaços pelo MAB traz muito ganho à sociedade, pois qualquer sujeito de qualquer lugar passa a poder se enxergar aí, ver que existe muita diversidade e muitas formas de fazer arte.

DAIANE HÖHN, militante do MAB, integra o Coletivo Nacional de Mulheres e a Coordenação Nacional do MAB.

ESTHER VITAL é psicóloga, artista têxtil, animadora e documentarista. Vital utiliza a animação stop-motion para dar vida às arpilleras, explorando os limites do documentário e tornando visíveis as histórias de mulheres transgressoras. *Cadê Heleny?* (2022), seu primeiro filme, foi selecionado e premiado em dezenas de festivais. Agora ela está desenvolvendo seu primeiro longa-metragem, intitulado *If I Die*.

ISABELLA RJEILLE, curadora, MASP

LOUISE LÖBLER é atingida pela Usina Hidrelétrica de Dona Francisca, militante do MAB, historiadora e educadora popular. Löbler é doutoranda em Educação no Programa de Pós-Graduação em Educação da Universidade Federal de Santa Maria (UFSM).

requiring a central leadership discourse. It is not about being anti-leadership, but about conveying a collective message.

So, all this knowledge that the arpilleras bring does not come from a specific author; it is not a scientific article, but an analysis of the current circumstances based on a meeting about the social movement's agenda. It is another type of knowledge that the movement creates, as it forms its own epistemology. There are several academic works, including by MAB activists, addressing the arpilleras and this process, naming it: whether it is a feminist popular education methodology or something else. This seems very important to me: there is a tendency in certain spaces of power–be it a museum or a public hearing–to bring the movement in to fill a historical gap, almost in a condescending way, and that is not the case. I believe that these spaces gain much more than the movement, you know?

Another issue related to arpilleras is vernacular art. What all arpilleras have in common is their ability to raise these contradictions, as well as the creation of their own aesthetics and language. And you, as a viewer within the world, also see that there are various aesthetics. It is not just a preconceived, European aesthetic of an individual artist. There are other aesthetics, other ways of making art, of showing art, of discussing art. I believe that, as MAB occupies these spaces, society at large reaps great benefits, since any person from any place can see themselves there, they can see that there is great diversity and many ways of making art.

Translated from Portuguese by
Lívia Prado Martins

DAIANE HÖHN, MAB activist, member of the National Women's Collective and the National Coordination of MAB.

ESTHER VITAL, psychologist, textile artist, animator, and documentary filmmaker. She uses stop-motion animation to bring arpilleras to life, exploring the limits of documentary films and making the stories of transgressive women visible. *Cadê Heleny?* (2022), her first film, was selected and awarded at dozens of festivals. She is currently developing her first feature film, entitled *If I Die*.

ISABELLA RJEILLE, Curator, MASP

LOUISE LÖBLER, MAB activist, historian, and popular educator affected by the Dona Francisca Hydroelectric Power Plant. Löbler is a PhD student in the Graduate Program in Education at Universidade Federal de Santa Maria (UFSM).

NOTAS

1 Este texto foi editado a partir da transcrição de uma conversa que se deu entre as participantes em 29.8.2024, de forma remota.

2 Daiane se refere à Claides Helga Kohwald, de Marmeleiro, Paraná, atingida pela hidrelétrica de Itá e uma das mulheres que aparecem no documentário *Arpilleras: atingidas por barragens bordando a resistência* (2019). Disponível em https://www.youtube.com/watch?v=PEu-AATb3TU. Acesso em 14.11.2024.

3 A palavra "atingida/o" se tornou um conceito utilizado por movimentos sociais, universidades e outros atores políticos para nomear pessoas que pertencem a grupos que se organizam para representar causas e lutar por mudanças sociais e reivindicar direitos violados.

4 Segundo Luiz Carlos Bresser-Pereira, a adoção de políticas neoliberais começou a ganhar força a partir da década de 1990 no Brasil, durante os governos de Fernando Collor e Fernando Henrique Cardoso. Com o intuito de "modernizar a economia brasileira", essas políticas visavam reduzir a participação do Estado e aumentar a influência do mercado". Ver resumo em https://www.bresserpereira.org.br/24-9-icl-neoliberalismo-no-brasil.pdf. Acesso em 26.11.2024.

5 O PAC foi o Programa de Aceleração do Crescimento lançado em janeiro de 2007 pelo governo de Luiz Inácio Lula da Silva e consistiu em um conjunto de medidas destinadas a incentivar o investimento privado, aumentar o investimento público em infraestrutura e remover obstáculos – burocráticos, administrativos, normativos, jurídicos e legislativos – ao crescimento. Ver https://www.bndes.gov.br/SiteBNDES/bndes/bndes_pt/Hotsites/Relatorio_Anual_2011/Capitulos/atuacao_institucional/o_bndes_politicas_publicas/pac.html. Acesso em 31.10.2024.

6 Conselho de Defesa dos Direitos da Pessoa Humana, "Comissão Especial 'Atingidos por Barragens' – Resoluções n. 26/06, 31/06, 01/07, 02/07, 05/07", 2010, p. 54. Disponível em https://mab.org.br/publicacao/relatorio-violacao-de-direitos-das-populacoes-atingidas-cddph/#. Acesso em 18.12.2024.

7 As participantes do encontro eram oriundas de dezesseis estados brasileiros (Rio Grande do Sul, Santa Catarina, Paraná, São Paulo, Minas Gerais, Goiás, Mato Grosso, Bahia, Espírito Santo, Ceará, Paraíba, Pernambuco, Tocantins, Maranhão, Pará e Rondônia), e três países (Argentina, Paraguai e México).

8 Os rompimentos das barragens de Mariana, em 2015, e de Brumadinho, em 2019, estão entre os maiores desastres ambientais e humanitários da história recente do país. Somados, vitimaram quase trezentas pessoas. Além disso, geraram um desequilíbrio ambiental que afetou principalmente os rios Doce e Paraopeba, assim como as comunidades do entorno. Ambas as barragens eram administradas pela Vale, mineradora criada durante o governo Getúlio Vargas (1882-1954) para explorar o minério de ferro no sul de Minas Gerais. No caso de Mariana, a Vale operava em conjunto com a empresa anglo-australiana BHP Billiton, através da *joint venture* Samarco, que foram responsabilizadas e condenadas a realizar ações de reparação e compensação e a pagar indenizações e auxílios financeiros. Até a publicação deste catálogo, nenhuma empresa foi condenada e/ou responsabilizada pela tragédia de Brumadinho.

9 O processo curatorial coletivo se deu entre os anos de 2013 e 2014, após o retorno da Argentina. Foram realiza-

NOTES

1 This text was edited from the transcription of a conversation that took place online on August 29, 2024.

2 Höhn refers to Claides Helga Kohwald, from Marmeleiro, in the Paraná state, who was affected by the Itá Hydroelectric Power Plant and is one of the women who appear in the documentary *Arpilleras: atingidas por barragens bordando a resistência* [Arpilleras: Women Affected by Dams Embroidering the Resistance] (2019). Available at https://www.youtube.com/watch?v=PEu-AATb3TU. Retrieved Nov. 14, 2024.

3 The word "affected" ("atingida/o" in Portuguese) has become a concept used by social movements, academia, and political actors referring to people that were somehow affected by the construction of dams–for electricity generation or mining–and that organize themselves to advocate causes, fight for social change, and demand violated rights.

4 According to Luiz Carlos Bresser-Pereira, neoliberal policies began to gain force in Brazil in the 1990s, during the governments of Fernando Collor and Fernando Henrique Cardoso. With the goal of "modernizing the Brazilian economy," these policies aimed to reduce the functions of the public sector and increase the influence of the market. See a summary at https://www.bresserpereira.org.br/24-9-icl-neoliberalismo-no-brasil.pdf. Retrieved Nov. 26, 2024.

5 The Programa de Aceleração de Crescimento [Growth Acceleration Program] (PAC) was launched in January 2007 during the second government of Luiz Inácio Lula da Silva. It consisted of a set of measures designed to encourage private investment, increase public investment in infrastructure, and remove bureaucratic, administrative, regulatory, legal, and legislative obstacles to economic growth. See https://www.bndes.gov.br/SiteBNDES/bndes/bndes_pt/Hotsites/Relatorio_Anual_2011/Capitulos/atuacao_institucional/o_bndes_politicas_publicas/pac.html. Retrieved Oct. 31, 2024.

6 Conselho de Defesa dos Direitos da Pessoa Humana – Comissão Especial "Atingidos por Barragens," Resoluções n°s 26/06, 31/06, 01/07, 02/07, 05/07 (2010), 54. Available at https://mab.org.br/publicacao/relatorio-violacao-de-direitos-das–populacoes-atingidas-cddph/#. Retrieved Dec. 18, 2024.

7 The participants of the meeting came from sixteen Brazilian states (Rio Grande do Sul, Santa Catarina, Paraná, São Paulo, Minas Gerais, Goiás, Mato Grosso, Bahia, Espírito Santo, Ceará, Paraíba, Pernambuco, Tocantins, Maranhão, Pará, and Rondônia) and three other countries (Argentina, Paraguay, and Mexico).

8 The collapse of Mariana's (2015) and Brumadinho's (2019) dams are among the worst environmental and humanitarian disasters in Brazil's recent history. Together, they killed nearly three hundred people. They also caused an ecological imbalance that mainly affected the Doce and Paraopeba rivers, as well as the surrounding communities. Both dams were managed by Vale, a mining company created in 1942 during the Getúlio Vargas (1882-1954) administration to mine iron ore in southern Minas Gerais. In the case of Mariana, Vale operated together with the Anglo-Australian company BHP Billiton, through the joint venture Samarco. They were held accountable and ordered to carry out reparation and compensation actions and to pay compensation and financial aid to the people affected. As of the publication of this catalog, no company has been sentenced and/or

dos dois encontros da coordenação nacional do MAB para confecção e escolha das peças: um na Escola Nacional Florestan Fernandes, em 2013, e outro no Centro de Formação Vicente Cañas do Conselho Indigenista Missionário (Cimi), no ano de 2014, em Luziânia, Goiás. A exposição aconteceu em 2015.

10 A oficina foi realizada em Buenos Aires, no contexto da exposição *Retazos testimoniales: arpilleras de Chile y otras latitudes* [Retalhos testemunhais: arpilleras do Chile e outras latitudes], no Parque de la Memoria, de 28.9 a 10.11.2013, com curadoria de Roberta Bacic. Disponível em https://cain.ulster.ac.uk/conflicttextiles/search-quilts2/fullevent1/?id=122. Acesso em 1.11.2024.

11 *Arpilleras e resistência política no Chile*, Memorial da Resistência, São Paulo, 30.7-30.10.2011. Ver https://memorialdaresistenciasp.org.br/exposicao/arpilleras/. Acesso em 1.11.2024.

12 A Conflict Textiles abriga uma grande coleção internacional de têxteis, além de organizar exposições e eventos com foco em conflitos e violações de direitos humanos. Para mais informações, ver https://cain.ulster.ac.uk/conflicttextiles/. Acesso em 9.10.2024.

13 Ver https://cain.ulster.ac.uk/conflicttextiles/searchquilts2/fullevent1/?id=122. Acesso em 1.11.2024.

held accountable for the Brumadinho tragedy.

9 The collective curatorial process occurred between 2013 and 2014, after the return from Argentina. Two meetings of the MAB national coordination were held to create and select the pieces: one at Escola Nacional Florestan Fernandes, in 2013, and another one in Luziânia, at the Centro de Formação Vicente Cañas, of the Conselho Indigenista Missionário (CIMI), 2014. The exhibition was held in 2015.

10 The workshop was held in Buenos Aires, in the context of the exhibition *Retazos testimoniales: arpilleras de Chile y otras latitudes* [Testimonial Scraps: Arpilleras from Chile and Other Parts of the World], at Parque de la Memoria, from September 28 to November 10, 2013, curated by Roberta Bacic. Available at https://cain.ulster.ac.uk/conflicttextiles/search-quilts2/fullevent1/?id=122. Retrieved Nov. 1, 2024.

11 *Arpilleras e resistência política no Chile* [Arpilleras and Political Resistance in Chile], Memorial da Resistência, São Paulo, July 30 to October 30, 2011. See https://memorialdaresistenciasp.org.br/exposicao/arpilleras/. Retrieved Nov. 1, 2024.

12 Conflict Textiles houses a large international collection of textiles and organizes exhibitions and events focusing on conflict and human rights violations. For more information, see https://cain.ulster.ac.uk/conflicttextiles/. Retrieved Oct. 9, 2024.

13 See https://cain.ulster.ac.uk/conflicttextiles/searchquilts2/fullevent1/?id=122. Retrieved Nov. 1, 2024.

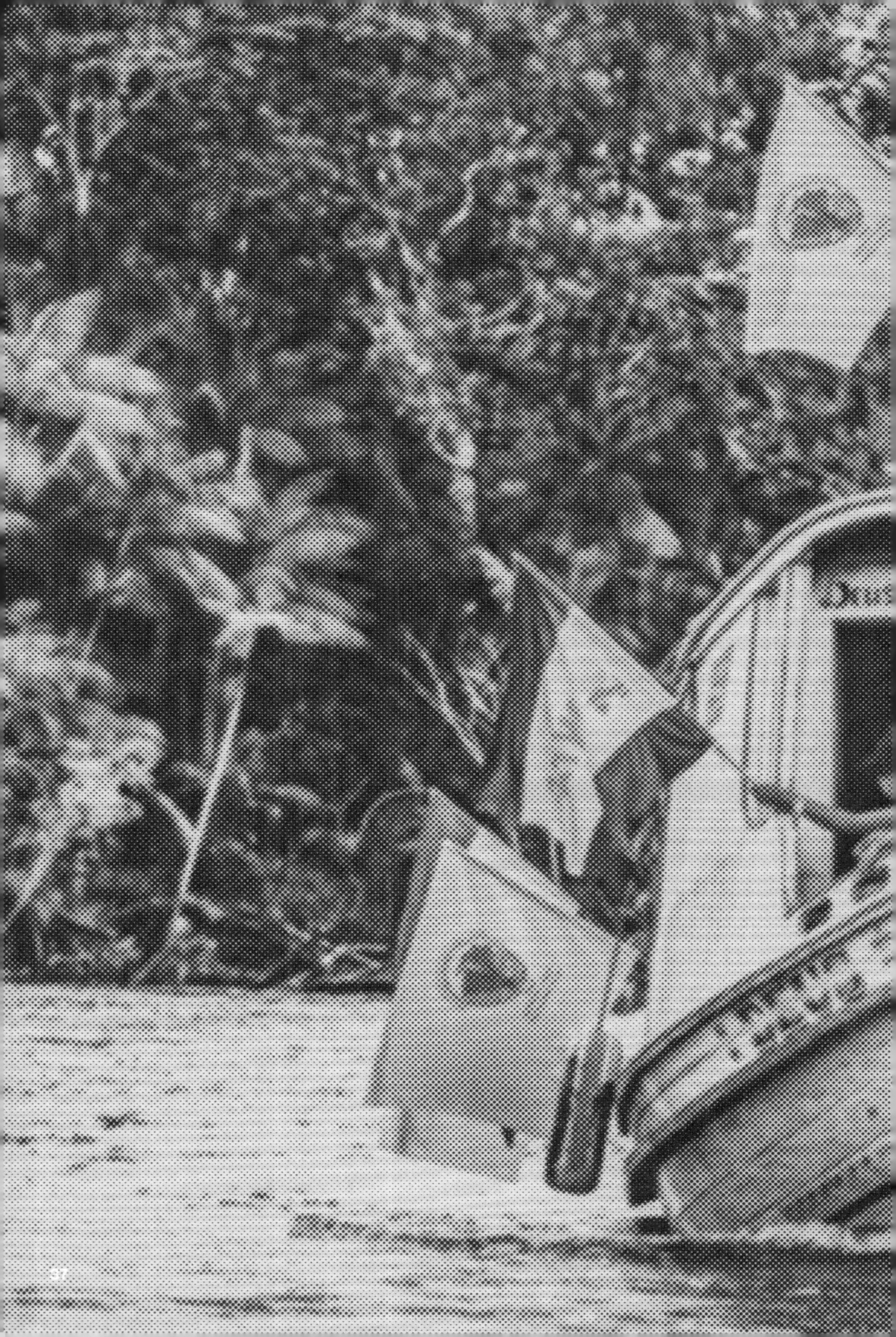
37

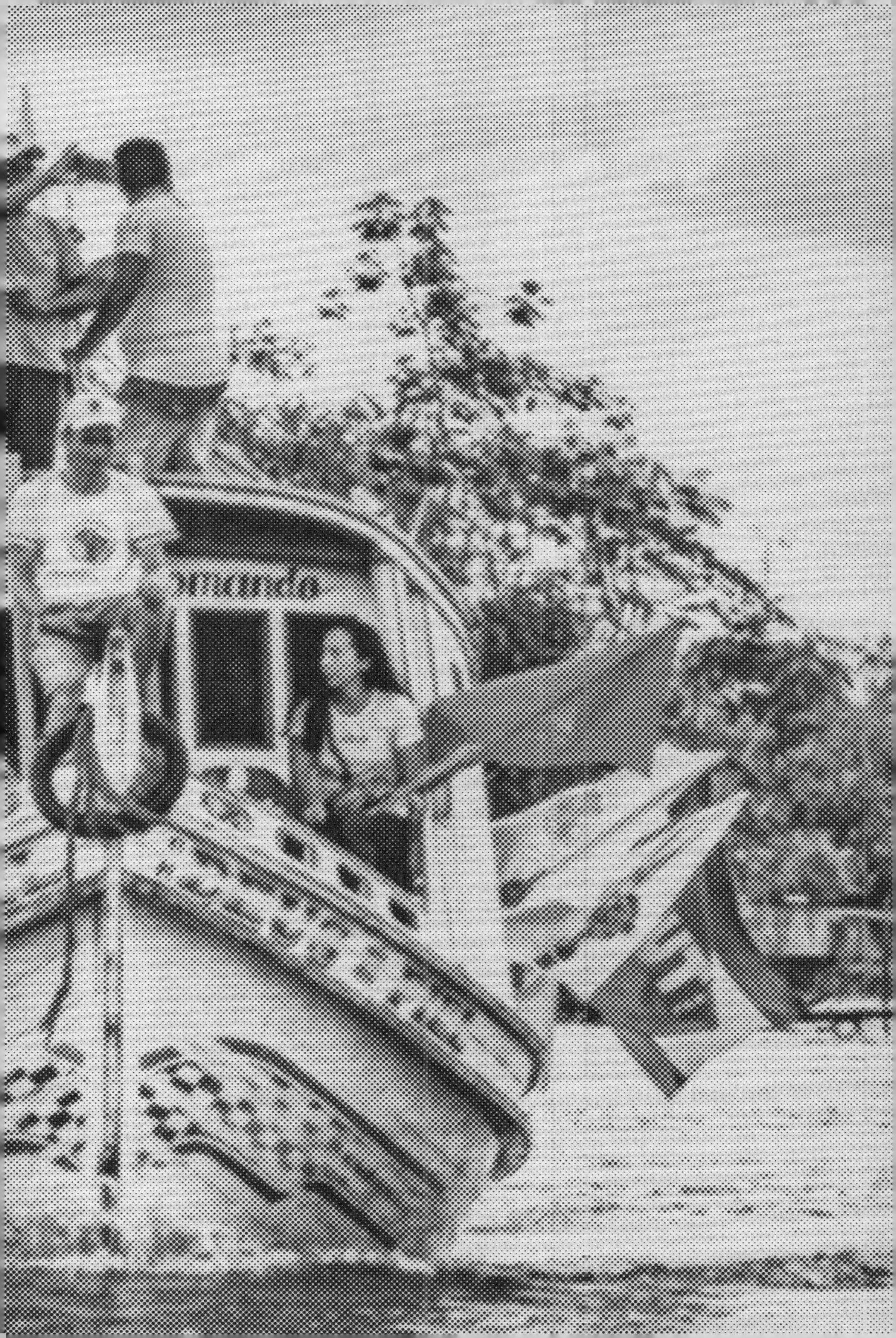

Os textos que acompanham as arpilleras neste livro foram produzidos coletivamente e editados por Danilo Cavalcante, Glaucea Helena de Britto, Isabella Rjeille e Louise Löbler a partir das informações fornecidas e coletadas pelo Movimento dos Atingidos por Barragens (MAB). Grande parte das arpilleras são acompanhadas por cartas escritas pelo coletivo de mulheres que produziu as peças. As cartas podem ser lidas na íntegra no site do MAB (https://mab.org.br).

Todas as obras pertencem à coleção do MAB, exceto quando indicado de outro modo, e a técnica utilizada é bordado sobre tecido.

The texts accompanying the arpilleras in this book were written and edited collectively by Danilo Cavalcante, Glaucea Helena de Britto, Isabella Rjeille, and Louise Löbler, based on information provided and collected by the Movimento dos Atingidos por Barragens [Movement of People Affected by Dams] (MAB). Most of the arpilleras are paired with letters written by the women's collective that created them. These letters can be read on the MAB website (https://mab.org.br).

All works are part of the MAB collection, unless otherwise noted, and were made using needlework on fabric.

Reproduções dos trabalhos

Reproductions of Works

Coletivo Nacional de Mulheres do MAB [MAB National Women's Collective]

38. ***Onde estão nossos direitos?*** [Where Are Our Rights?], 2013
65 × 60 cm
Coleção [Collection] Conflict Textiles, doação [gift] MAB no contexto da exposição [in the context of the exhibition] *Textile Accounts of Conflicts* [Relatos têxteis de conflito], 2014, Letterkenny, Irlanda [Ireland]

Esta foi a primeira arpillera confeccionada pelas mulheres atingidas do MAB, fruto de uma oficina realizada na exposição *Retazos testimoniales: arpilleras de Chile y otras latitudes* [Retalhos testemunhais: arpilleras do Chile e outras latitudes] (2013), no Parque de la Memoria, em Buenos Aires. A partir dessa experiência, as integrantes do MAB realizaram oficinas de arpillería em todo o Brasil. O título da peça é uma indagação com base na história das mulheres chilenas durante a ditadura de Augusto Pinochet (1915-2006), que questionavam: "Onde estão os desaparecidos?". Para as mulheres atingidas no Brasil, a pergunta é: "Onde estão nossos direitos?". De acordo com o relatório do Conselho de Defesa dos Direitos da Pessoa Humana (CDDPH) de 2010, a implementação das barragens tem causado a violação de dezesseis direitos humanos em todo o Brasil. A peça retrata o país dentro de uma grande barragem, enquanto simboliza algumas das principais violações sofridas pelas mulheres, como a perda do sustento e dos vínculos comunitários, a privatização dos rios e o aumento da violência.

This was the first arpillera made by MAB's Women Affected by Dams, the result of a workshop held during the exhibition *Retazos testimoniales: arpilleras de Chile y otras latitudes* [Testimonial Scraps: Arpilleras from Chile and Other Latitudes], which took place in 2013 at Parque de la Memoria in Buenos Aires, Argentina. Inspired by this experience, MAB members began organizing arpillera workshops throughout Brazil. The title of the piece poses a question based on the history of Chilean women during Augusto Pinochet's (1915-2006) dictatorship, when they asked: "Where are the disappeared?" For the women in Brazil, the question is: "Where are our rights?" According to a 2010 report from the Council for the Defense of Human Rights (CDDPH), the construction of dams violates sixteen human rights across the country. The piece portrays the Brazilian territory trapped inside a massive dam while symbolizing some of the main violations suffered by women, such as the loss of livelihood and community ties, the privatization of rivers, and increasing violence.

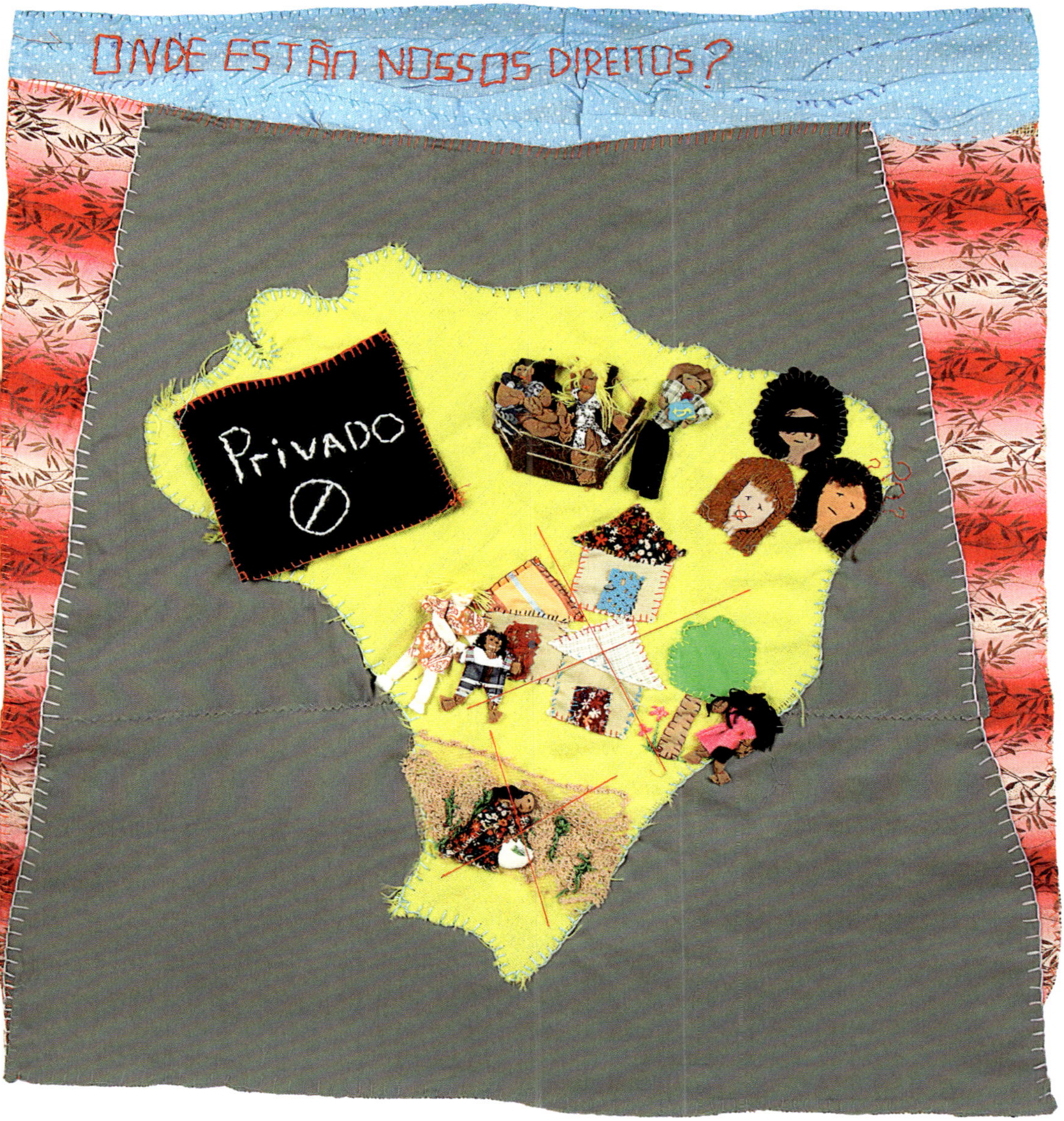
ONDE ESTÃO NOSSOS DIREITOS?
PRIVADO

Coletivo Nacional de Mulheres do MAB
[MAB National Women's Collective]

39. ***Mulheres, água e energia não são mercadorias!*** [Women, Water, and Energy Are Not Commodities!], 2014
50 × 60 cm
Memorial da América Latina, doação [gift] Movimento dos Atingidos por Barragens no contexto da exposição *Arpilleras: bordando a resistência* [in the context of the exhibition *Arpilleras: Embroidering Resistance*], 2015, São Paulo

Nesta arpillera, várias cenas apresentam as condições ideais para que a participação das mulheres na sociedade seja efetiva: a necessidade de uma divisão igualitária no trabalho doméstico e de cuidados com os familiares é representada pelo homem que carrega uma criança no colo; o fomento dos processos de empoderamento pode ser associado à presença de espaços específicos para a auto-organização das mulheres, que são retratadas ao redor da bandeira do MAB; a autonomia financeira para tomar as próprias decisões é simbolizada pela nota com o cifrão; a reivindicação do direito de lutar e não ser criminalizada por isso acompanha o rosto de uma figura atrás das grades; o acesso às políticas públicas, como educação e saúde, pode ser relacionado ao livro e à cruz vermelha, respectivamente; e a reivindicação pelo fim da violência doméstica contra as mulheres é representada pelas palavras de ordem escritas. Ao centro, as mulheres participam da luta coletiva, com o grito: "Mulheres, água e energia não são mercadorias!".

In this arpillera, various scenes depict the ideal conditions for women's effective participation in society. The need for an equal division of domestic work and a balance in the care for family members is represented by a man holding a child in his arms. The empowerment of women can be associated with the presence of specific spaces for their self-organization, as portrayed by the group gathered around the MAB flag. Financial autonomy to make independent decisions is symbolized by the banknote with a dollar sign. The demand for the right to struggle without being criminalized accompanies the face of a figure behind bars. Access to public policies, such as education and healthcare, can be related to the image of the book and the red cross, respectively. Likewise, the fight to end domestic violence against women is expressed through the written slogans. At the center, women participate in the collective struggle, chanting: "Women, water, and energy are not commodities!"

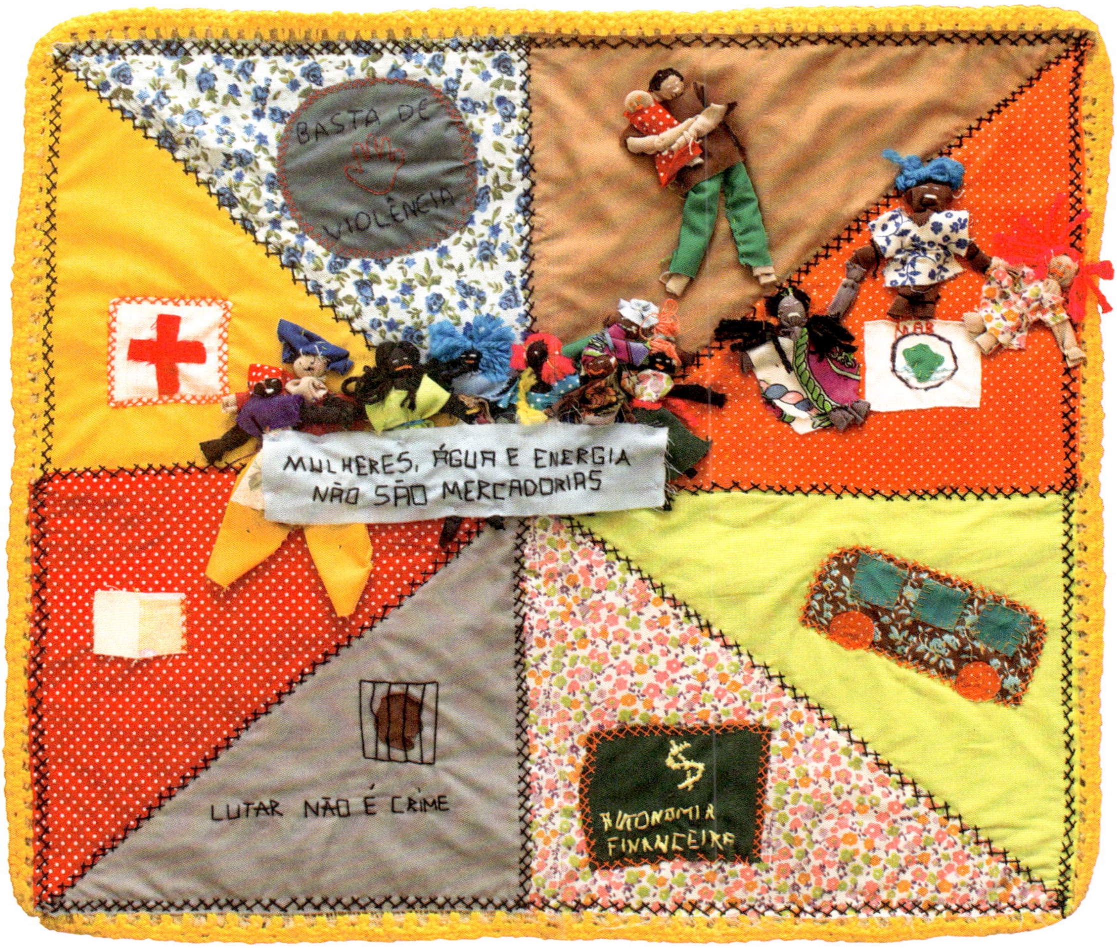
BASTA DE VIOLÊNCIA
MULHERES, ÁGUA E ENERGIA NÃO SÃO MERCADORIAS
LUTAR NÃO É CRIME
AUTONOMIA FINANCEIRA

Mulheres Atingidas do acampamento Ilha Verde, Babaçulândia, Tocantins
[Women Affected by Dams from the Ilha Verde encampment, Babaçulândia, Tocantins]

40. ***Saúde popular é um direito*** [Universal Health Care Is a Right], 2014
65 × 61 cm

Maria, moradora da ilha por 48 anos, foi expulsa pela construção da barragem da Usina Hidrelétrica Estreito, junto a outras 120 pessoas. Para Maria, o cuidado com a saúde associado aos modos tradicionais da vivência no campo foi um dos aspectos da vida em comunidade mais afetados pela construção da barragem, como ela declarou na época: "Lá, a farmácia era do campo: era fazer um chá, utilizava a goma da mandioca pra diarreia, cortava aquela água da bananeira, colocava em cima do cortado e estancava o sangue. [...] A alimentação era totalmente diferente, não comia nada enlatado, não comia nada de química, plantava sua horta e tirava tudo dali, também o seu sustento. [...] Nós fomos enganados, pois disseram que com a barragem haveria melhorias de vida para os moradores e para o Brasil, mas não foi verdade, pois nos postos de saúde da cidade não tem atendimento, nem medicamentos para todos, muito menos espaços adequados e de qualidade".

Maria, who has lived on the island for 48 years, was displaced by the dam construction of Estreito Hydroelectric Power Plant, along with 120 other people. For Maria, healthcare services and the preservation of traditional ways of living were among the aspects of community life most affected by the dam's construction, as she stated by the time: "Back then, our pharmacy was in our fields, we would make tea, we would use cassava starch to cure diarrhea, we would cut banana leaves and use their liquid to stop our wounds from bleeding. [...] Our food was different, we'd never eat canned food or anything with chemicals, we would always take everything from our vegetable gardens that were also our livelihood. [...] We were lied to, they told us the dam would improve our lives on the island; that it would be good for Brazil; but it wasn't true, our health centers are empty of staff, there is no medication or adequate and proper spaces."

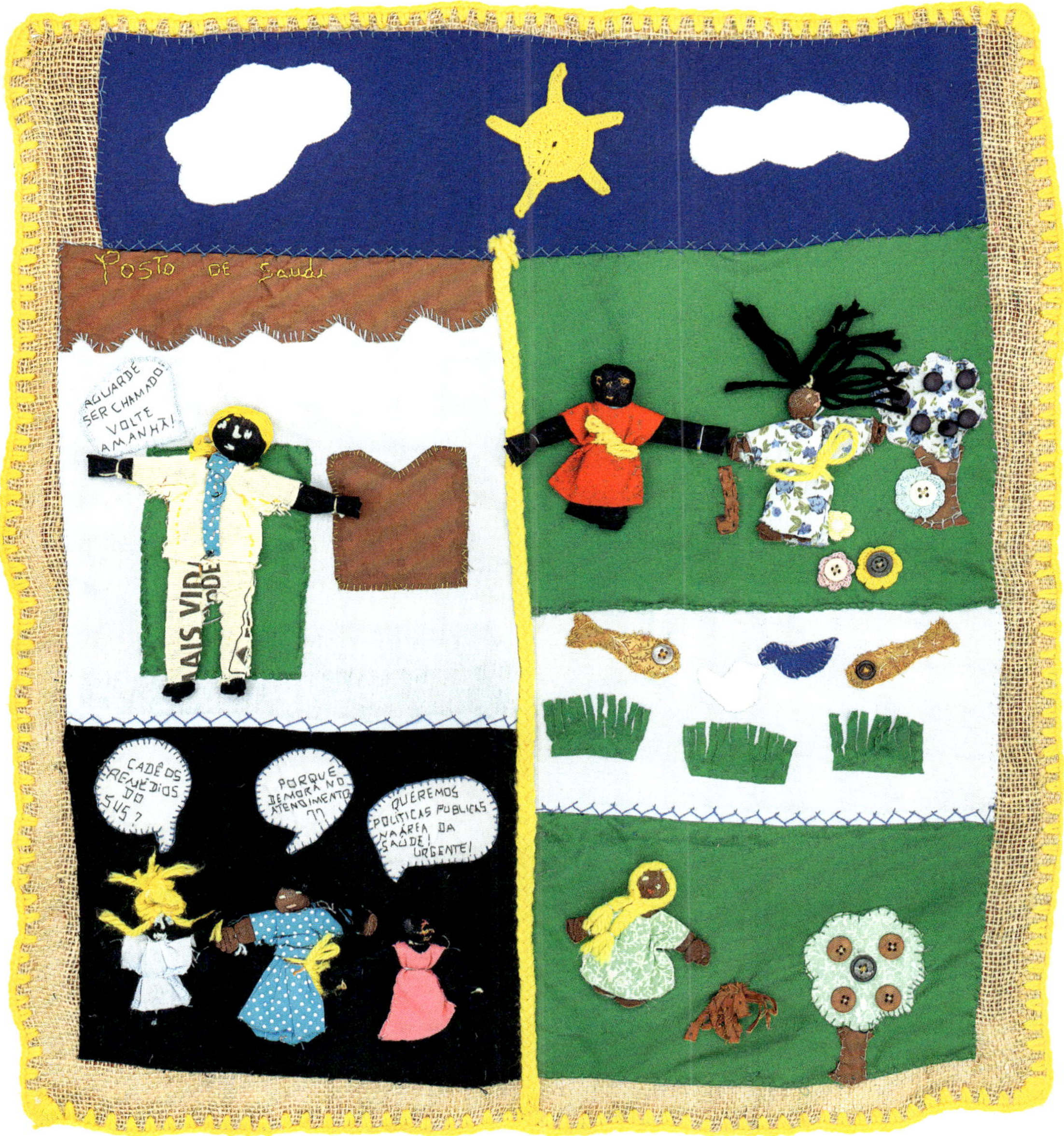
Posto de Saúde
AGUARDE SER CHAMADO! VOLTE AMANHÃ!
CADÊ OS REMÉDIOS DO SUS?
PORQUE DEMORA NO ATENDIMENTO ??
QUEREMOS POLITICAS PUBLICAS NA ÁREA DA SAÚDE! URGENTE!

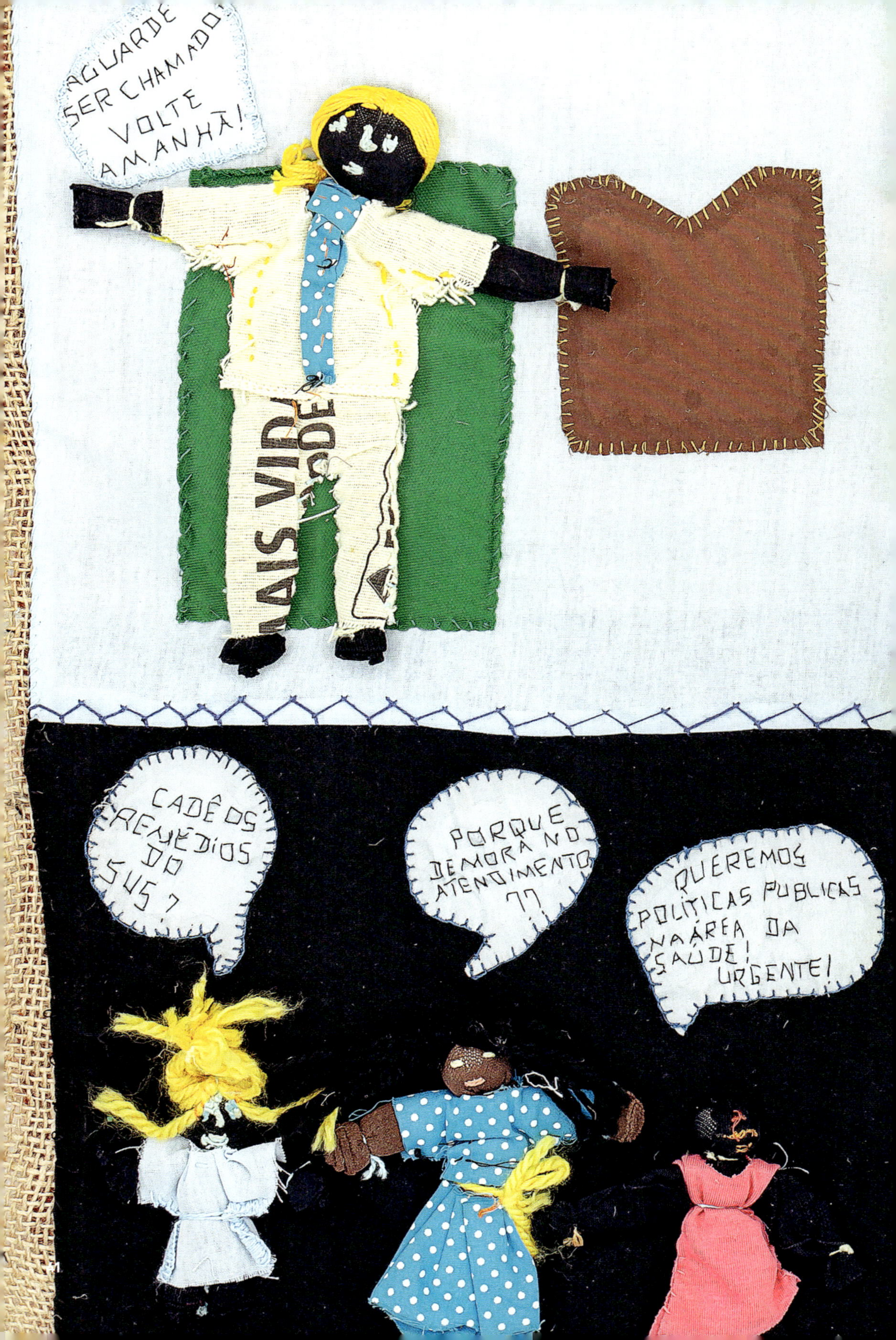
AGUARDE SER CHAMADO VOLTE AMANHÃ!
CADÊ OS REMÉDIOS DO SUS?
PORQUE DEMORA NO ATENDIMENTO ??
QUEREMOS POLÍTICAS PUBLICAS NA ÁREA DA SAÚDE! URGENTE!

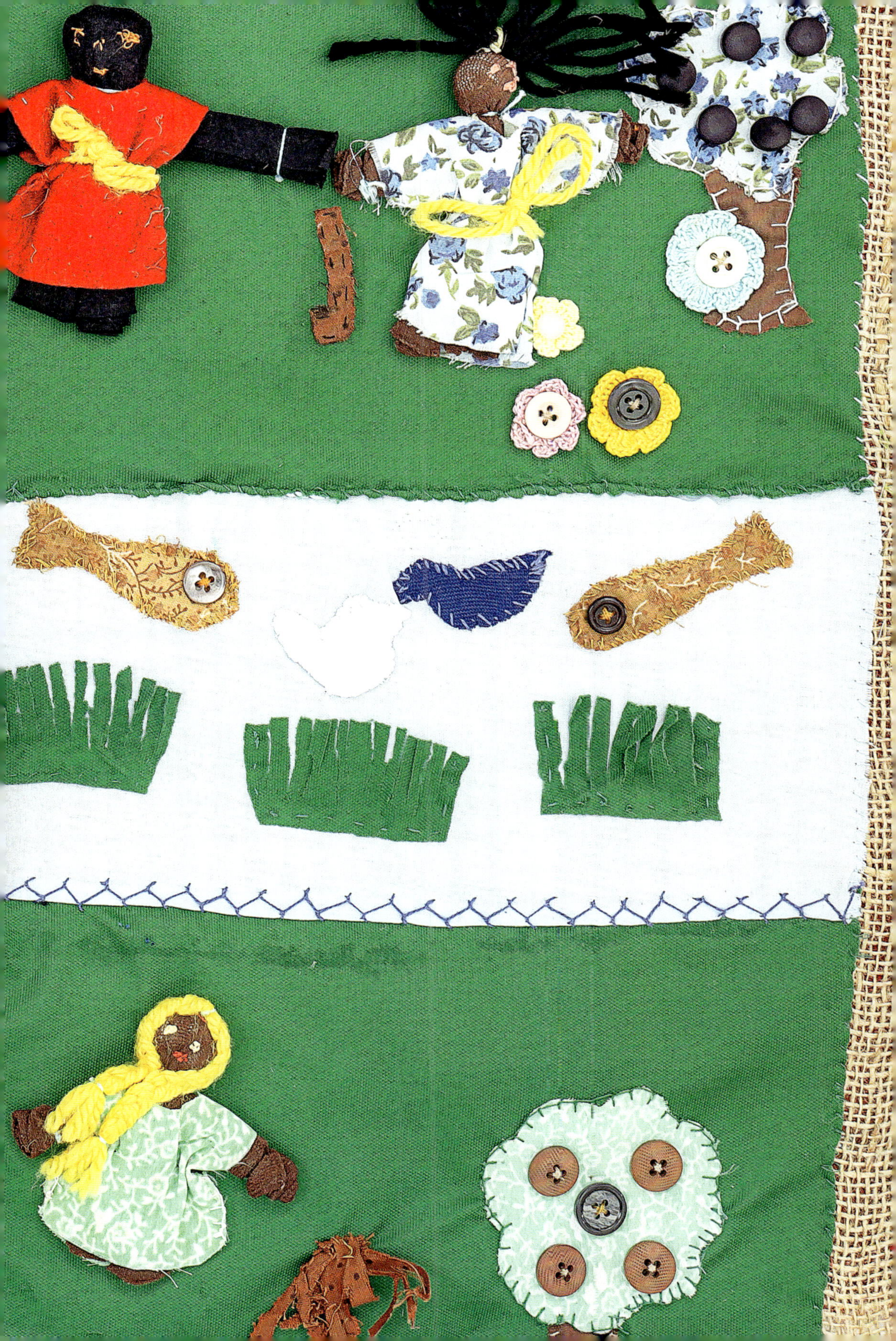

Mulheres Atingidas da região de Itaituba, Pará [Women Affected by Dams from the Itaituba region, Pará]

42. ***O preço da luz é um roubo*** [Electricity's Price Is a Rip-Off], 2014
41 × 59 cm

As contradições do modelo energético brasileiro são um dos temas desta arpillera. As empresas de distribuição elétrica, focadas no lucro, deixam de levar energia para populações afastadas dos grandes centros urbanos. Lançado em 2003, o programa do Governo Federal "Luz para Todos" levou energia elétrica para 15,5 milhões de pessoas; no entanto, em 2014, ainda havia cerca de 200 mil famílias sem acesso à energia elétrica. Dividida em duas partes, essa arpillera retrata a realidade das mulheres que vivem nas redondezas de Itaituba. Antes da chegada da energia elétrica em sua comunidade, elas executavam suas atividades domésticas, como o crochê (representado na peça), à luz de uma lamparina. Após muita luta, a eletricidade chegou em 2014 e, junto com ela, os valores altíssimos das contas. Representado por um comprido filete branco, o boleto contrasta com os pratos vazios sobre a mesa, ressaltando a cruel escolha imposta aos agricultores: eletricidade ou comida.

The contradictions of the Brazilian energy system are one of the themes depicted in this arpillera. Focused solely on profits, power companies fail to provide power to communities located far from major urban centers. Launched in 2003, the Brazilian Government program "Luz para Todos" [Light for All] brought electricity to 15.5 million people; however, by 2014, 200 thousand families still had no access to electricity. Divided into two parts, this arpillera portrays the reality of women who live in the surroundings of Itaituba. Before electric energy reached this community, they carried out their domestic chores and activities, such as crocheting (as depicted in the piece), by lamplight. After great struggle, electricity arrived in their community in 2014, along with very expensive electricity bills. The bill appears as a long white strip, presenting a contrast with the empty plates on the table, as it highlights the cruel dilemma imposed on farmers: to choose between electricity and food.

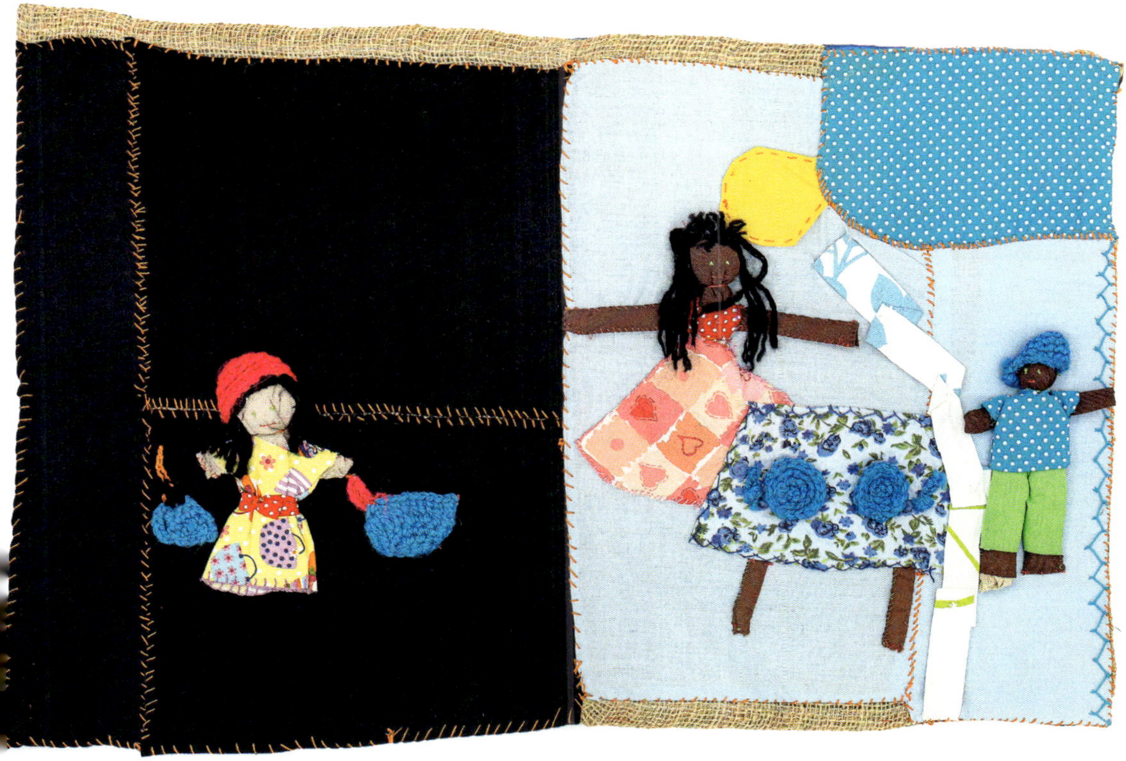

Coletivo Nacional de Mulheres do MAB [MAB National Women's Collective]

43. ***Afogadas pelo modelo energético*** [Drowned by the Energy System], 2014
44 × 52 cm

Esta peça denuncia os impactos que um modelo de produção energética que prioriza o lucro exerce na vida das famílias atingidas pela construção de barragens. O Brasil possui a sexta tarifa de eletricidade mais cara do mundo, embora grande parte dessa energia seja gerada por hidrelétricas, a forma mais barata de produzi-la. Esse modelo energético privatiza os rios, transformando-os em reservatórios, o que impacta o meio ambiente, a pesca e a vida das famílias que dependem desses recursos para sobreviver. Os direitos das populações afetadas por esse modelo são frequentemente considerados custos que devem ser reduzidos. Quando as indenizações são pagas, muitas vezes apenas o direito do homem como proprietário é reconhecido, invisibilizando as mulheres. Essa arpillera representa a sensação das comunidades atingidas, que se sentem "enforcadas" pela barragem e sufocadas por esse modelo energético. No entanto, também manifesta a esperança por meio da mobilização popular e da luta por direitos.

This piece exposes the impact of an energy production system that prioritizes profit on the lives of families affected by the construction of dams. Brazil has the sixth highest electricity tariff in the world, despite the fact that a large portion of this energy is generated by hydroelectric power plants, the cheapest method of energy production. This energy system privatizes rivers, turning them into reservoirs, which harms the environment, fishing, and the livelihoods of families who rely on these resources to survive. The rights of communities affected by this energy system are often treated as costs to be minimized. When compensations are paid, oftentimes only men have their right as property owners recognized, and women are cast aside and rendered invisible. This arpillera reflects the feelings of the communities impacted by the dams; they feel "choked" by the dam and suffocated by this energy system. Nevertheless, it also represents the hope that emerges from the people's struggle for rights.

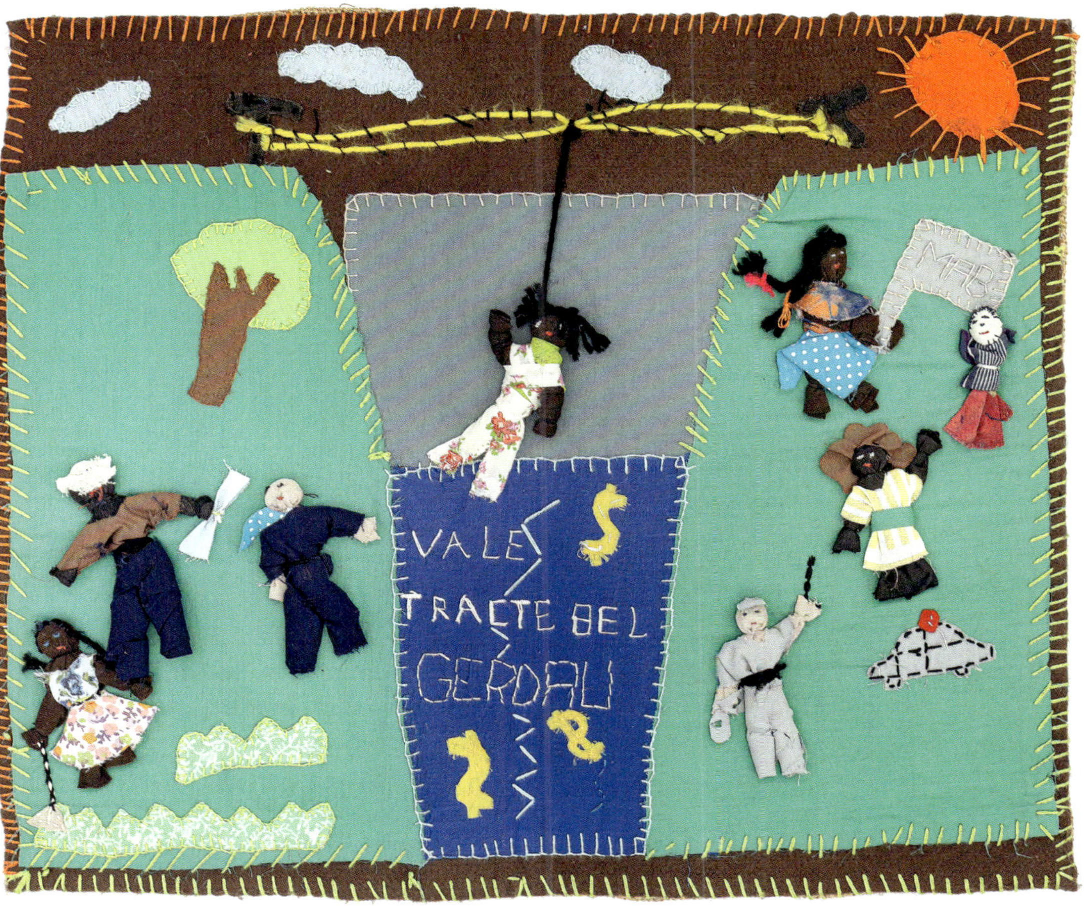
MAB
VALE
TRACTE BEL
GERDAU

Mulheres Atingidas de Altamira, Pará [Women Affected by Dams from Altamira, Pará]

44. ***Boate Xingu***
[Xingu Nightclub], 2014
59 × 73 cm

A chegada da Usina Hidrelétrica de Belo Monte, em 2011, além de provocar um aumento expressivo na população da cidade de Altamira por causa da presença de trabalhadores, também elevou o número de casos de violência, exploração infantil, prostituição, cárcere privado e tráfico de pessoas. O aumento dessas ocorrências foi apontado pelo relatório produzido pela Universidade Federal do Pará (UFPA), apoiado pela Secretaria de Direitos Humanos (SDH) e publicado em 2012. Mulheres e meninas de comunidades indígenas e tradicionais figuram como vítimas desses casos de exploração sexual. Esta arpillera narra a história de uma menina de 16 anos que conseguiu fugir da Boate Xingu em 2013, denunciando que vivia sob exploração sexual e cárcere privado. A arpillera retrata o trânsito de homens uniformizados – representando os trabalhadores da usina – entre a Boate Xingu e o Hotel Barrageiro, local em que recebiam as prostitutas. O hotel ficava próximo às escolas, tornando a prostituição parte do cotidiano da comunidade.

The Belo Monte Hydrolectric Power Plant's construction in 2011 caused a significant increase in the population of Altamira, due to the arrival of workers. It also led to a rise in cases of violence, child exploitation, prostitution, abduction and captivity, and human trafficking. The rise in these incidents was reported in a study conducted by Universidade Federal do Pará (UFPA), backed by the Human Rights Office (SDH) and published in 2012. Women and girls from Indigenous and traditional communities were the victims of these cases of sexual exploitation. This arpillera tells the story of a 16-year-old girl who managed to escape Boate Xingu in 2013 and then reported that she was being sexually exploited and held in captivity. The arpillera portrays the movement of men in uniform–representing the power plant workers–between Boate Xingu and Hotel Barrageiro, where they would meet prostitutes. The hotel was located near schools, making prostitution part of the community's daily life.

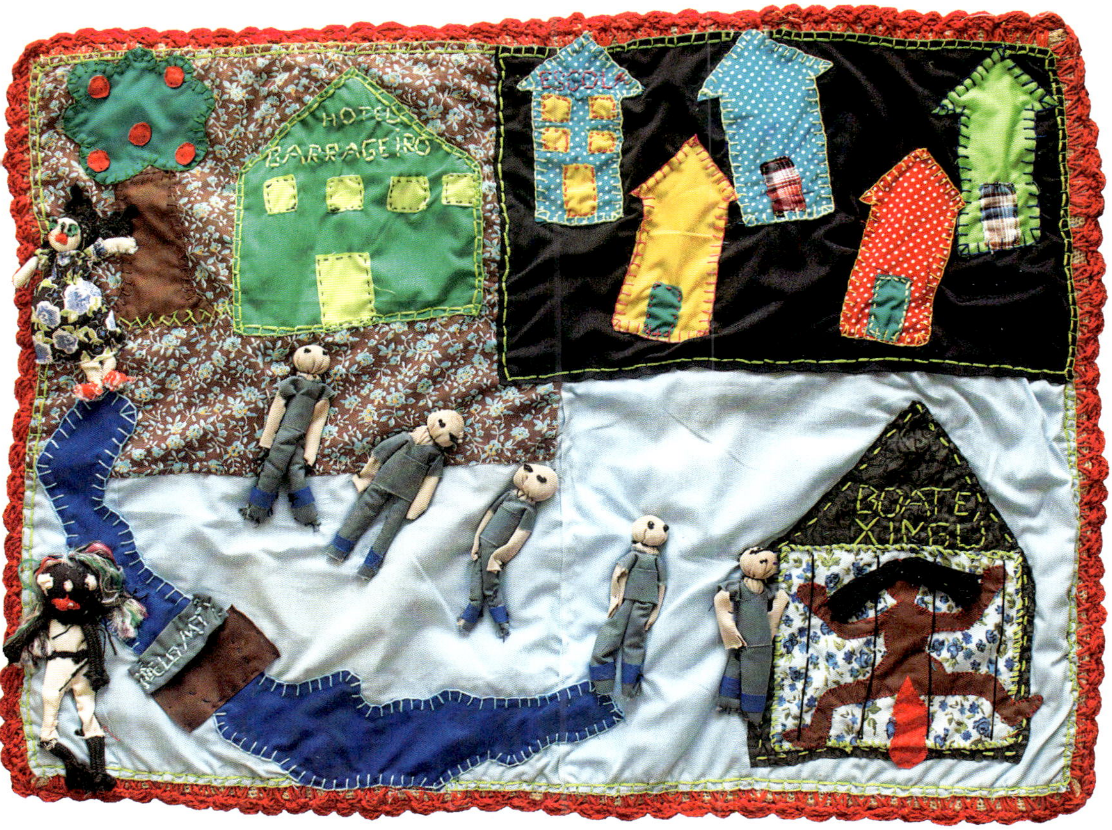
HOTEL
BARRAGEIRO
ESCOLA
BOATE
XINGU

Coletivo Nacional de Mulheres do MAB [MAB National Women's Collective]

45. ***A dupla violação do trabalho das atingidas***
[The Double Violation of the Work of Women Affected by Dams], 2014
45 × 53 cm

O recorte de gênero é fundamental na análise dos impactos que a construção de uma barragem causa na vida das atingidas, favorecendo uma reivindicação de direitos mais justa e igualitária. Esta arpillera aborda a violação do trabalho das mulheres atingidas, tanto antes quanto depois da construção da Usina Hidrelétrica de Irapé, em Minas Gerais. A peça retrata mulheres envolvidas em diversas tarefas, como a pesca, a caça, a lavoura, o extrativismo e o cuidado de crianças – todas atividades laborais femininas que não são reconhecidas como trabalho, mas entendidas apenas como "ajuda". Após a chegada da barragem, que divide a cena, surgem duas figuras que evocam a memória dos recursos gerados pela pesca e constatam a atual situação de escassez de peixes no rio. A barragem também provocou a contaminação da água por sulfetos, causando problemas de pele nas mulheres que lavam suas roupas no rio.

The gender perspective is essential in analyzing the impacts that the construction of a dam has on the lives of those affected, as it allows for a more just and equal demand for rights. This arpillera addresses the violation of the labor of women, both before and after the construction of the Irapé Hydroelectric Power Plant in Minas Gerais. The piece portrays women involved in various tasks, such as fishing, hunting, farming, extracting resources, and caring for children–female labor activities that are not recognized as work but rather understood as "help." Two figures evoke the memory of the resource generated by fishing and note the current scarcity of aquatic life in the river after the construction of the dam, which divides the scene. The dam also caused the contamination of the water by sulfides, which triggers skin problems in women who wash their clothes in the river.

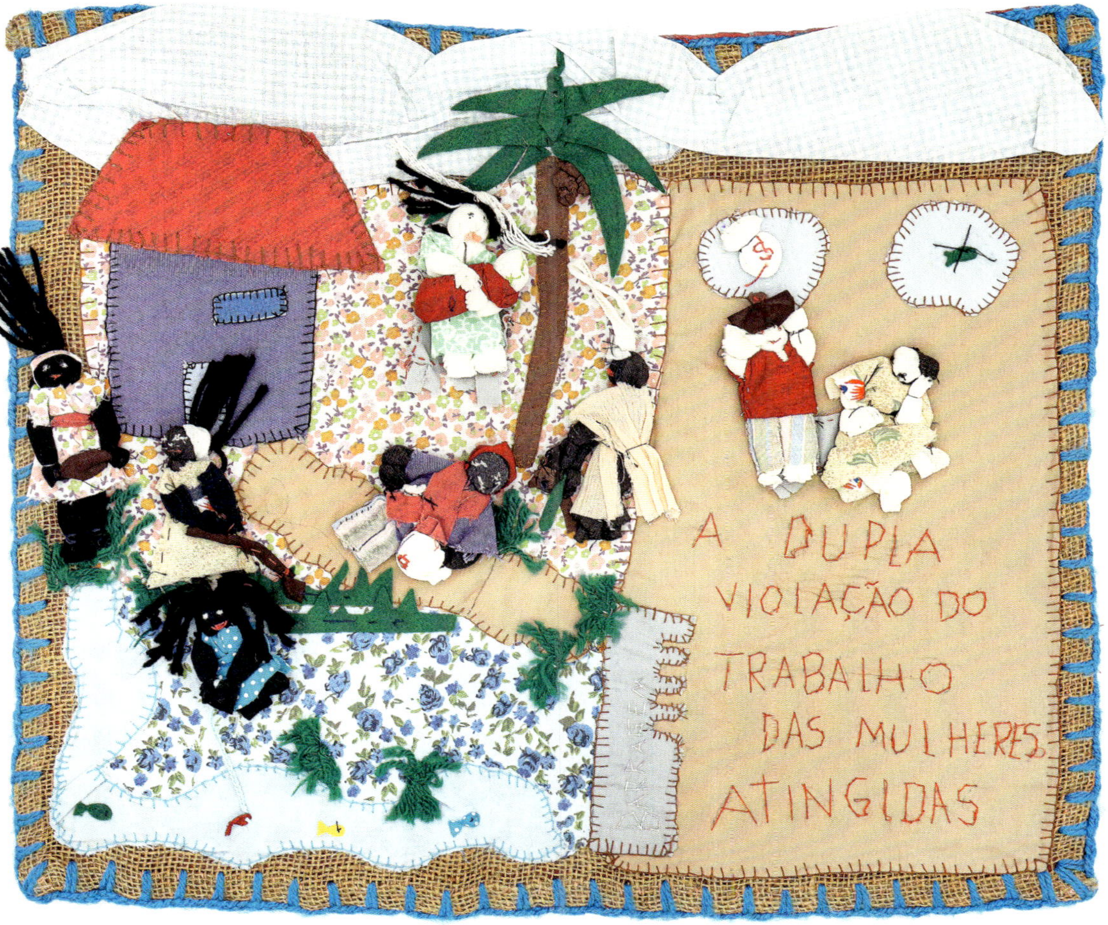
A DUPLA
VIOLAÇÃO DO
TRABALHO
DAS MULHERES
ATINGIDAS

Mulheres Atingidas de Candeias do Jamari e Itapuã do Oeste, Rondônia
[Women Affected by Dams from Candeias do Jamari and Itapuã do Oeste, Rondônia]

46. ***Deita que eu quero***
[Lie Down 'Cause I Want It],
2014
46 × 91 cm

Essa arpillera aborda as violações vividas pelas mulheres de Itapuã do Oeste, atingidas pela barragem de Samuel. Há mais de 26 anos elas lutam pela reparação das perdas causadas pela construção da barragem. Essa peça revela os efeitos nocivos que a obra trouxe para as vidas pública e privada das atingidas. Enquanto, na vida pública, a comunidade sofria com a falta de acesso à energia elétrica e a escassez de pesca e caça, no âmbito privado a violência sexual imperava. As mulheres relatavam casos de abuso sexual cometidos pelos trabalhadores da barragem, culminando, por vezes, em situações de maternidade compulsória. Na cidade vizinha a Itapuã, Jaci Paraná, onde o canteiro de obras da Usina Hidrelétrica de Jirau está localizado, os casos de estupro subiram em 200% após o início da construção, evidenciando a importância do recorte de gênero na abordagem dos impactos causados pelas barragens.

This arpillera addresses the violations suffered by the women of Itapuã do Oeste, who were affected by the Samuel Dam. For over 26 years, they have been fighting for compensation for the losses caused by the dam construction. This piece reveals the harmful effects this enterprise had on the public and private lives of the women. In public life, the community suffered from lack of electricity and shortage of fishing and hunting, while in the private sphere, sexual violence prevailed. Women reported cases of sexual abuse committed by dam workers, sometimes culminating in situations of forced motherhood. In a neighboring city of Itapuã, Jaci-Paraná, where the Jirau Hydroelectric Power Plant is located, cases of rape increased by 200% after the construction began, highlighting the importance of the gender perspective in addressing the impacts of dams.

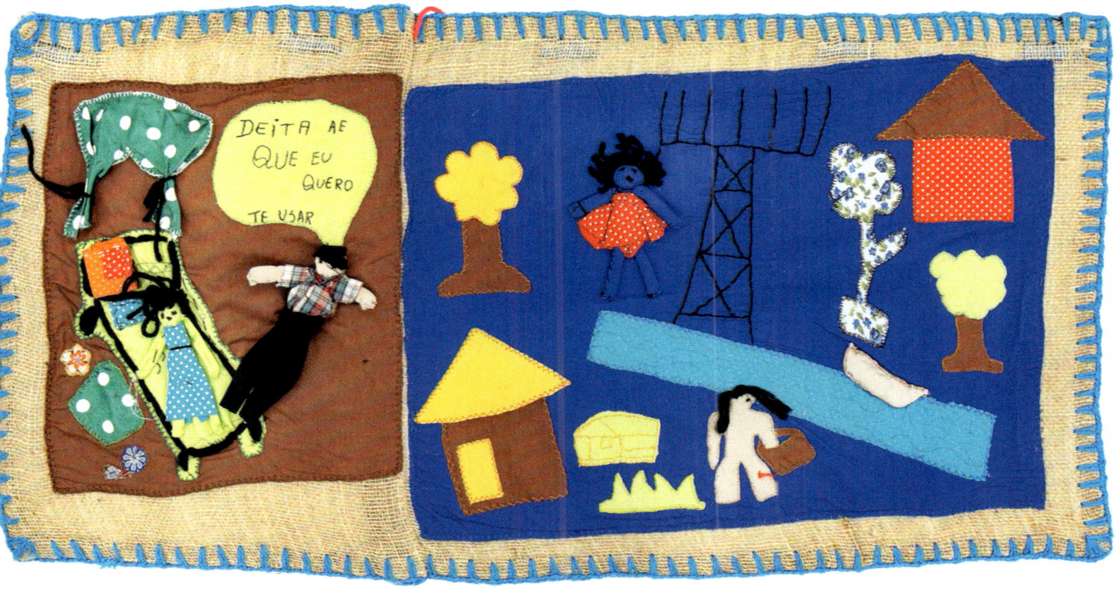
DEITA AE QUE EU QUERO TE USAR

Coletivo Nacional de Mulheres do MAB [MAB National Women's Collective]

47. ***Prostituição nas barragens*** [Prostitution at the Dams], 2014
50,5 × 58 cm

O aumento da prostituição e da violência contra as mulheres acontece em quase todas as construções de barragens no Brasil. Essa arpillera relata a realidade das mulheres atingidas pelas barragens de Campos Novos, em Santa Catarina; Santo Antônio e Jirau, em Rondônia; e Belo Monte, no Pará. O crescimento no número dos prostíbulos se dá desde o anúncio da construção de uma barragem. Segundo um relatório da plataforma Dhesca Brasil, de 2011, na barragem de Jirau, por exemplo, foi identificada a presença de um "cartão fidelidade", pago aos trabalhadores que "não faltavam, não adoeciam, não tiravam férias e não visitavam a família". Esse valor mensal de até R$ 600, acertado por fora da folha de pagamento, era aceito nos prostíbulos da região. Enquanto os relatos de violência de gênero aumentavam, os serviços relacionados à proteção da mulher eram inexistentes. As delegacias especializadas, quando existiam, eram distantes e não funcionavam 24 horas, deixando as mulheres completamente desassistidas.

Prostitution and violence against women have increased in almost all dam construction sites in Brazil. This arpillera reports on the reality of women affected by the dams of Campos Novos, in Santa Catarina; Santo Antônio and Jirau, in Rondônia; and Belo Monte, in Pará. The number of brothels begins to grow with the dam construction announcement. At the Jirau Dam, a 2011 report by the Dhesca Brasil platform identified the presence of a "loyalty card" paid to workers who "didn't miss work, didn't get sick, didn't take vacations, and didn't visit their families." This monthly amount of up to R$600 (roughly US $100), paid outside of the payroll, was accepted in the brothels of the region. While reports of gender-based violence increased, services related to the protection of women were non-existent. Specialized police stations, when available, were far away and did not operate 24 hours a day, leaving women completely unassisted.

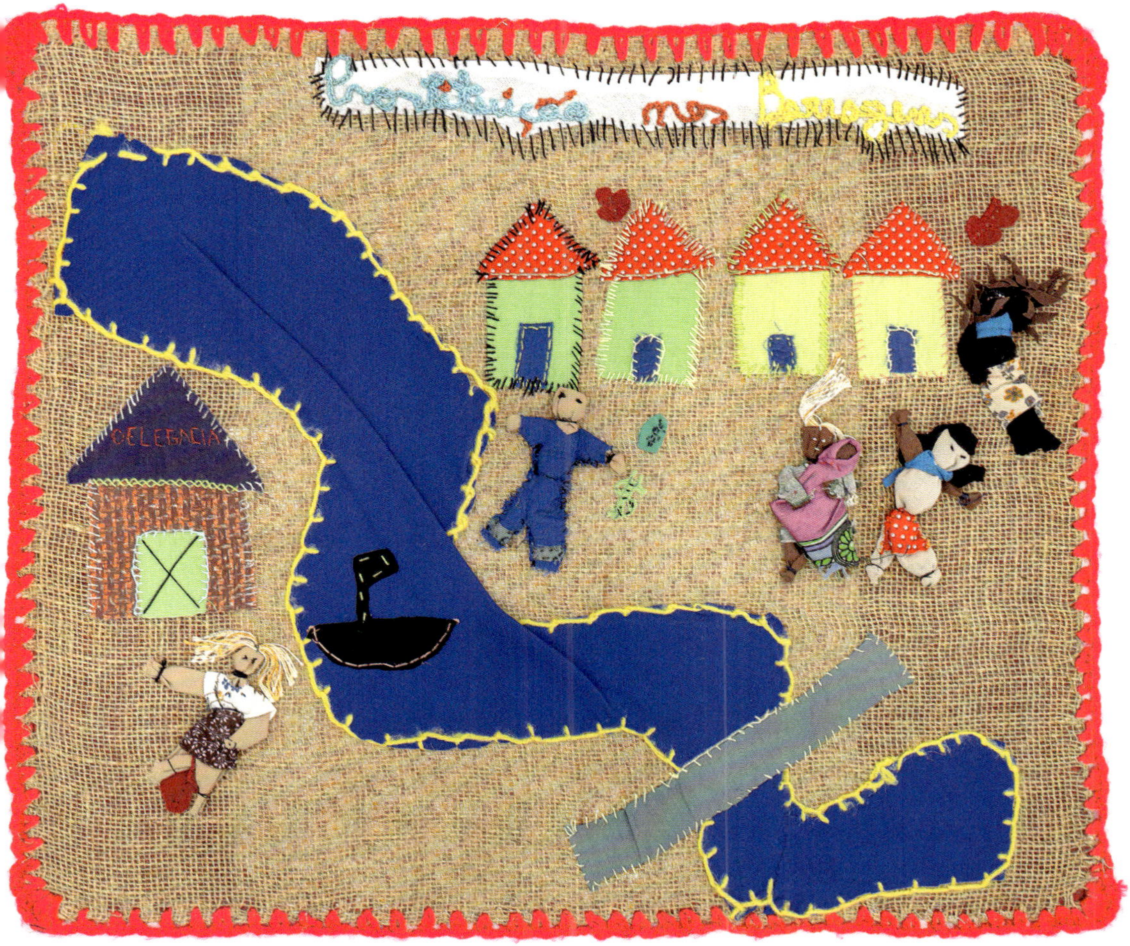
DELEGACIA

Coletivo Nacional de Mulheres do MAB [MAB National Women's Collective]

48. ***Tratores famintos*** [Starving Tractors], 2014
45 × 54 cm

O rompimento do tecido social e a perda da convivência comunitária são temas centrais nesta arpillera. Uma diagonal divide a peça de ponta a ponta, refletindo a cisão que a construção de uma barragem traz para a vida das atingidas e atingidos. Do lado direito, a comunidade é retratada por diversas pessoas de mãos dadas, rodeadas por suas casas – bordadas em tecidos diferentes –, e árvores, que aludem à convivência harmoniosa entre seres humanos e natureza. Essa cena é interrompida por tratores laranja que "devoram" aquele estilo de vida, representando as consequências da construção de uma barragem em uma comunidade. Essas máquinas atravessam a composição, dando lugar a um segundo momento – sem árvores, sem comunidade – no qual as casas são cinza, uniformes e impessoais, transformando-se numa vila de trabalhadores "barrageiros". Há apenas uma figura solitária que vaga pela cena: uma mulher grávida remete às atingidas que foram abandonadas pelos trabalhadores após a construção da barragem.

The breakdown of the social fabric and the loss of community life are central to this arpillera. A diagonal splits the piece from end to end, reflecting the division that the construction of a dam brings to the lives of those affected. On the right side, the community is portrayed by several people holding hands, surrounded by their houses–embroidered in different fabrics–and trees, which allude to the harmonious coexistence between human beings and nature. This scene is interrupted by orange tractors that "devour" that lifestyle, representing the consequences of the construction of a dam in a community. The machines cross the composition, giving way to a second moment–this one without trees, without community–in which the houses are gray, uniform, and impersonal, transformed into a village of dam workers. There is only one solitary figure wandering through the scene: a pregnant woman, in reference to the women who were affected by the dam construction and abandoned by its workers.

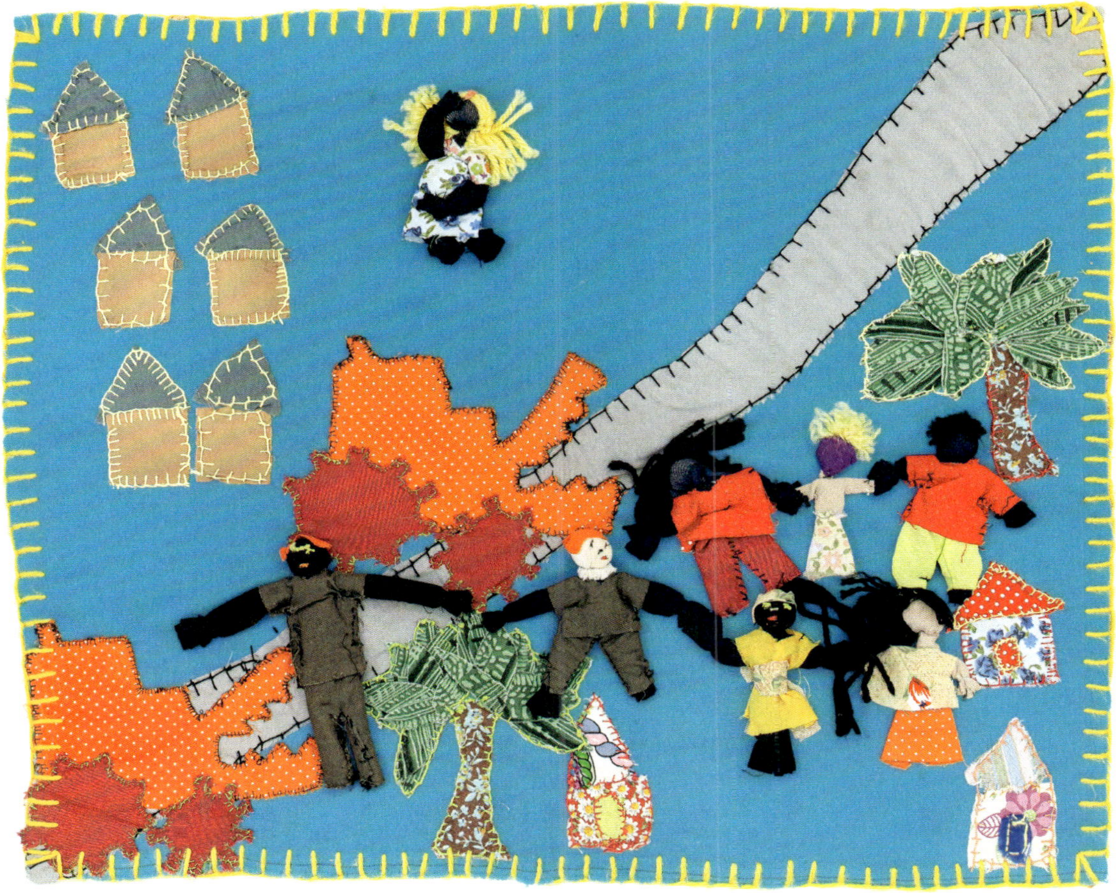

Coletivo Nacional de Mulheres do MAB [MAB National Women's Collective]

49. ***Direitos já!*** [Rights Now!], 2014
58 × 51 cm

O "espelho de Vênus", um círculo apoiado sobre uma cruz, é um símbolo geralmente utilizado em referência ao gênero feminino. Nesta arpillera, o símbolo ganha forma por meio do tecido verde e representa as mulheres do Movimento. Na parte superior, estão destacados os principais problemas relacionados às políticas públicas na vida das mulheres atingidas: a saúde preventiva (útero); a falta de água e sua privatização (gotas com linhas cruzadas); a falta de acesso à educação para as mulheres camponesas (livro); o aumento do preço da energia, tratada como fonte de lucro pelas empresas (lâmpada com cifrão); a dificuldade de acesso nas estradas das comunidades (via de terra interrompida); a energia levada para fora do país (torre) e a necessidade de creches e de novos métodos para a educação das crianças (ciranda). A causa central de todas as questões denunciadas é a construção da hidrelétrica, elemento que atravessa toda a imagem.

The "mirror of Venus," a circle resting on a cross, is a symbol generally used to refer to the female gender. In this arpillera, the motif takes shape through the green fabric and represents the women of the Movement. The upper part highlights the main problems related to public policies in the lives of the women affected by dams: preventive health (represented by the uterus); the shortage of water and its privatization (water drops with crossed lines); the lack of access to education for peasant women (book); the increase in the price of energy, treated as a source of profit by companies (light bulb with a dollar sign); the difficulty of accessing the roads of the communities (interrupted dirt road); the energy transported outside the country (transmission tower); and the need for daycare centers and new methods for educating children (circle dance). The central cause of all the issues denounced is the construction of the hydroelectric power plant, an element that runs through the entire image.

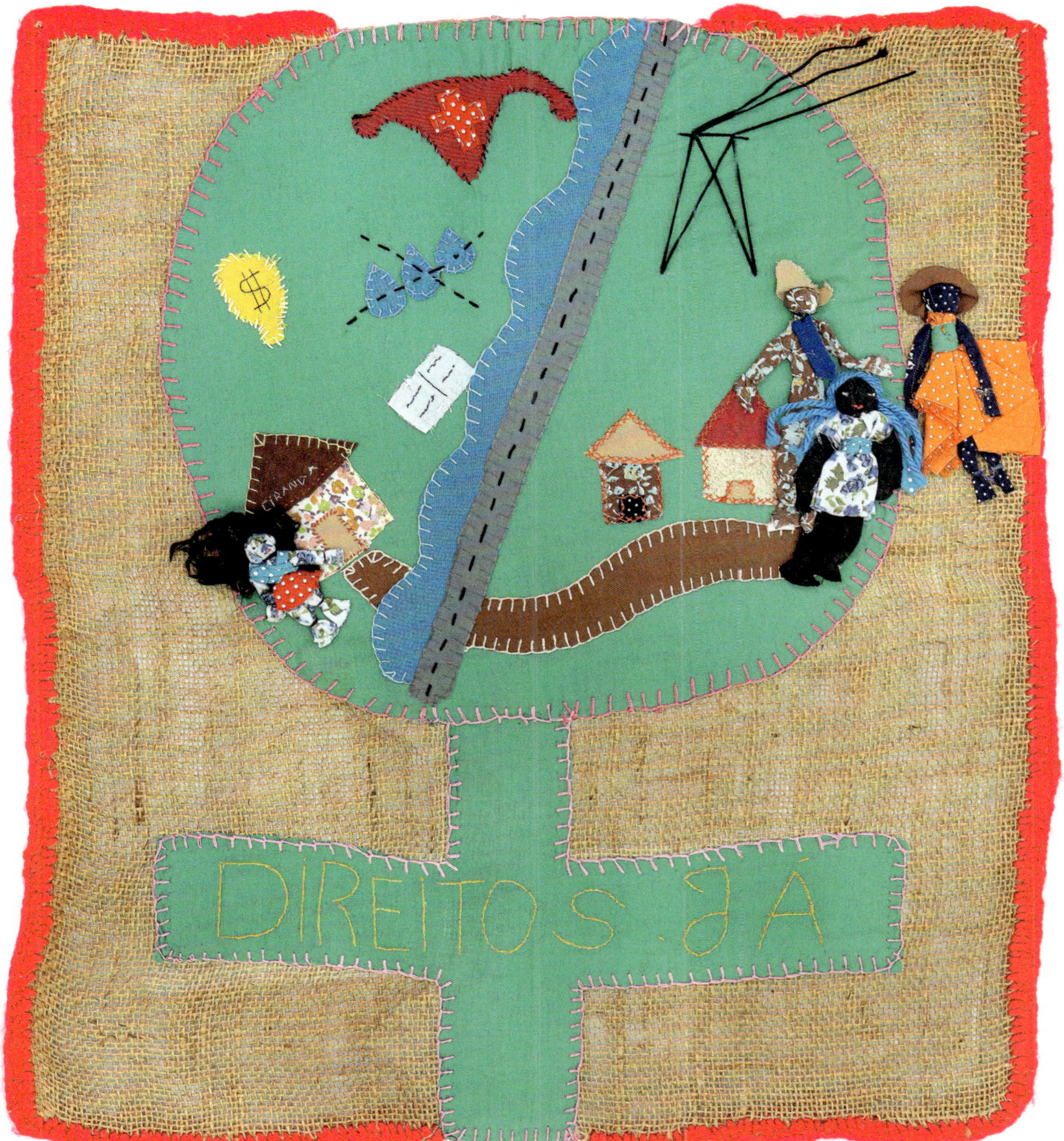
DIREITOS JÁ

Mulheres Atingidas do acampamento Ilha Verde, Babaçulândia, Tocantins
[Women Affected by Dams from the Ilha Verde encampment, Babaçulândia, Tocantins]

50. ***A história de Dona Creuzilene*** [The Story of Ms. Creuzilene], 2014
28 × 56 cm

Esta arpillera apresenta a história de Dona Creuzilene, assentada de 57 anos e mãe de cinco filhos, uma entre tantas mulheres que sofrem com a perda da fonte de renda devido ao não reconhecimento do seu trabalho por parte das empresas construtoras de barragens. Tendo estudado até a quinta série, seu sustento provinha da agricultura camponesa – ela preparava doces a partir da coleta de frutas e produzia e comercializava farinha –, bem como da criação de porcos e galinhas. Além do acompanhamento educacional dos filhos, ela dispunha de tempo para os trabalhos domésticos. Com a construção da Usina Hidrelétrica Estreito, no Maranhão, sua terra foi alagada e ela, assim como as outras mulheres que confeccionaram esta obra, foram expulsas sem direito a indenização, chegando inclusive a passar fome. O grupo então resolveu se juntar e montar um acampamento na beira da estrada para reivindicar seus direitos. "Não tem coisa mais triste que ser atingida", diz Dona Creuzilene.

This arpillera tells the story of Dona Creuzilene, a 57-year-old resettled woman, mother of five children, and one of many women who suffer from the loss of their source of income due to the lack of recognition of their work by dam construction companies. Having studied until the fifth grade, she earned her living from subsistence farming–she made sweets from fruit and produced and sold flour–as well as from raising pigs and chickens. In addition to accompanying her children's education, she had time for housework. With the construction of the Estreito Hydroelectric Power Plant in Maranhão, her land was flooded, and like the other women who made this artwork, she was expelled without compensation and even went hungry. The group then decided to get together and set up camp on the side of the road to demand their rights. "There is nothing sadder than being affected by dams," says Dona Creuzilene.

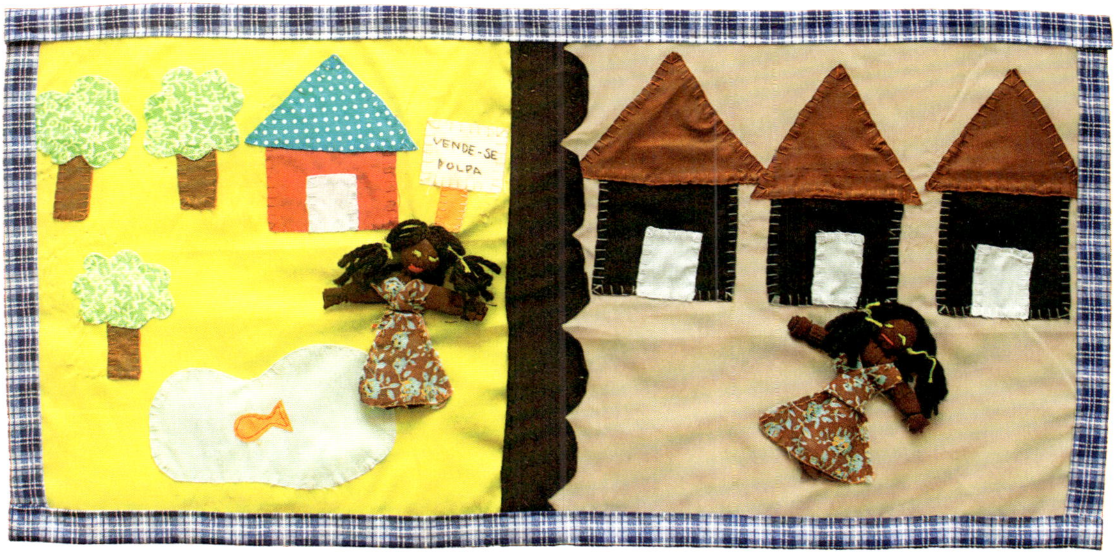
VENDE-SE
POLPA

Mulheres Atingidas do acampamento Ilha Verde, Babaçulândia, Tocantins
[Women Affected by Dams from the Ilha Verde encampment, Babaçulândia, Tocantins]

51. ***A história de Pedrinha***
[The Story of Pedrinha], 2014
54 × 60 cm

O conceito patrimonialista de "atingido", adotado pelas empresas para reduzir custos, é uma das principais causas de violação dos direitos das Mulheres Atingidas. Pelo fato de não deterem a posse da terra ou não terem um trabalho formal reconhecido, elas acabam excluídas dos processos de negociação e indenização. Esse é o caso de Pedrinha, atingida pela barragem de Estreito, que ajudou a confeccionar esta arpillera. Para a empresa responsável, seus anos de trabalho na terra não tinham validade, e ela se viu obrigada a ir morar de aluguel na cidade com os seus cinco filhos. Pedrinha aparece na lateral esquerda da peça, chorando pela perda de sua casa, onde tinha animais, plantas e toda a diversidade do campo. Do lado oposto, estão seu sogro – com quem ela morava e que carrega o saco de dinheiro da indenização – e o representante da construtora, um homem branco, de terno e gravata, que a ignora.

The concept of "affected people" adopted by companies to reduce costs is charged with patrimonial meaning and one of the main causes of violations of the rights of Women Affected by Dams. Because they do not own the land or have a recognized formal job, they end up excluded from negotiation and compensation processes. This is the case of Pedrinha, who was affected by the construction of the Estreito Dam and helped create this arpillera. For the company in charge of the enterprise, her years of work on the land were not valid, and she was forced to move to the city to live in a rental house with her five children. Pedrinha appears on the left side of this piece, crying over the loss of her home, where she had animals and plants, and of all the diversity of the countryside. On the opposite side are her father-in-law–with whom she lived and who carries a bag of compensation money–and the representative of the construction company, a white man in a suit and tie who ignores her.

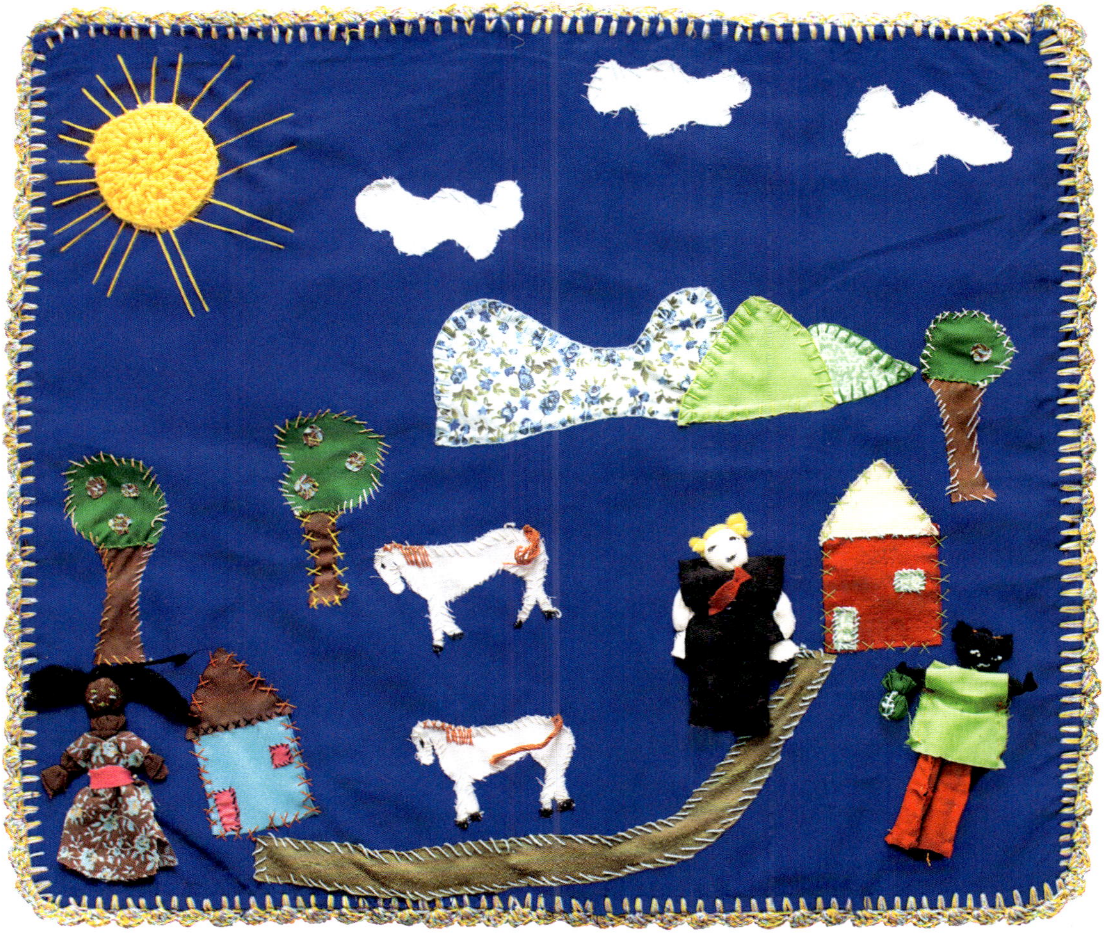

Mulheres Atingidas pelos projetos de Pequenas Centrais Hidrelétricas (PCHs) na região oeste da Bahia [Women Affected by the Small Hydroelectric Power Plants (PCHs) projects at the West of Bahia]

52. ***A Justiça contra as camponesas*** [Justice Against Peasant Women], 2014
54 × 50 cm

Em 2010, o relatório do Conselho de Defesa dos Direitos da Pessoa Humana (CCDPH) constatou que o direito à justa negociação e ao tratamento isonômico, conforme critérios transparentes e coletivamente acordados, é violado de maneira sistemática nos processos de construção de barragens no Brasil. Para as mulheres que confeccionaram esta arpillera, as barragens são nocivas às comunidades e às pessoas mesmo antes de ser construídas: "Só o fato de serem anunciadas já traz desassossego a todos". Elas representam assédio e ameaças aos trabalhadores para que vendam suas propriedades, assim como o uso de meios truculentos e coercitivos por parte das empresas. "A empresa desrespeita os camponeses, os denunciando à Justiça e exigindo por força de liminar que seja permitida a entrada nas propriedades para fazerem os estudos prévios para construírem as barragens, com o uso de forte aparato policial para entrega de intimações". Muitas mulheres foram intimadas, inclusive idosas com a saúde fragilizada.

In 2010, a report by the Council for the Defense of Human Rights (CDDPH) found that the right to fair negotiation and equal treatment, according to transparent and collectively agreed criteria, is systematically violated in the construction of dams in Brazil. For the women who crafted this arpillera, this kind of enterprise harms communities and people even before being built: "Just the fact that they are announced causes unrest in everyone." They involve harassment and threats to inhabitants to sell their properties, as well as the use of truculent and coercive means by companies. "The company disrespects the peasants, reporting them to the courts and demanding, by force of injunction, to be allowed to enter the properties to conduct preliminary studies for the construction of the dams, using a strong police force to deliver summonses." Many women were summoned, especially elders with fragile health.

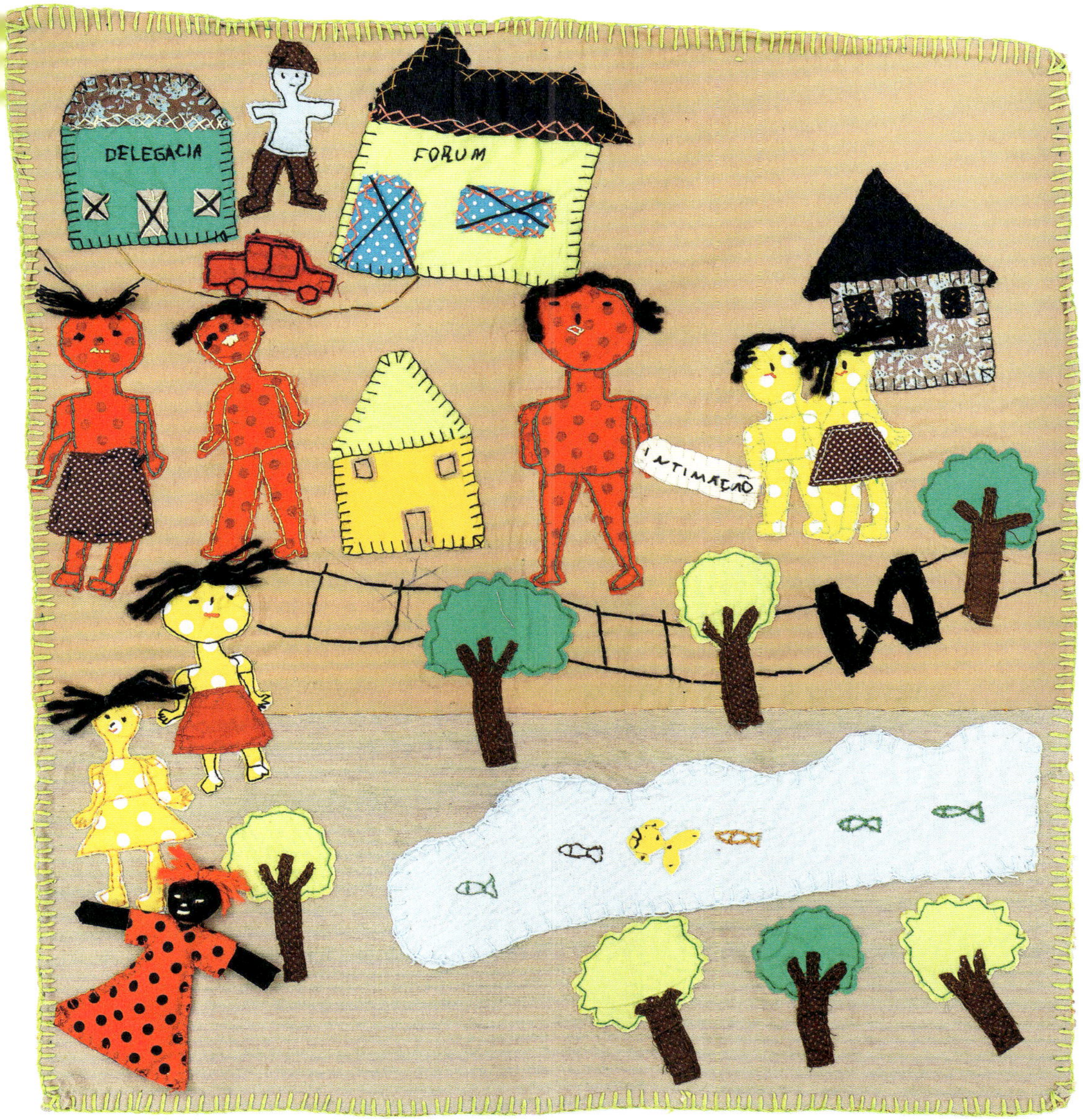
DELEGACIA
FORUM
INTIMAÇÃO

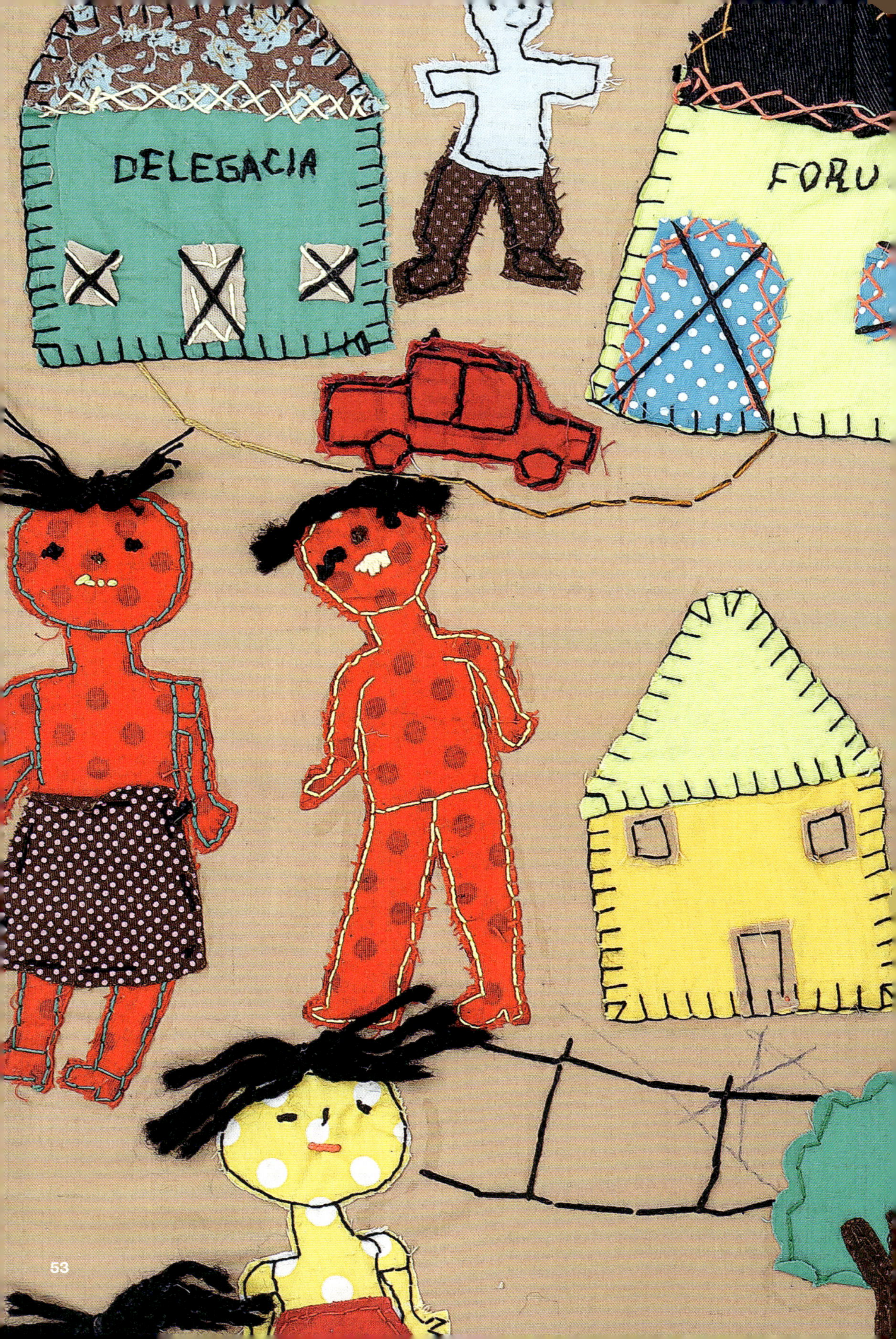
DELEGACIA
FORU

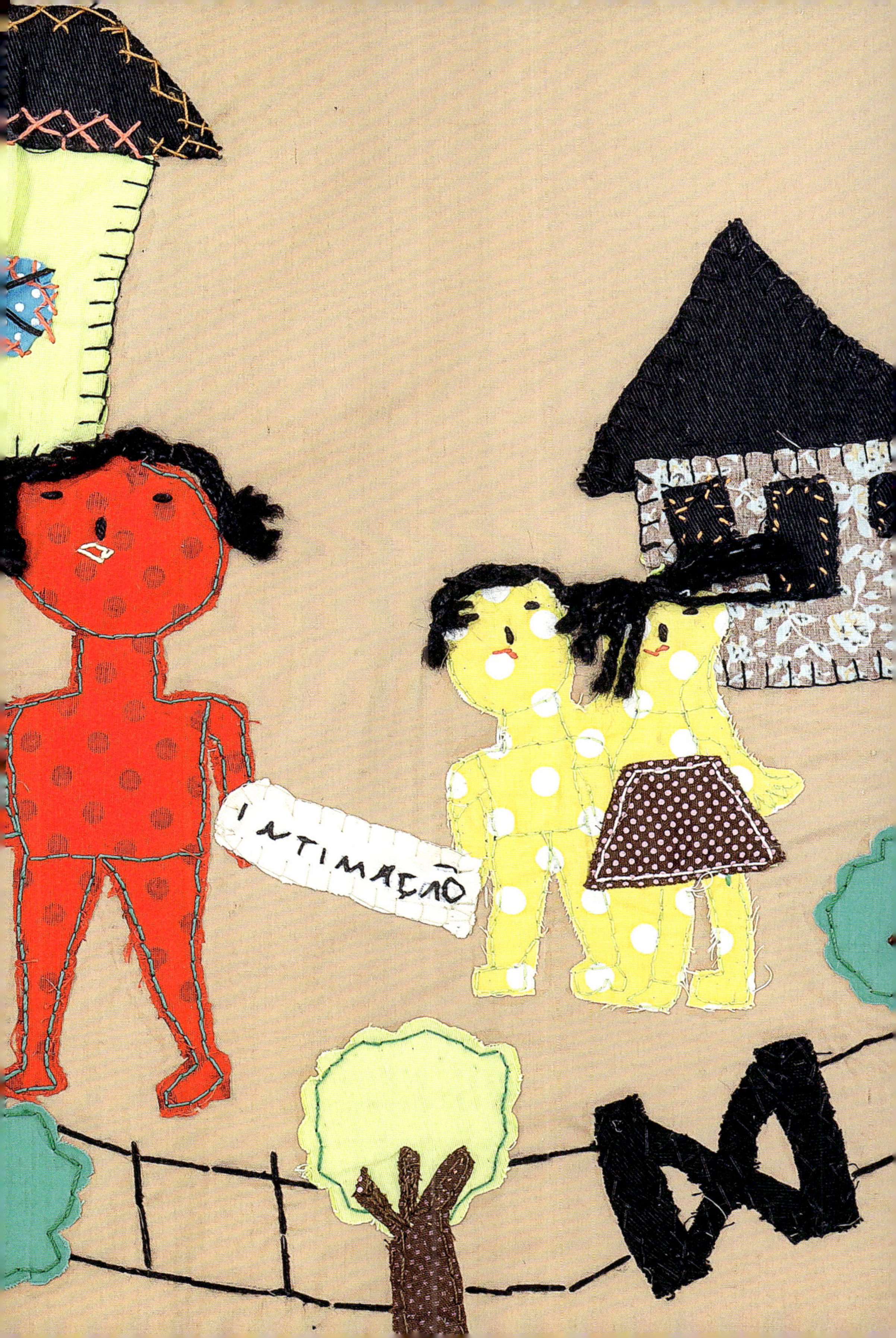
INTIMAÇÃO

Mulheres Atingidas do quilombo Rio das Ostras em São Paulo [Women Affected by Dams from the Rio das Ostras quilombo, São Paulo]

54. ***Quilombo Rio das Ostras***, 2015
45 × 48 cm

Para a criação desta arpillera, as mulheres do quilombo Rio das Ostras, em São Paulo, compartilharam suas ideias e opiniões sobre os problemas que impactam a comunidade – como a ausência de políticas públicas –, ao mesmo tempo dialogando sobre possíveis soluções. Entre as denúncias estão a falta de meios de comunicação como o telefone, item considerado essencial em situações de emergência, como quando há a necessidade de chamar uma ambulância. Também relatam a falta de iluminação nas ruas, de postos de saúde e de escolas, cuja indisponibilidade dificulta o dia a dia no quilombo. Logo, a implementação de tais recursos melhoraria os meios de vida das pessoas que ali residem. A peça também retrata o cotidiano desse território, com sua paisagem, detalhes da natureza, suas casas, suas estradas e a vida em comunidade. "Nós, do quilombo Rio das Ostras, estamos contentes pela oportunidade de denunciar o que não temos em nossa comunidade e pela chance de nos reunirmos em prol do nosso quilombo".

To create this arpillera, the women of the Rio das Ostras quilombo in São Paulo shared their ideas and opinions about the problems that impact the community–such as the absence of public policies–while discussing possible solutions. Among the complaints is the lack of means of communication, particularly the telephone, an item considered essential in emergencies, such as when there is a need to call an ambulance. They also report the insufficiency of street lighting, health centers, and schools, whose unavailability makes day-to-day tasks in the quilombo difficult. Therefore, implementing such resources would improve the quality of life of its people. The piece portrays an everyday scene of this territory, with its landscape, details of nature, houses, roads, and community life. "We, from the Rio das Ostras quilombo, are happy for the opportunity to denounce what we do not have in our community and for the chance to come together in favor of our quilombo."

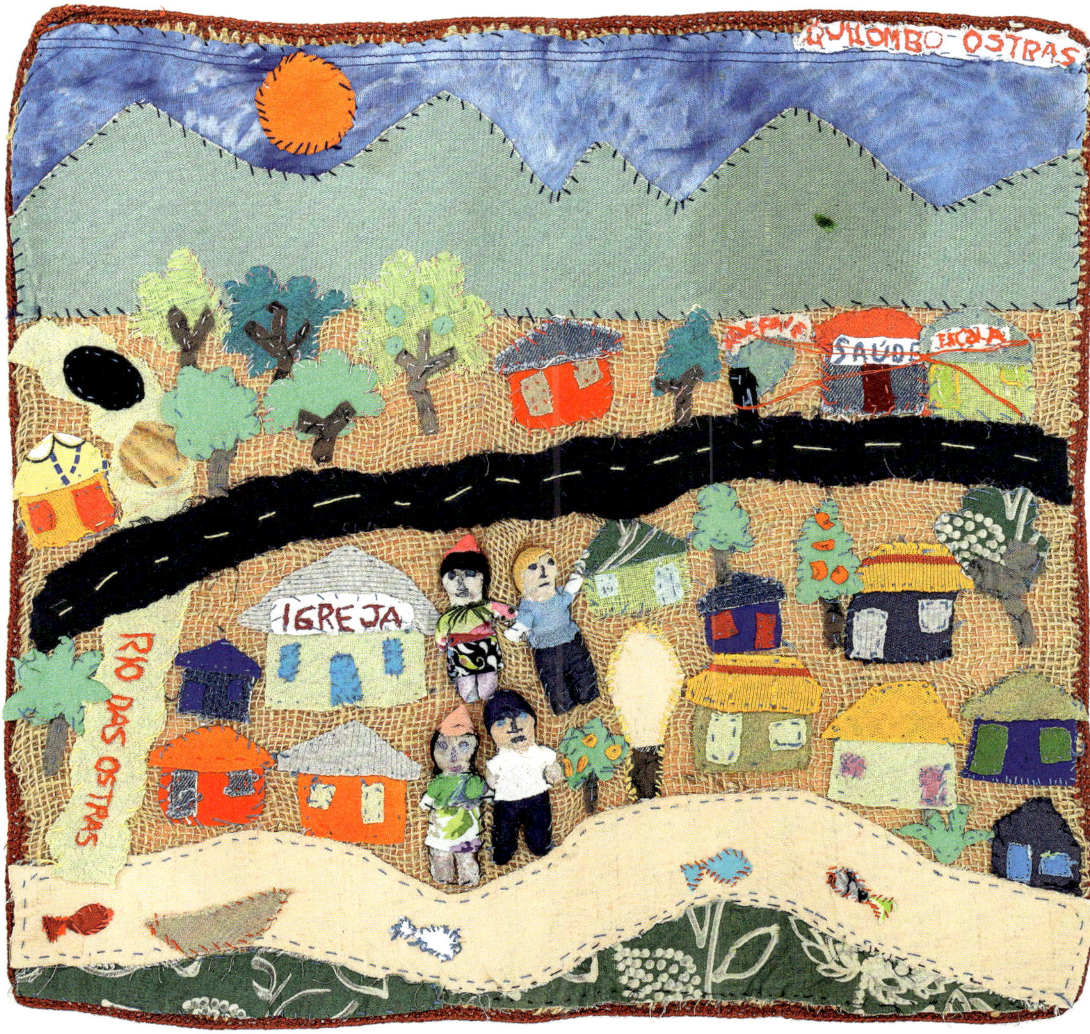
QUILOMBO OSTRAS
SAÚDE
ESCOLA
IGREJA
RIO DAS OSTRAS

Mulheres Atingidas Munduruku da aldeia Praia do Índio em Itaituba, Pará
[Munduruku Women Affected by Dams from the aldeia Praia do Índio at Itaituba, Pará]

55. ***Barragem não!***
[No to the Dams!], 2015
59 × 41 cm

Confeccionada por mulheres da etnia Munduruku determinadas a continuar firmes na luta por seus direitos, esta arpillera representa a vida da comunidade indígena a partir de dois cenários. Um deles considera o projeto de construção da Usina Hidrelétrica São Luiz do Tapajós e seus possíveis impactos sobre a aldeia, como o deslocamento forçado ou até mesmo a morte de seus integrantes, a poluição das águas do rio e a redução das atividades de pesca devido à falta de peixes. Outra consequência da obra seria o inchaço populacional, que poderia causar uma verdadeira desordem na cidade. De modo oposto, o segundo cenário apresenta o dia a dia da comunidade, no qual as pessoas têm contato direto com o rio, as mulheres podem lavar a louça e as roupas sem preocupação, a natureza é respeitada e os animais são livres, vivendo em perfeito equilíbrio com o entorno.

Created by Munduruku women determined to stand firm in the struggle for their rights, this arpillera represents the life of that Indigenous community through two scenarios. One considers the construction of the São Luiz do Tapajós Hydroelectric Power Plant and its potential impacts on the village, such as forced displacement, the possible death of its inhabitants, river pollution, and a decline in fishing due to a lack of aquatic life. Another consequence of the project would be population swelling, which could cause true disorder in the city. In contrast, the second scenario presents the community's daily life, in which people interact closely with the river, women wash dishes and clothes without concern, nature is respected, and animals live freely in perfect balance with their surroundings.

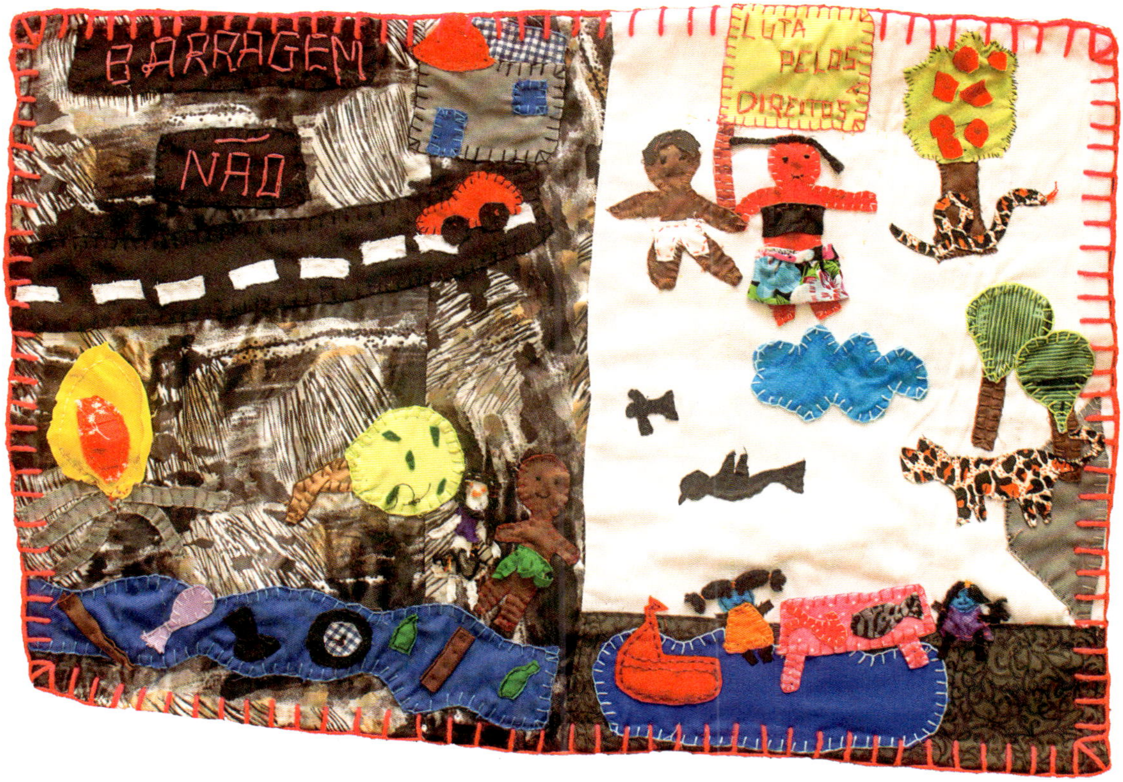
BARRAGEM
NÃO
LUTA PELOS DIREITOS

Mulheres Atingidas das comunidades de Sítio Novo, Agrofátima, Mundo Novo e da cidade de Jaguaribara, Ceará [Women Affected by Dams from the communities of Sítio Novo, Agrofátima, Mundo Novo, and the city of Jaguaribara, Ceará]

56. ***Água é direito do povo*** [Water Is a Right of the People], 2015
48 × 48 cm

A falta de água é um dos principais problemas enfrentados por esse conjunto de comunidades, tendo um impacto ainda maior na vida das mulheres. Por serem responsáveis pelo trabalho doméstico e pelo cuidado com os familiares, seu esforço e preocupação se multiplicam. Essas mulheres foram atingidas pela barragem de Castanhão, construída sob o discurso de aplacar a seca na região e promover o desenvolvimento – que não chegou às comunidades. Muitas precisam coletar a água em reservatórios ou cisternas que são abastecidas por carros pipas, e racioná-la para que não falte. A água do reservatório do Castanhão é levada pelo Canal da Integração para a região metropolitana de Fortaleza (a 200 km), e para as áreas de agronegócio, como os Perímetros Irrigados da Chapada do Apodi e Tabuleiro de Russas. Tanto as comunidades rurais quanto os municípios Jaguaribara e Jaguaretama, atingidos pela barragem, sofrem com a inconstância no acesso à água.

The lack of water is one of the main problems this group of communities faces, having an even bigger impact on women's lives. Because they take on the responsibility of doing domestic work and caring for their family members, their activities increase in effort and concerns. These women were affected by the Castanhão Dam, built under the pretext of alleviating droughts in the region and promoting development–benefits which were not extended to the communities. Many of them need to collect water from reservoirs or cisterns supplied by water trucks, and ration it so there is no shortage. The water from the Castanhão Reservoir is taken through the Integration Channel to the metropolitan region of Fortaleza (200 kilometers away), the capital of Ceará, and agribusiness areas, such as the Irrigated Perimeters of Chapada do Apodi and Tabuleiro de Russas. The dam affects not only those rural communities but also the cities of Jaguaribara and Jaguaretama, which suffer from inconsistent access to water as well.

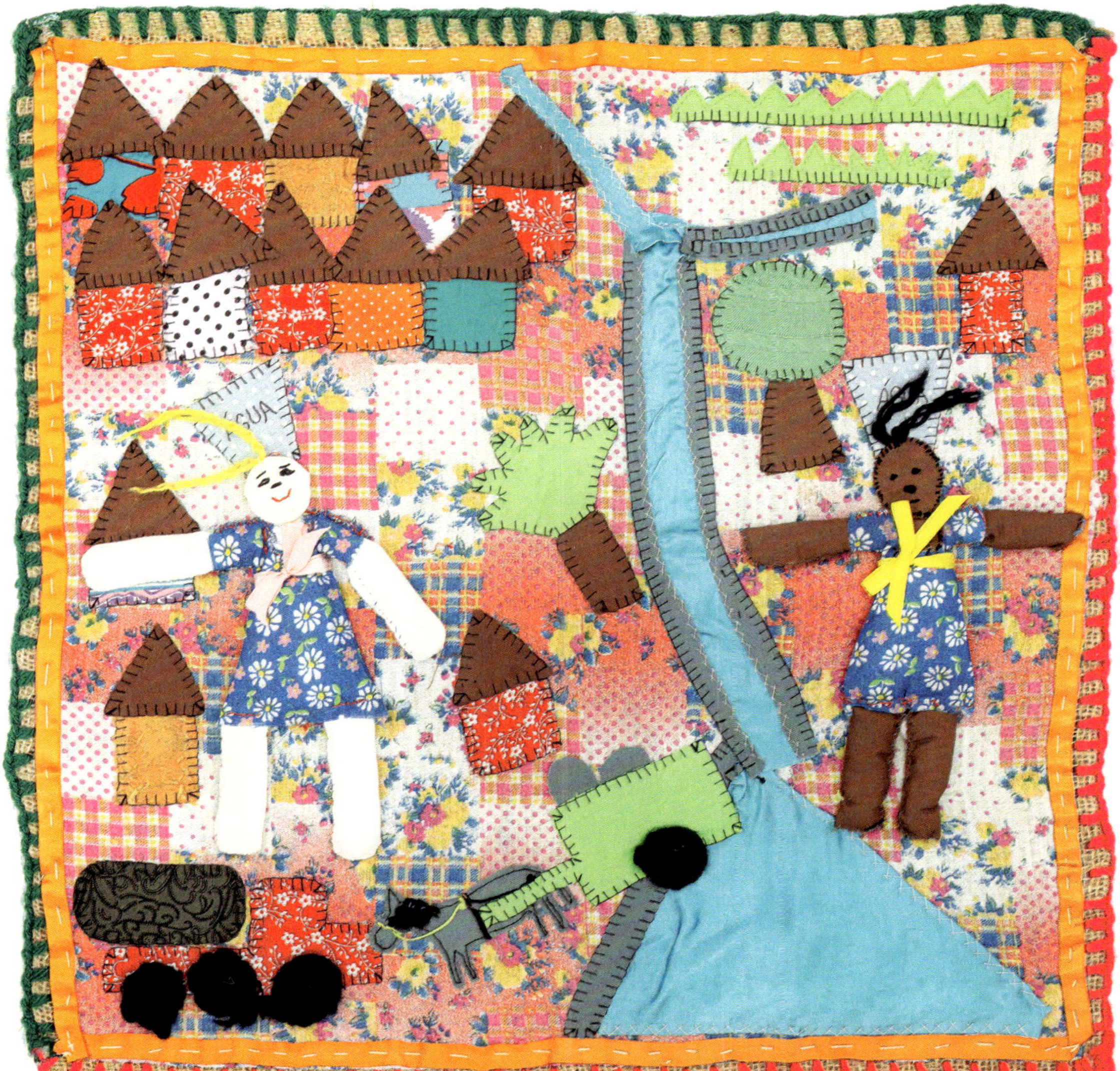

Mulheres Atingidas das comunidades de Mulunguzinho, Jatobá, Alegre, Bom Jardim e Sítio Novo, Ceará [Women Affected by Dams from the communities of Mulunguzinho, Jatobá, Alegre, Bom Jardim and Sítio Novo, Ceará]

57. ***Trabalho invisível***
[Invisible Labor], 2015
48 × 48 cm

Esta arpillera tem como foco o processo de desvalorização e invisibilização do trabalho das mulheres. Entre as questões que a obra apresenta estão a dificuldade de conseguir trabalho fora de casa e gerar uma renda própria, bem como a desigualdade salarial em relação aos homens. Parte das mulheres que produziram esta obra trabalha informalmente, sem direitos garantidos, e ajuda no sustento da família; outra parte se dedica à agricultura, ocupação que é considerada apenas como uma forma de complemento alimentar; e todas elas arcam, de modo integral, com a carga das tarefas domésticas e do cuidado das crianças – atividades que não têm status de emprego. Na peça, a aplicação de tecidos variados e recortados perpendicularmente destaca os espaços de trabalho conforme a divisão de gênero denunciada pelas arpilleristas. Enquanto uma figura feminina parece atribulada em seu ambiente doméstico, na parte inferior, um homem acessa livremente as atividades no campo, ao lado do rio.

This arpillera focuses on the devaluation and invisibilization of women's labor. It underscores the challenges women face in securing employment outside home and earning an independent income, as well as the wage inequality between men and women. Some of the women who created this piece work informally, without guaranteed rights, helping to support their families. Others are involved in agriculture, an occupation often seen merely as a supplement to household food. All of them bear the full burden of domestic chores and childcare–tasks that do not hold the status of formal employment. The piece uses a patchwork of various fabrics, cut perpendicularly, to highlight workspaces according to the gender-based division of labor denounced by the arpilleristas. A female figure appears overwhelmed within her domestic environment, while, at the bottom, a man freely engages in agricultural activities by the river.

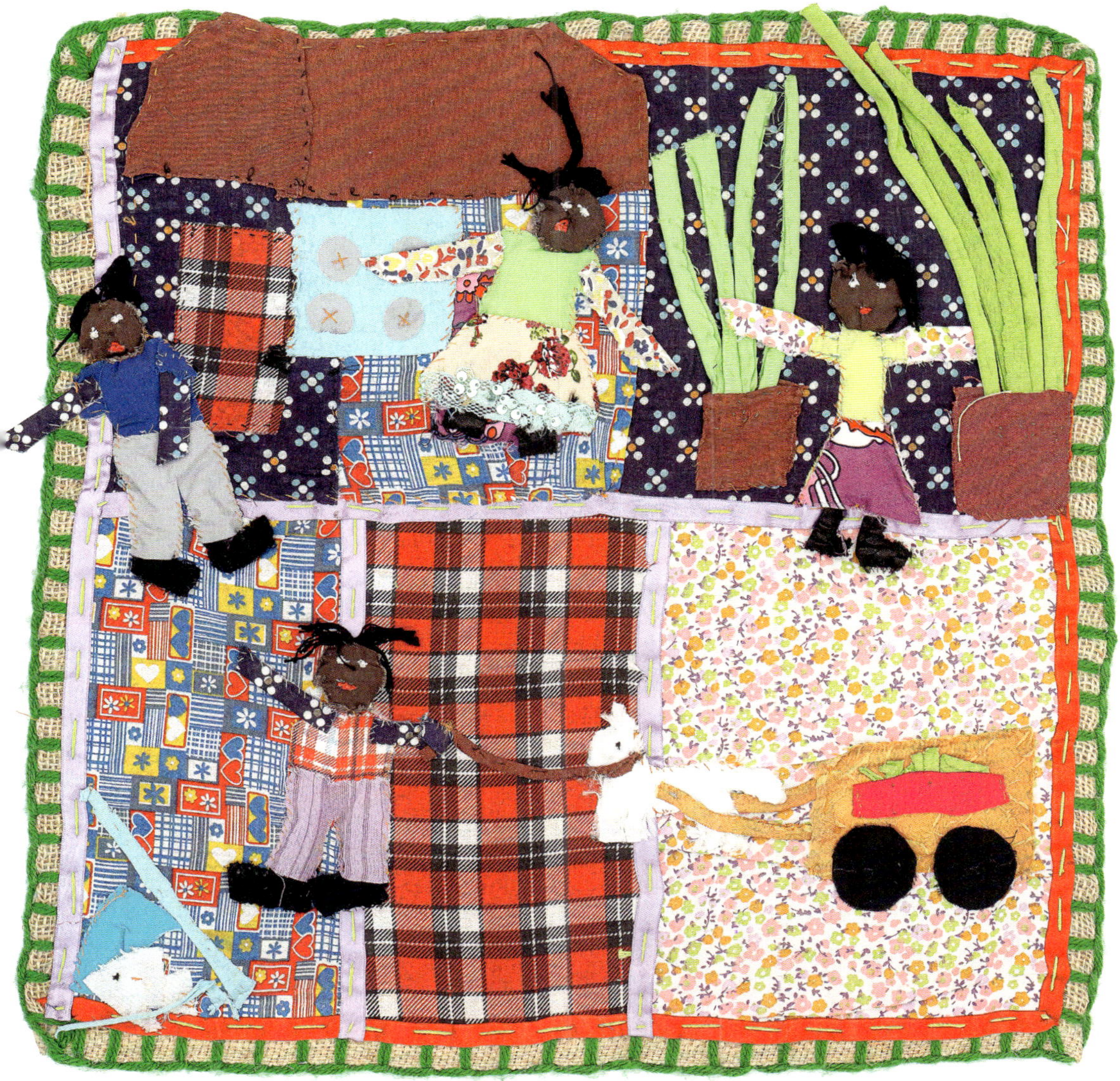

Mulheres Atingidas de Rondônia [Women Affected by Dams from Rondônia]

58. ***Justiça para Nicinha*** [Justice for Nicinha], 2016
66,5 × 89,5 cm

Esta arpillera homenageia a liderança do MAB, Nilce de Souza Magalhães (Nicinha), assassinada em janeiro de 2016. Após seis meses de buscas, o corpo de Nicinha foi encontrado amarrado a uma pedra no fundo do lago da Usina Hidrelétrica de Jirau. Na peça, seu companheiro Valdineis Severiano Moura (Nei), em uma canoa, reencontra o corpo da amada. Ao fundo, vemos a linha de transmissão da hidrelétrica e, à esquerda, o acampamento dos pescadores, onde Nicinha vivia desde 2015. Diante da ausência de peixes, galinhas e outras caças passaram a servir de alimento para os pescadores. Sem sustento, as famílias passaram a morar em barracas de lona sem energia elétrica nem água potável, expostas a animais peçonhentos. Uma ação no Ministério Público Federal foi movida contra o consórcio de Energia Sustentável do Brasil (ESBR) – responsável pela Hidrelétrica de Jirau – e contra o Instituto Brasileiro do Meio Ambiente e dos Recursos Naturais Renováveis (Ibama) pelos impactos que a barragem causou na vida dessas famílias.

This arpillera pays tribute to one of the leaders of MAB's leaders, Nilce de Souza Magalhães (Nicinha), who was murdered in January 2016. After six months of searching, Nicinha's body was found tied to a rock at the bottom of Jirau Hydroelectric Power Plant's lake. In this piece, her partner, Valdineis Severiano Moura (Nei), depicted in a canoe, finds the body of his beloved. In the background, we see the power plant's transmission line and, on the left, the fishermen's camp where Nicinha had been living since 2015. Due to the lack of fish, chickens and other game meats served as food for the fishermen. Without sustenance, families were led to settle in tents without electricity or drinking water, in addition to being exposed to venomous animals. A lawsuit was filed with the Brazilian Public Prosecutor's Office against the consortium formerly known as Energia Sustentável do Brasil (currently Jirau Energia)–responsible for the Jirau Hydroelectric Power Plant–and against the Instituto Brasileiro do Meio Ambiente e dos Recursos Naturais [Brazilian Institute of Environment and Renewable Natural Resources] (IBAMA) for the impacts that the dam had in the lives of these families.

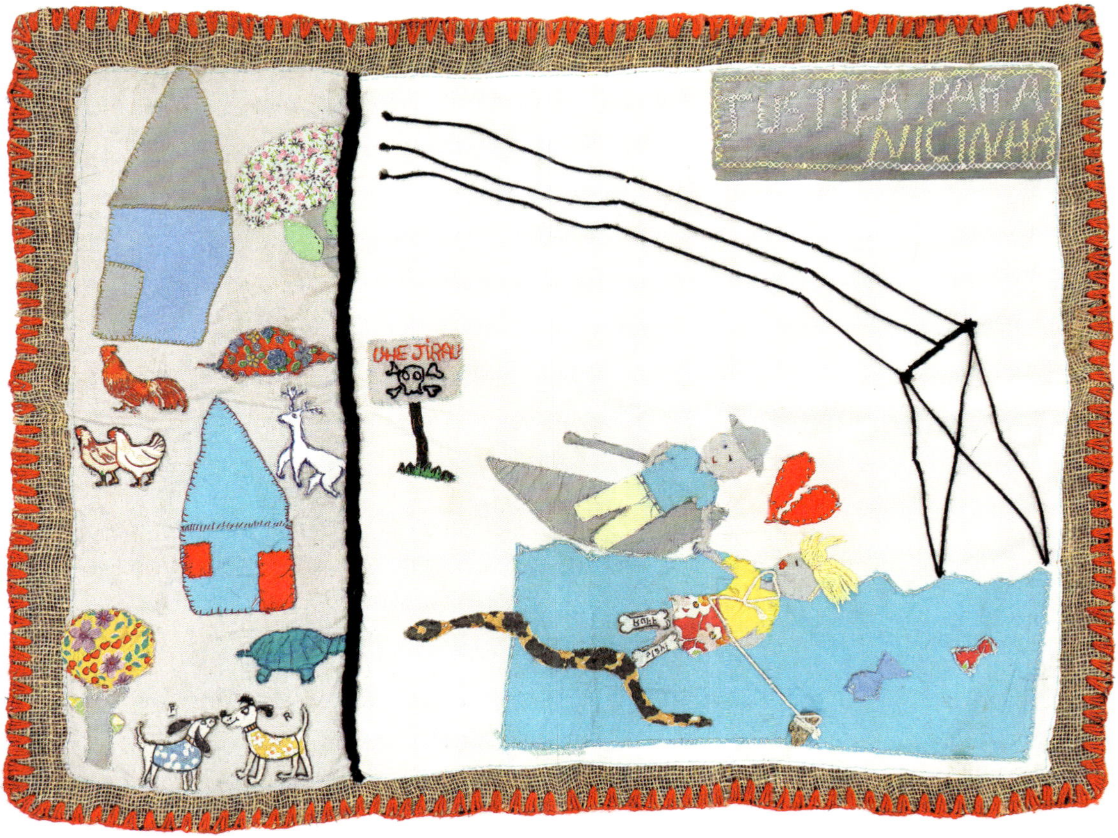
JUSTIÇA PARA NÍCINHA
UHE JIRAU

Mulheres Atingidas do Pará
[Women Affected by Dams from Pará]

59. ***Ouro na morada dos deuses*** [Gold in the Abode of the Gods], 2016
48,5 × 51 cm

Este trabalho reflete o conflito entre duas visões sobre a Volta Grande do Xingu, um trecho do rio considerado rico em biodiversidade – uma, de caráter utilitarista, instrumental; a outra, de caráter relacional, indissociável da vida. A abundância hídrica e mineral da região atraiu empresas extrativistas, como as responsáveis pela construção e pela gestão da Usina Hidrelétrica Belo Monte, e a empresa canadense transnacional de mineração Belo Sun, interessada na extração de ouro. Antes dos empreendimentos, a vida dos ribeirinhos se entrelaçava com o rio, que é considerado pela população como uma casa, um parente próximo e até uma entidade sagrada, uma verdadeira "morada dos deuses". Após a implantação dos projetos, a vida ao redor do Xingu se desfez: os peixes acari-zebra, endêmicos da região, estão mortos, e as populações locais foram removidas. A juta que emoldura a arpillera foi tingida com fragmentos de rochas da área de mineração, conectando a peça diretamente ao território atingido e refletindo a riqueza local, agora ameaçada.

This piece reflects the conflict between two perspectives on Volta Grande, a section of the Xingu River rich in biodiversity–one utilitarian and exploitative, the other relational and inseparable from life. The region's abundant water and mineral resources attracted extractive enterprises, such as those responsible for the construction and operation of the Belo Monte Hydroelectric Plant, as well as the Canadian multinational mining company Belo Sun, which is interested in gold extraction. Before these projects, life in the riverside communities was intertwined with the river, seen as a home, a close relative, and even a sacred entity–an actual "abode of the gods." After the projects were implemented, life around the Xingu River was disrupted: the endemic zebra pleco fish died, and local populations were displaced. The burlap framing the arpillera was dyed with rock fragments from the mining area, directly connecting the piece to the affected territory and symbolizing the threatened local wealth.

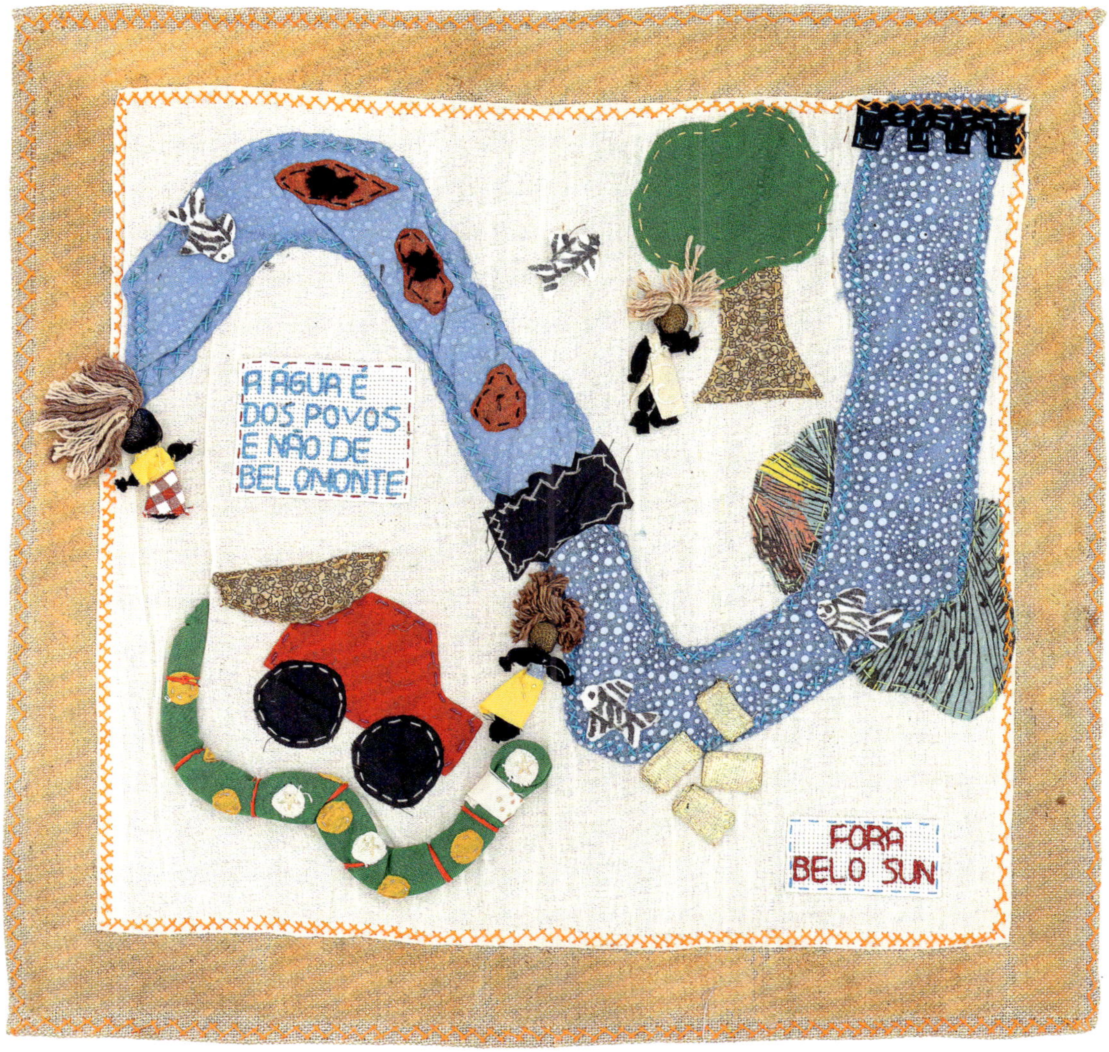
A ÁGUA É
DOS POVOS
E NÃO DE
BELONONTE
FORA
BELO SUN

Mulheres Atingidas pelos projetos de Pequenas Centrais Hidrelétricas (PCHs) na região oeste da Bahia [Women Affected by the Small Hydroelectric Power Plants (PCHs) projects at the West of Bahia]

60. ***Privatização das águas na natureza*** [Privatization of Water in Nature], 2017
70 × 74 cm

Esta arpillera aborda os impactos da articulação entre o agronegócio e o capital estrangeiro na exploração da natureza no território nacional. No topo, uma mão vestindo uma cartola estampada com a bandeira dos Estados Unidos simboliza o Tio Sam, que controla os três poderes do Estado brasileiro: Executivo, Legislativo e Judiciário. Ao centro, monoculturas de soja são irrigadas pelas águas de um rio que é representado na base e cujas margens também abrigam o cultivo de milho. Todavia, essas lavouras despejam agrotóxicos em seu curso e o contaminam, causando a morte da fauna local. A riqueza gerada por esses empreendimentos predatórios é simbolizada por sacos com cifrões, que são transportados ao Tio Sam por um caminhão, completando assim o ciclo. Representando a resistência, manifestantes do MAB aparecem à esquerda, cercados por policiais que também estão sob o controle estadunidense. A simbologia do dólar, que manipula tanto a política quanto a repressão popular, reforça o perigo da pilhagem do país por empresas internacionais.

This arpillera addresses the impacts of the connection between agribusiness and foreign capital on the exploitation of Brazil's natural resources. At the top, a hand wearing a top hat with the United States flag symbolizes Uncle Sam, controlling the three branches of the Brazilian government: Executive, Legislative, and Judicial. In the center, soybean monocultures are irrigated by the waters of a river depicted at the base, with corn crops along its banks. However, these plantations contaminate the river with pesticides, leading to the death of local wildlife. The wealth generated by these predatory enterprises is symbolized by bags with dollar signs which are transported to Uncle Sam by a truck, making things come full circle. Representing resistance, MAB demonstrators appear on the left, surrounded by police officers, who are also under U.S. control. The symbolism of the dollar, which manipulates both politics and popular repression, reinforces the danger of the country's plunder by international corporations.

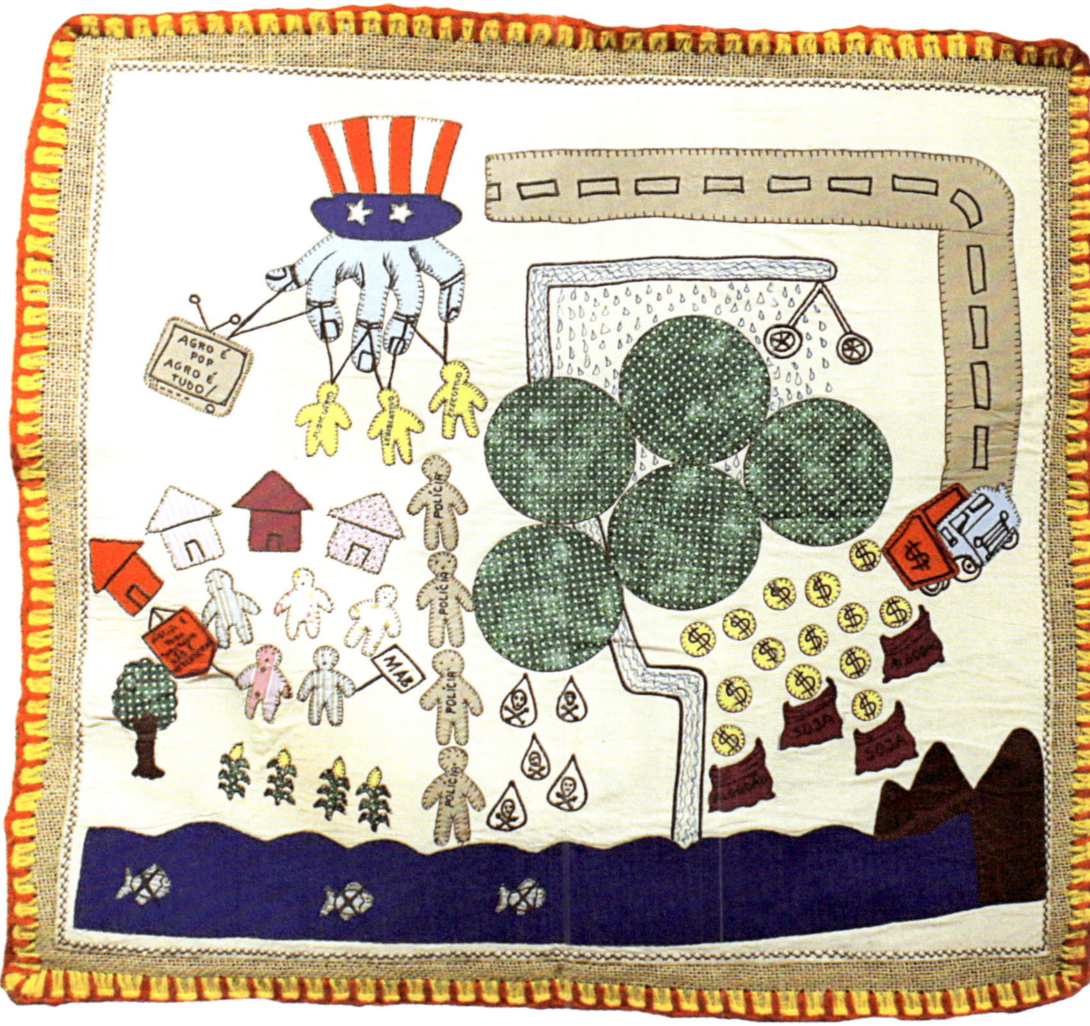
AGRO É POP AGRO É TUDO!
POLÍCIA
POLÍCIA
POLÍCIA
POLÍCIA
MAB
SOJA
SOJA

Mulheres Atingidas de Mariana, Minas Gerais
[Women Affected by Dams from Mariana, Minas Gerais]

61. ***Vale quanto a vida?***
[How Much Is Life Worth?],
2017
47 × 57,5 cm

Esta arpillera foi realizada após o rompimento da barragem de Fundão, em Mariana, Minas Gerais, e representa a luta e a organização social das atingidas e dos atingidos na disputa por seus direitos e pela responsabilização da Vale pela tragédia. No canto superior esquerdo, um volume de lama transborda de um triângulo verde que evoca a logomarca da empresa, emoldurada pelos nomes das três mineradoras envolvidas no processo – Vale, Samarco e BHP Billiton. O rompimento da barragem despejou 40 milhões de metros cúbicos de rejeitos de minério de ferro sobre uma comunidade inteira, deixando dezenove pessoas mortas e cerca de seiscentas desabrigadas. O marrom da lama contamina o azul do rio em todo o seu percurso. Às margens do rio, manifestantes do MAB levantam faixas que denunciam a previsibilidade da catástrofe nas cidades mineiras e exigem o reconhecimento da responsabilidade da empresa naquela que se tornou uma das maiores tragédias socioambientais da história do Brasil.

This arpillera was created after the collapse of the Fundão Dam in Mariana, Minas Gerais, and represents the struggle and social organization of affected women in their fight for rights and for the accountability of Vale for the disaster. In the upper left corner, a mass of mud spills from a green triangle that evokes the company's logo, framed by the names of the three mining companies involved in the tragedy–Vale, Samarco, and BHP Billiton. The dam collapse released 40 million cubic meters of iron ore tailings onto an entire community, killing nineteen people, and leaving around six hundred of its inhabitants homeless. The brown sludge contaminates the blue of the river along its entire course. On the riverbanks, MAB protesters hold banners denouncing the predictability of the catastrophe in Minas Gerais cities and demanding acknowledgment of the company's responsibility for what became one of Brazil's worst socio-environmental disasters.

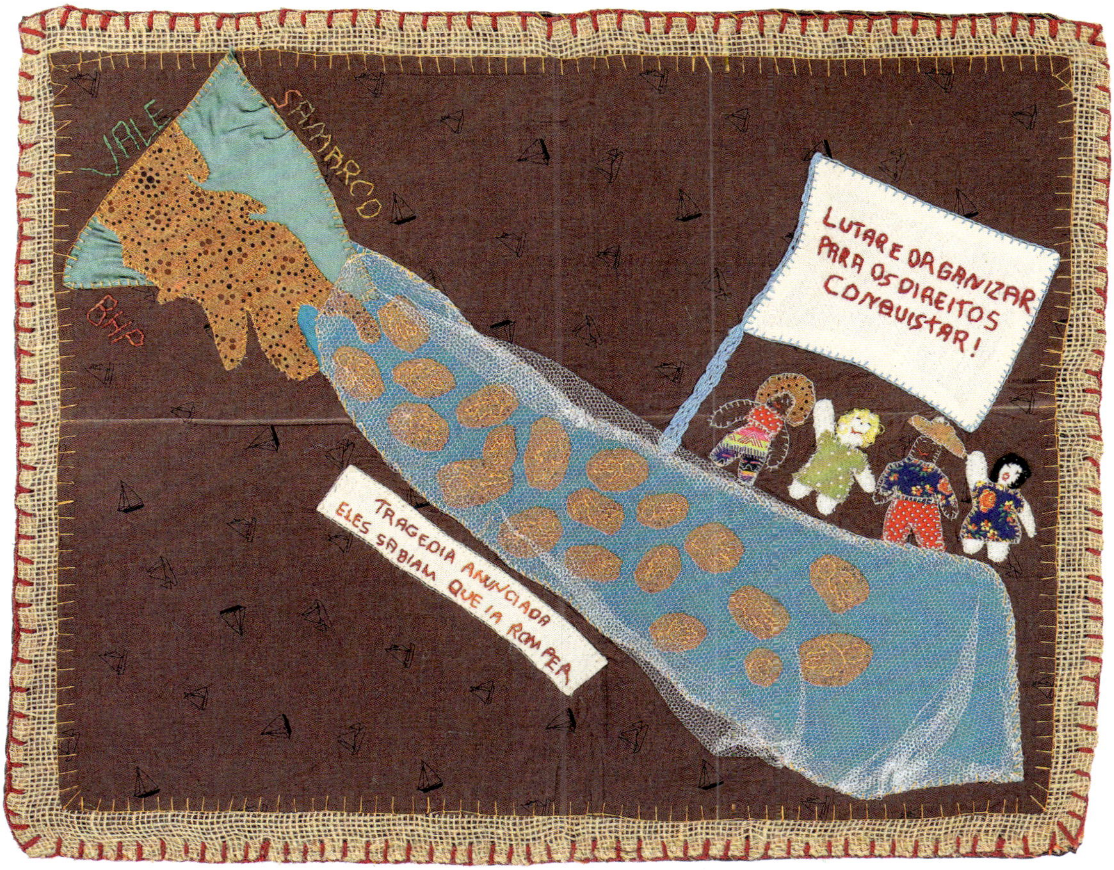
VALE
SAMARCO
BHP
LUTAR E ORGANIZAR
PARA OS DIREITOS
CONQUISTAR!
TRAGEDIA ANUNCIADA
ELES SABIAM QUE IA ROMPEA

Mulheres Atingidas de São Paulo [Women Affected by Dams from São Paulo]

62. ***Reforma Trabalhista e as consequências na vida das mulheres*** [Labor Reform and Its Consequences on Women's Lives], 2017
49 × 63 cm

Esta arpillera denuncia as consequências da Reforma Trabalhista, aprovada em 2017 pelo governo de Michel Temer, na vida das mulheres. No centro da composição, uma carteira de trabalho rasgada simboliza a perda de direitos e ao seu redor são representados diversos abusos contra as trabalhadoras. No canto superior esquerdo, dois relógios expressam a tripla jornada de trabalho enfrentada pelas mulheres, que, além do expediente formal, são responsáveis pelo trabalho doméstico e pelo cuidado dos filhos. Abaixo, um homem branco, em traje social, puxa uma mulher negra pelos cabelos, retratando as violências raciais e de gênero sofridas nesses ambientes. Na parte inferior esquerda, uma gestante sangra após um aborto espontâneo, causado pelas condições insalubres de trabalho nas fábricas. À direita, uma mulher chora ao deixar duas crianças sozinhas em casa após o fechamento das creches durante o governo Temer, enquanto caminha em direção a uma fábrica que emite fumaça tóxica pelas chaminés.

This arpillera denounces the consequences that the Labor Reform, approved in 2017 under the administration of the former president Michel Temer, had on women's lives. At the center of the composition, a torn work card symbolizes the loss of rights while various abuses against female workers are depicted around it. In the upper left corner, two clocks represent the triple workload women face, as they juggle domestic work, childcare, and formal work hours. Below, a white man in formal attire pulls a Black woman by the hair, portraying the racial and gender-based violence suffered in these environments. On the lower left, a pregnant woman bleeds after a miscarriage caused by the unhealthy working conditions in the factories. On the right, a woman, who cries after leaving her two children alone at home due to the closure of daycare centers during the Temer administration, walks towards a factory that emits toxic smoke from its chimneys.

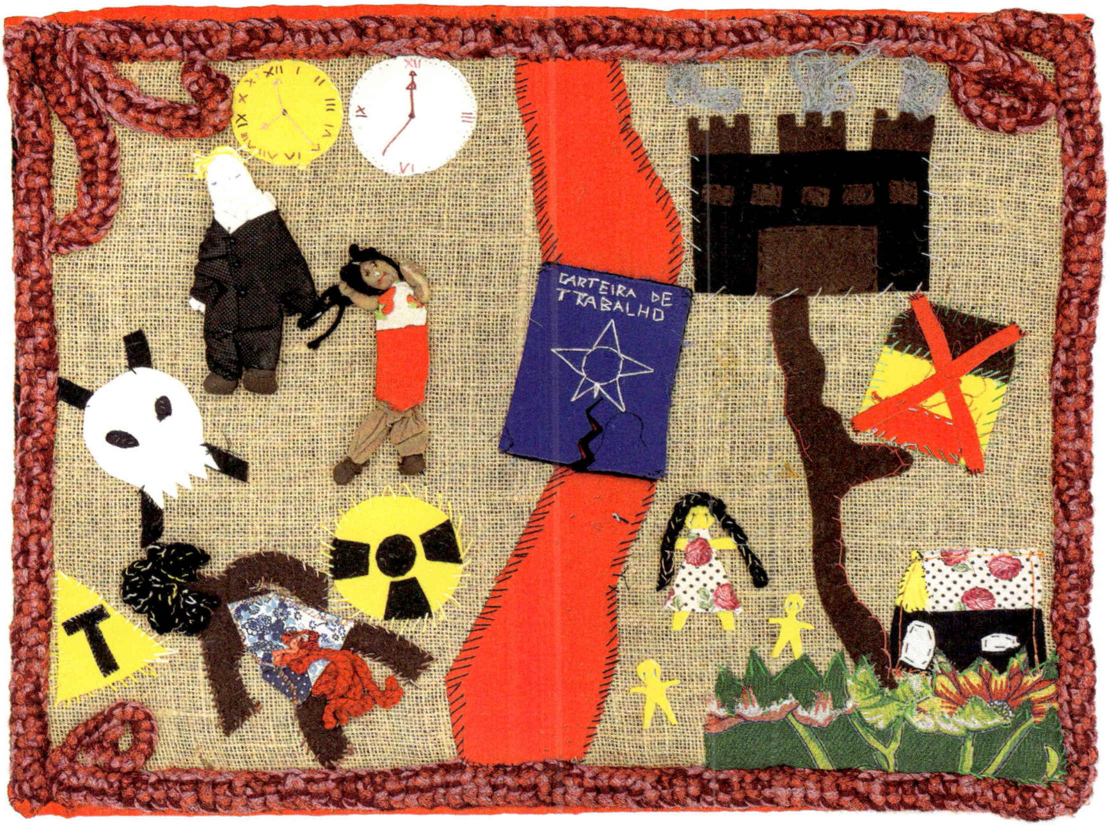
CARTEIRA DE
TRABALHO

Mulheres Atingidas do bairro Cantinho do Céu, São Paulo
[Women Affected by Dams from the Cantinho do Céu neighbourhood, São Paulo]

63. ***Represa*** [Reservoir], 2018
52 × 55 cm

Ao apresentar uma cena construída em torno da represa Billings, esta peça aborda a multiplicidade de problemas vividos pelas famílias atingidas nas periferias de São Paulo. A obra foi realizada pelas mulheres do bairro Cantinho do Céu, na zona sul da cidade. A comunidade vive em uma área de preservação ambiental, mas enfrenta ocupações irregulares, ausência de políticas públicas e de saneamento básico, além de uma realidade de violência e criminalidade. A carta que acompanha a peça denuncia a falta de áreas de lazer e de áreas verdes, além da escassez de oportunidades, o que leva muitas pessoas a viverem em tais condições – em sua maioria, pessoas negras. Na peça, é possível ver a comunidade representada de duas formas: na parte inferior, a realidade, com a represa poluída onde boia um corpo que indica a violência testemunhada pelas pessoas; e, na parte superior, a represa limpa, com peixes e mata ciliar.

By presenting a scene built around the Billings Reservoir, this piece addresses the multiple problems faced by families affected in the outskirts of São Paulo. The work was crafted by women from the Cantinho do Céu neighborhood, in the city's southern region. The community lives in an environmentally protected area but faces irregular occupations, lack of public policies and basic sanitation, and a reality of violence and crime. The letter that accompanies the piece denounces the absence of recreational areas and green spaces, in addition to the scarcity of opportunities, which leads many of its inhabitants–the majority of whom are Black people–to live in such conditions. The arpillera depicts the community in two ways: on the bottom of the piece, the reality, with the polluted reservoir where a body floats, indicating the violence witnessed by the people, and, on the top, the clean reservoir, with fish and riparian forest.

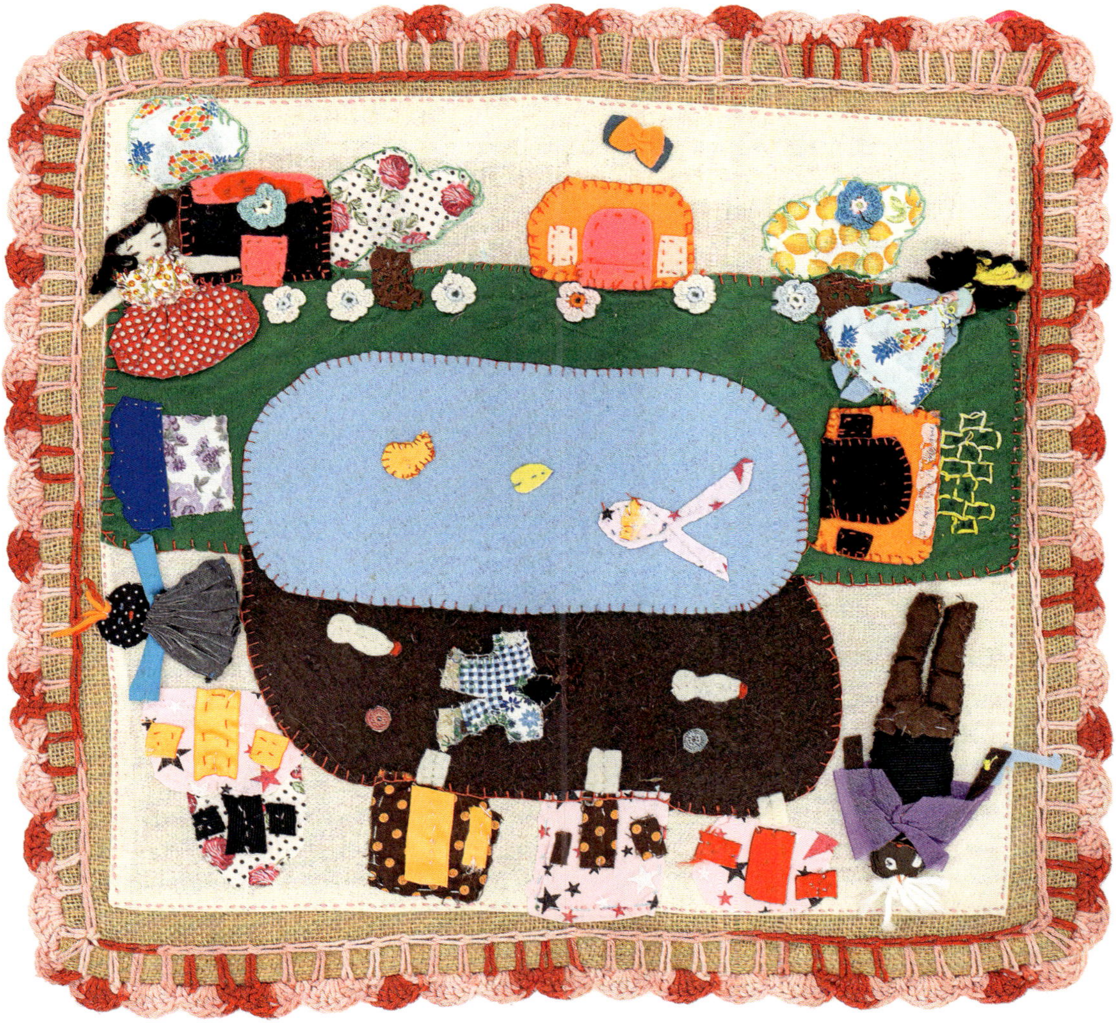

Mulheres Atingidas de Cachoeiras de Macacu, Rio de Janeiro [Women Affected by Dams from Cachoeiras de Macacu, Rio de Janeiro]

64. ***Antes e depois da barragem Guapiaçu***
[Before and After Guapiaçu Dam], 2018
61,5 × 72 cm

Esta arpillera retrata a realidade vivenciada pelas famílias ameaçadas pela construção de uma barragem no vale do Guapiaçu, em Cachoeiras de Macacu, Rio de Janeiro. Na peça, as mulheres relatam como era a vida antes e depois da chegada das notícias sobre a intenção de barrarem o rio: "Somos violados todos os dias quando precisamos de um médico e vamos ao posto de saúde e não temos atendimento. Quando precisamos ir à cidade fazer nossas compras, pagar nossas dívidas e contas, ir ao hospital, e não temos nenhum tipo de transporte público em nenhum horário. Quando vamos levar as nossas crianças para a escola e a mesma está sendo ameaçada de fechar. Quando precisamos escoar as nossas mercadorias e não temos ponte para atravessar o rio e as nossas estradas são esburacadas e mal dá pra passar de bicicleta. Mas nós estamos determinados a mudar essa situação, nos juntamos sempre que é necessário".

This arpillera portrays the reality faced by families threatened by the construction of a dam in the Guapiaçu Valley, in Cachoeiras de Macacu, Rio de Janeiro. In this piece, the women depict life before and after the news of the plan to dam the river: "We are violated every day when we need medical care and go to the health clinic, only to find no assistance. When we need to go to town to shop, pay debts and bills, or go to the hospital, and there is no public transportation at any time. When we take our children to school, and it is under threat of closure. When we need to transport our goods but have no bridge to cross the river, and our roads are so full of potholes that even bicycles can barely pass. But we are determined to change this situation, and we come together whenever necessary."

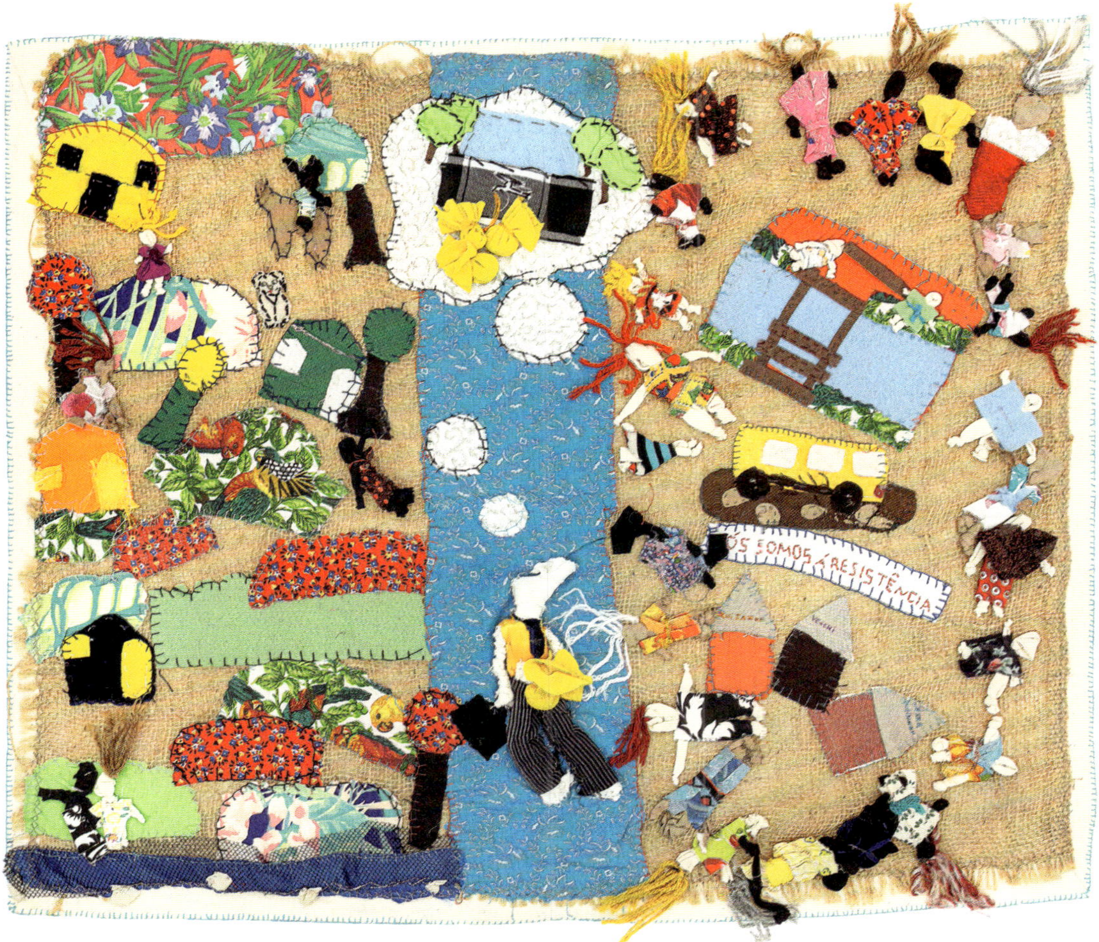
ÓS SOMOS Á RESISTÊNCIA

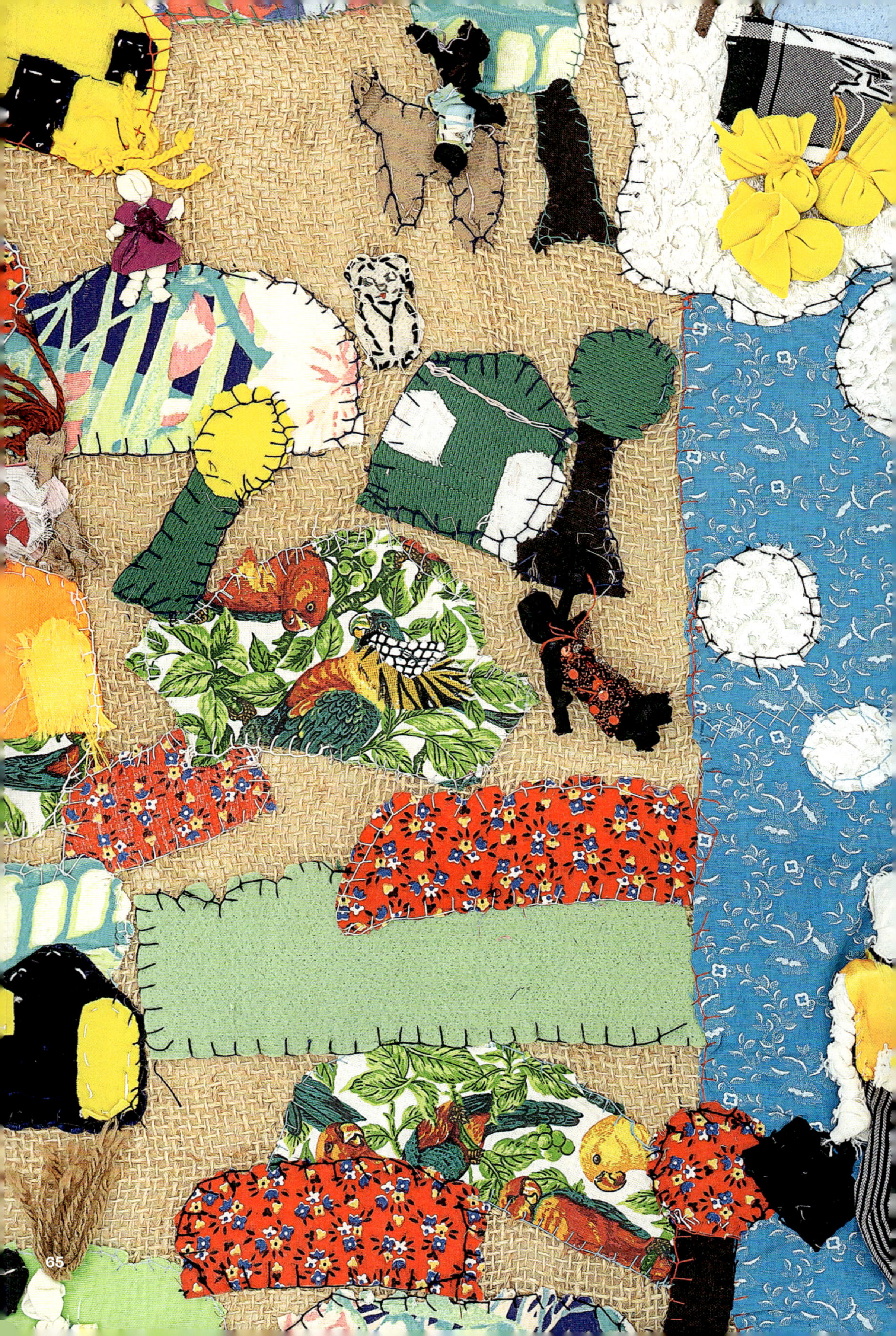

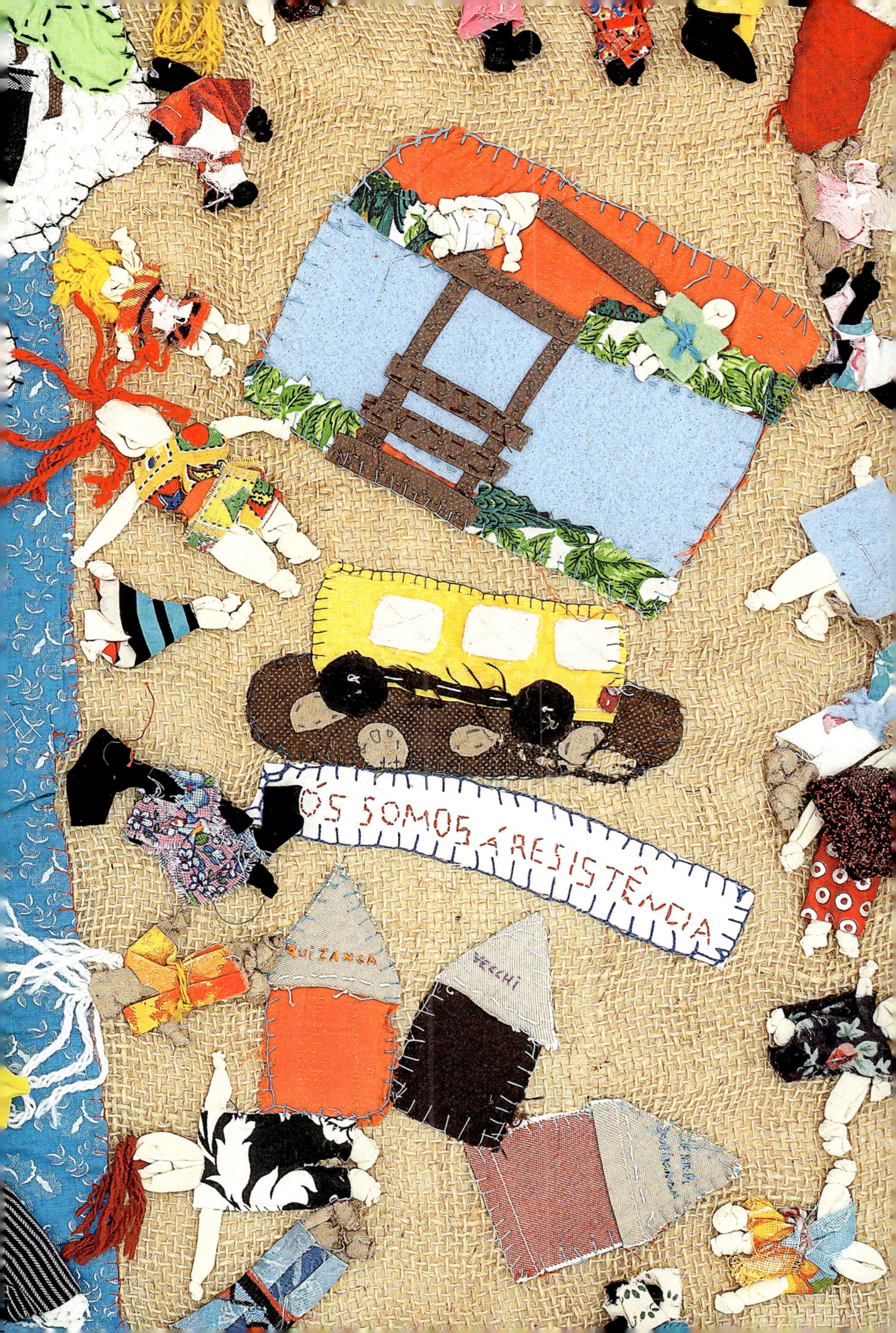
ÓS SOMOS Á RESISTÊNCIA
QUIZANGA
VECCHI

Mulheres Atingidas do Pará
[Women Affected by Dams from Pará]

66. ***Privatização que mata***
[Privatization That Kills], 2019
44 × 58 cm

Neste trabalho, são denunciados os impactos dos rompimentos de barragens causados pela privatização de estatais, como a Vale, que aparece em destaque. O triângulo verde, logomarca da mineradora, ocupa o centro da composição, e da sua lateral direita escorre uma mancha vermelha de sangue. A frase "O lucro não Vale a vida", amplamente utilizada em bandeiras e estandartes nas manifestações do MAB, pode ser lida na parte interna do símbolo. O duplo sentido da palavra "vale" faz do lema uma crítica tanto à empresa homônima quanto à lógica que tenta justificar as perdas humanas em nome do lucro. O sangue também se mistura à lama tóxica que arrasta tudo, enquanto, no céu, um helicóptero busca por corpos desaparecidos, compondo uma cena de devastação. À esquerda, pessoas atingidas se reúnem em torno de mensagens de protesto, expressando sua indignação e exigindo justiça diante da impunidade que perpetua crimes ambientais e humanos.

This piece denounces the impacts of dam collapses caused by the privatization of state-owned companies, such as Vale, which is the focal point. A green triangle–the company's logo–occupies the center of the composition, with a red bloodstain dripping from its right side. The sentence "Profit is not worth more than life," widely used on banners and standards in MAB demonstrations, can be read inside the symbol. The double meaning of the word "vale" ("to be worth," in Portuguese) makes the slogan a criticism of both the homonymous company and the logic that attempts to justify human losses in the name of profit. The blood also merges with the toxic mud that drags everything in its path, while, in the sky, a helicopter searches for missing bodies, creating a scene of devastation. On the left, people affected gather around protest messages, expressing their outrage and demanding justice in the face of impunity, which perpetuates crimes against the environment and humanity.

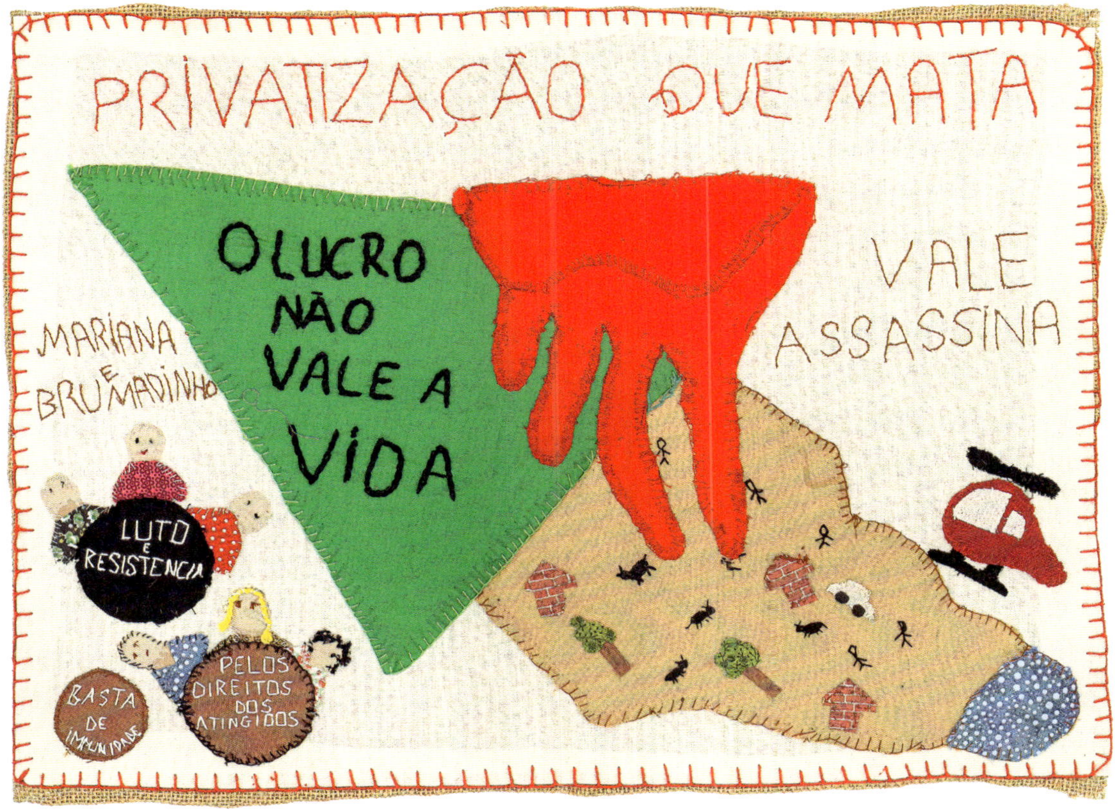
PRIVATIZAÇÃO QUE MATA
O LUCRO NÃO VALE A VIDA
VALE ASSASSINA
MARIANA E BRUMADINHO
LUTO E RESISTENCIA
PELOS DIREITOS DOS ATINGIDOS
BASTA DE IMPUNIDADE

Mulheres Atingidas de São Paulo, oficina de arpilleras no Sesc Consolação, São Paulo [Women Affected by Dams from São Paulo, arpillera workshop at SESC Consolação, São Paulo]

67. ***A cidade acorda***
[The City Awakes], 2019
42 × 62 cm

Realizada coletivamente em uma oficina de produção de arpilleras em São Paulo, esta peça aborda os impactos das tragédias resultantes de um modelo energético centrado no lucro, e não na vida. Por vezes, a população das grandes cidades se mostra indiferente a tragédias como os rompimentos das barragens de Mariana (2015) e Brumadinho (2019). Essa indiferença é representada na peça pela presença individual de pessoas em suas janelas, separadas umas das outras em apartamentos ou em carros particulares. Enquanto isso, uma pessoa em situação de rua dorme na calçada, protegida apenas por um cobertor fino. A lama tóxica de rejeitos da mineração paira sobre a cidade, carregando consigo um rastro de morte e destruição prestes a contaminar a água e o solo, espalhando seus efeitos pelo território. Em primeiro plano, um grupo de mulheres de mãos dadas simboliza a mobilização coletiva e a união contra a indiferença.

Crafted collectively during a workshop on the production of arpilleras in São Paulo, this piece addresses the impacts of disasters resulting from an energy system focused on profit rather than life. Sometimes the population of large cities is indifferent to tragedies such as the collapse of the Mariana (2015) and Brumadinho (2019) dams. This behavior is represented in the piece by the individual presence of people at their windows, separated from each other in apartments or private cars. Meanwhile, a homeless person sleeps on the sidewalk, protected only by a thin blanket. The toxic mud from mining waste hangs over the city, carrying with it a trail of death and destruction ready to contaminate the water and soil, spreading its effects throughout the territory. In the foreground, a group of women holding hands symbolizes collective mobilization and unity against indifference.

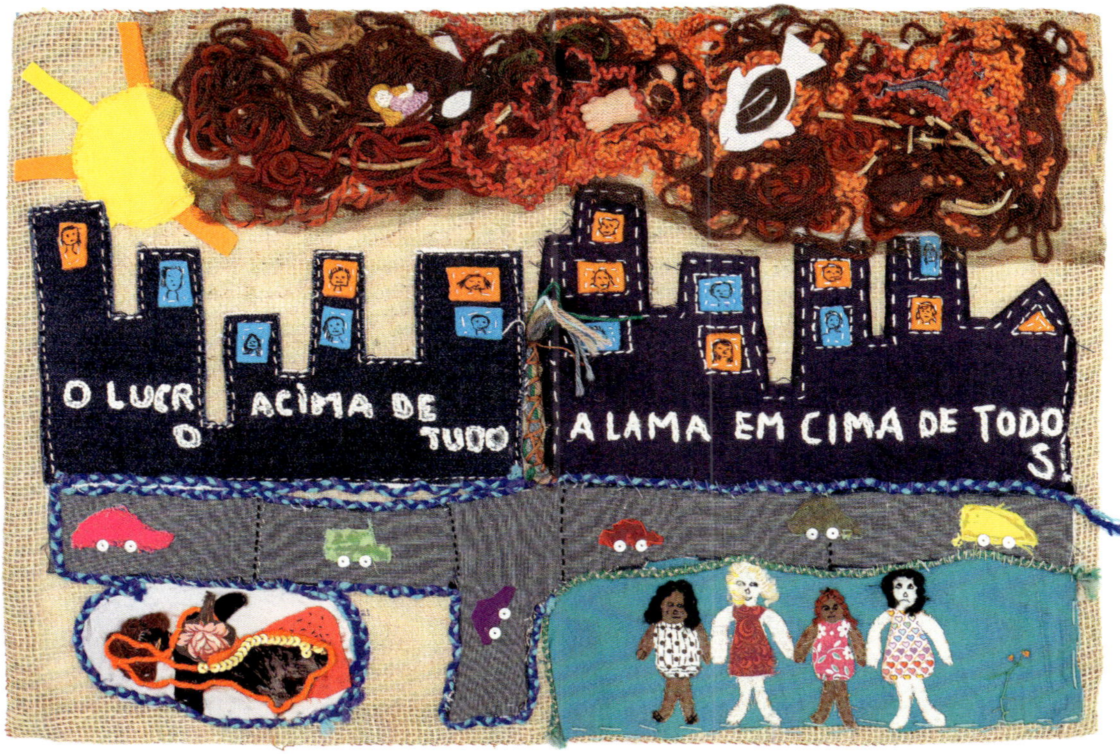
O LUCRO ACIMA DE TUDO
A LAMA EM CIMA DE TODOS!

Mulheres Atingidas de São Paulo, oficina de arpilleras no Sesc Consolação, São Paulo [Women Affected by Dams from São Paulo, arpillera workshop at SESC Consolação, São Paulo]

68. ***Nossa vida está ligada*** [Our Lives Are Intertwined], 2019
45 × 63 cm

Nossa vida está ligada (2019) expressa diversos sentimentos que assolam a vida de trabalhadoras e trabalhadores brasileiros, seja no campo ou na cidade. A insegurança causada pela falta de emprego ou habitação digna, o descaso dos governantes, a ameaça do rompimento de barragens e a violência urbana são alguns dos temas trabalhados pelas autoras desta peça. Dividida em duas partes, nela é possível visualizar duas tragédias que marcaram a vida das pessoas naquele ano: a fumaça preta das queimadas da Amazônia, que transformou dia em noite em São Paulo, e o rompimento da barragem de Brumadinho, cuja lama de rejeitos tóxicos ceifou a vida de mais de 270 pessoas. Do lado esquerdo da arpillera, há o sonho de uma cidade com os céus limpos e os campos verdes, árvores e animais livres, assim como um grupo de mulheres unidas, acompanhado pelas palavras "solidariedade" e "participação", dois substantivos fundamentais para uma vida coletiva digna.

Our Lives Are Intertwined (2019) expresses several feelings that plague the lives of Brazilian workers, whether in the countryside or the city. The insecurity caused by the lack of jobs or decent housing, the neglect of government officials, the threat of dam collapses, and urban violence are some of the themes addressed by the authors of this piece. Divided into two parts, it depicts two tragedies that marked people's lives in 2019: the black smoke from the Amazon fires, which turned day into night in São Paulo, and the collapse of the Brumadinho Dam, whose toxic waste sludge took the lives of over 270 people. On the left side of the arpillera, there is the dream of a city with clear skies and green fields, trees and free-roaming animals, as well as a group of women united, accompanied by the words "solidarity" and "participation," two fundamental nouns for a dignified collective life.

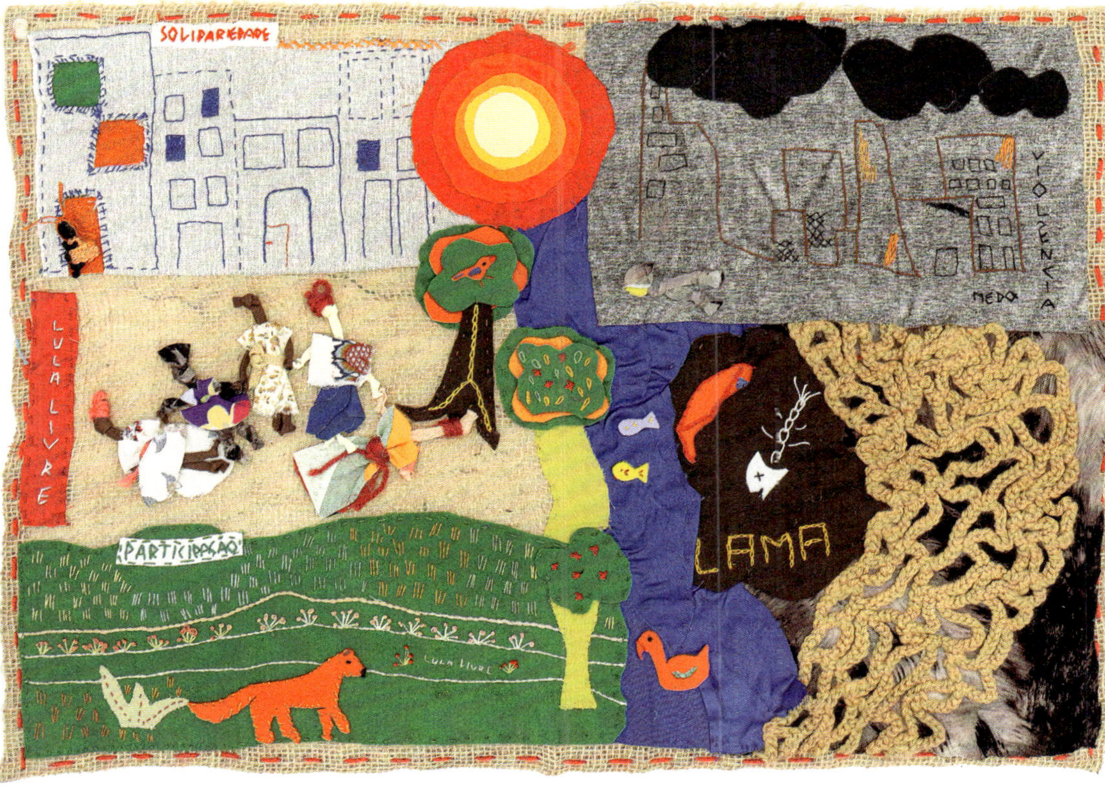
SOLIDARIEDADE
LULA LIVRE
PARTICIPAÇÃO
LULA LIVRE
VIOLÊNCIA
MEDO
LAMA

Mulheres Atingidas de São Paulo, oficina de arpilleras no Sesc Consolação, São Paulo [Women Affected by Dams from São Paulo, arpillera workshop at SESC Consolação, São Paulo]

69. ***Quanto vale a vida?*** [How Much Is Life Worth?], 2019
41 × 61 cm

Realizada em São Paulo durante uma oficina no Sesc, esta arpillera aborda como o rompimento de barragens afeta todos os seres vivos, humanos e não humanos. Na peça, há uma paisagem cuja parte inferior está tomada pela lama tóxica, uma referência ao rompimento da barragem da Vale em Brumadinho, Minas Gerais, em 2019, que matou 272 pessoas. No entanto, acima dela, é possível perceber um céu azul, o sol e uma manifestante com um cartaz que indaga: "Quanto vale a vida?". No canto inferior esquerdo, as palavras "força" e "coragem" freiam o lamaçal de destruição e morte. A presença desses elementos demonstra que a solidariedade e a mobilização social e política são essenciais para a reivindicação de um modelo energético que não coloque o lucro acima da vida.

Crafted in São Paulo during a workshop at SESC, this arpillera addresses how dam collapses affect all living beings, human and non-human. The piece features a landscape whose lower part is covered in toxic mud, a reference to the collapse of the Samarco Dam in Brumadinho, Minas Gerais, in 2019, which killed 272 people. However, above it, it is possible to see a blue sky, a sun, and a protester with a sign that asks: "How much is life worth?" In the lower left corner, the words "strength" and "courage" stop the mud from causing more destruction and death. These elements demonstrate that solidarity and social and political mobilization are essential to demand an energy system that does not put profit above life.

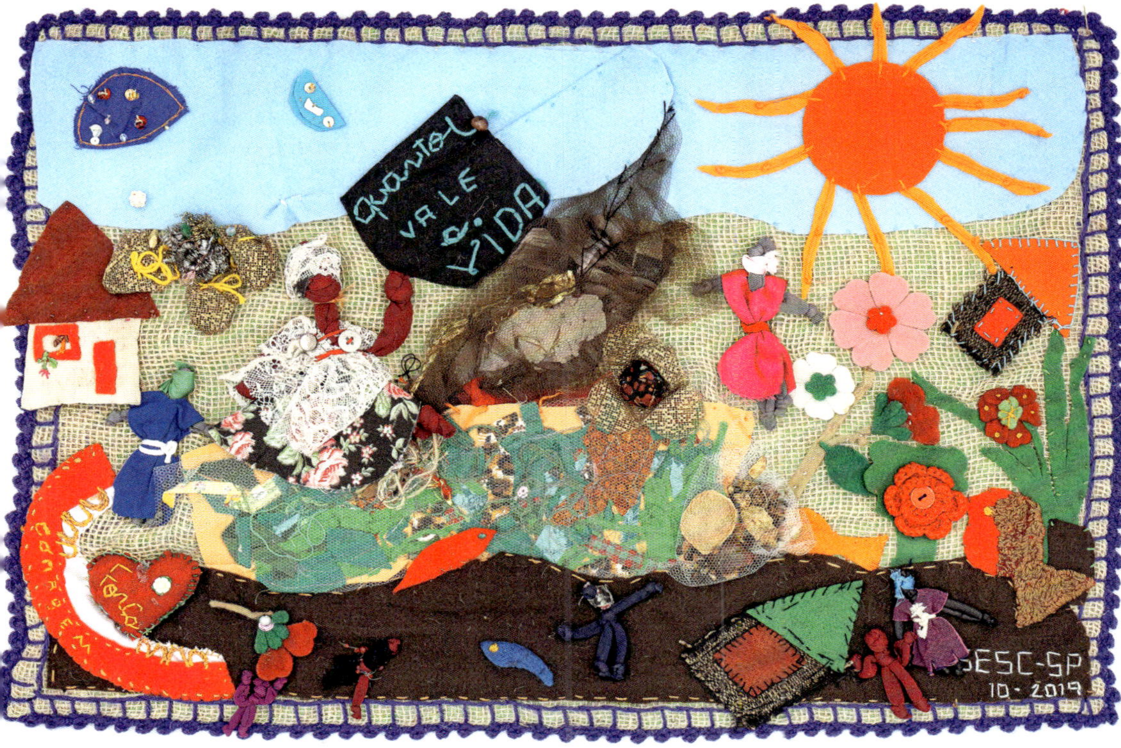
Quanto
VALE
a
VIDA
SESC-SP
10-2019

Mulheres Atingidas de Brumadinho, Minas Gerais
[Women Affected by Dams from Brumadinho, Minas Gerais]

70. ***25 de janeiro*** [January 25th], 2019
40 × 61,5 cm
Museu de Arte de São Paulo Assis Chateaubriand, doação [gift] Movimento dos Atingidos por Barragens no contexto da exposição *Histórias brasileiras* [in the context of the exhibition *Brazilian Histories*] 2021-25, MASP.11672

Esta arpillera narra os momentos trágicos vividos após o rompimento da barragem Córrego do Feijão, da Vale, em Brumadinho, no dia 25 de janeiro de 2019. Foram 13 milhões de metros cúbicos de lama tóxica que ceifaram a vida de 272 pessoas, sendo 131 delas funcionários da mineradora, 119 prestadores de serviço terceirizados, vinte pessoas que moravam ou estavam na comunidade e dois nascituros. A peça retrata a busca dos bombeiros pelos corpos em meio ao rejeito tóxico, no qual estavam submersos também animais, casas e veículos. A logomarca da Vale é representada com gotas de sangue, ressaltando a responsabilidade da empresa pela tragédia. Um relógio, próximo à barragem rompida, evidencia que o local era uma "bomba-relógio" para a vida da comunidade e para o ecossistema ao redor. No verso da peça há um pequeno bolso retirado de um uniforme da Vale, que contém uma carta-denúncia.

This arpillera narrates the tragic moments experienced in Brumadinho after the collapse of the Córrego do Feijão Dam, owned by Vale, on January 25, 2019. 13 million cubic meters of toxic mud claimed the lives of 272 people, including 131 employees of the mining company, 119 outsourced service providers, 20 people who lived or were in the community, and 2 unborn children. The piece portrays the firefighters' search for bodies amid the toxic waste, in which animals, houses, and vehicles were also submerged. The Vale logo is represented with drops of blood, highlighting the company's responsibility for the tragedy. A clock near the collapsed dam shows it was a "ticking time bomb" for community life and the surrounding ecosystem. On the back of the piece there is a small pocket taken from a Vale uniform containing a letter of denunciation.

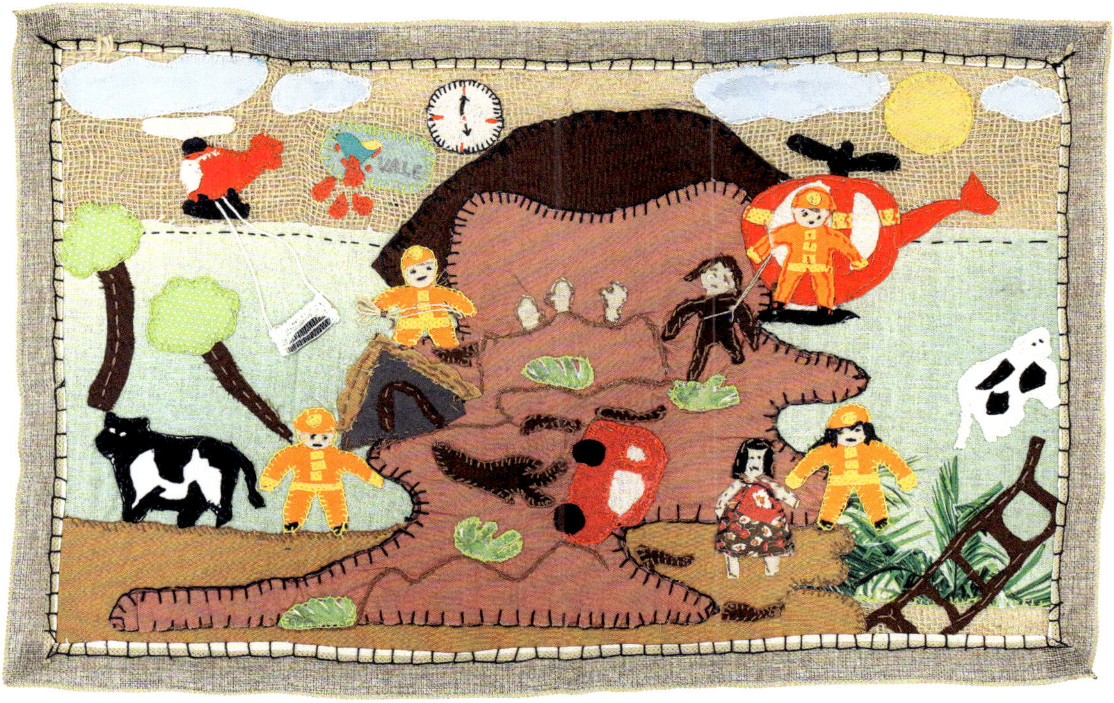
VALE

Mulheres Atingidas de Congonhas, Minas Gerais
[Women Affected by Dams from Congonhas, Minas Gerais]

71. ***CSN leva a riqueza***
[CSN Takes the Wealth], 2019
105 × 84 cm

Esta arpillera retrata o principal problema vivido pelos atingidos em Congonhas: a proximidade de algumas barragens da área urbana. Com uma população de aproximadamente 50 mil habitantes em 2019, a cidade é cercada por 24 barragens de quatro empresas: treze da Companhia Siderúrgica Nacional (CSN), cinco da Vale, outras cinco da Gerdau e uma da Ferrous. Em caso de rompimento, as pessoas teriam apenas cerca de trinta segundos para fugir da morte. Diante do alto risco, a reivindicação dos atingidos consiste no deslocamento da população, que já morava na região antes da instalação das estruturas, para um local seguro. Enquanto nada é feito, a cidade convive com o medo e tem sido impactada pela poeira diariamente. A grande preocupação das mulheres é a situação da escola e da creche do bairro residencial, que estão localizadas na rota de devastação causada por um possível rompimento.

This arpillera portrays the main problem experienced by the people in Congonhas: the proximity of some dams to the urban area. With a population of approximately 50 thousand inhabitants in 2019, the city is surrounded by 24 dams owned by four companies: thirteen by Companhia Siderúrgica Nacional (CSN), five by Vale, another five by Gerdau, and one by Ferrous. In the event of a collapse, people would only have about 30 seconds to escape death. Given the high risk, the demand of the residents of the area consists of moving the population, who already occupied the region before the structures were installed, to a safe place. While nothing is done, the city lives in fear and is impacted by dust on a daily basis. The major concerns of women are the school and the daycare center in the residential neighborhood, which are in the devastation path of a possible collapse.

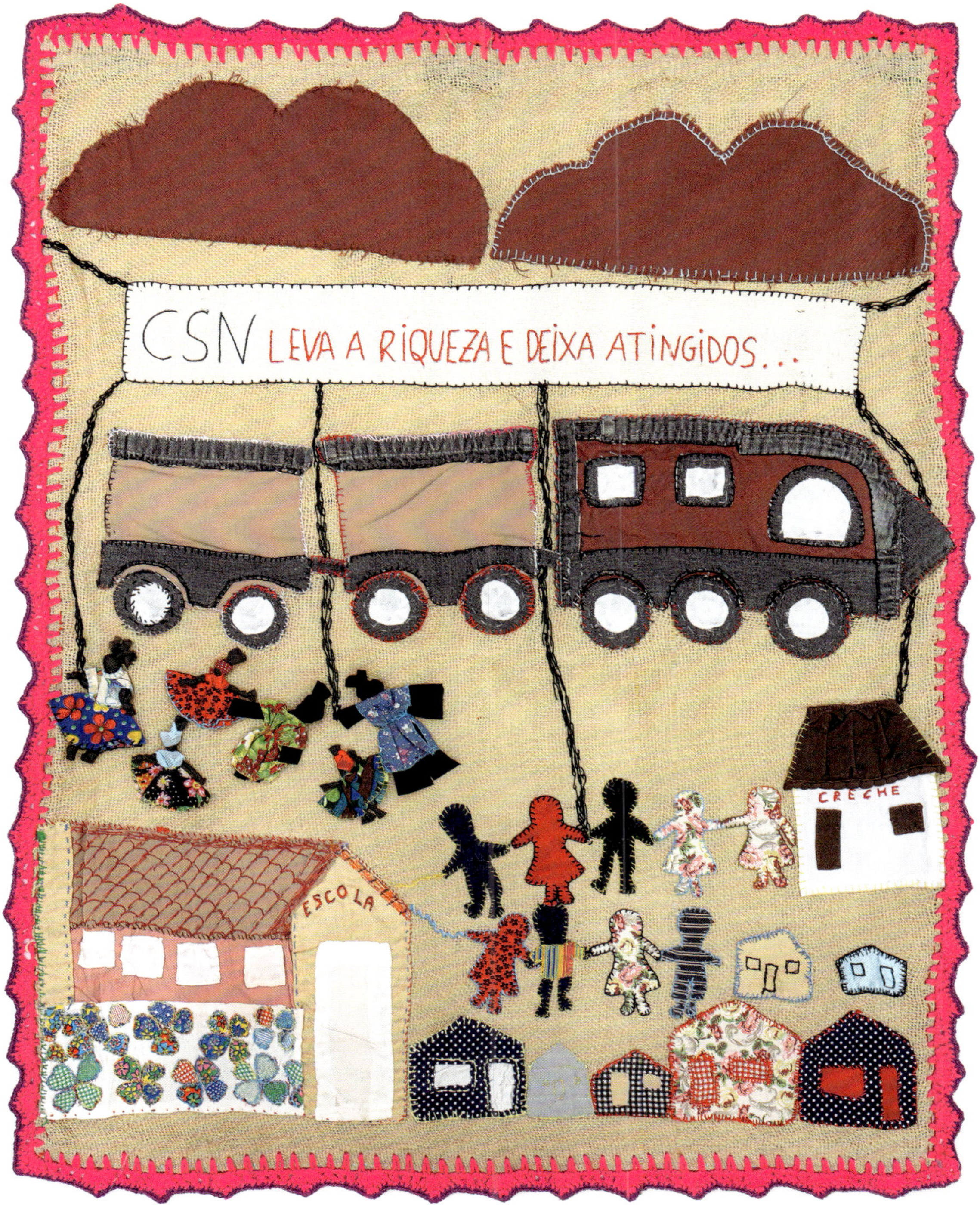
CSN LEVA A RIQUEZA E DEIXA ATINGIDOS...
CRECHE
ESCOLA

Mulheres Atingidas pelos projetos de Pequenas Centrais Hidrelétricas (PCHs) na região oeste da Bahia [Women Affected by the Small Hydroelectric Power Plants (PCHs) projects at the West of Bahia]

72. ***O preço da luz é um roubo*** [Electricity's Price Is a Rip-Off], 2020
41 × 60 cm

Realizada em meio à pandemia de covid-19, em 2020, esta arpillera aborda os impactos do aumento das contas de energia e gás de cozinha na vida das atingidas. O ano de 2020 foi marcado pelo retorno da pobreza na sociedade brasileira, devido à elevação do custo dos alimentos e de itens básicos. Esta peça retrata uma cena de mulheres compartilhando alimentos entre si, diante do cenário de escassez. No canto inferior direito, um mercado anuncia os altos preços de seus itens, enquanto um botijão de gás encontra-se dentro de uma grade, para evitar que seja furtado. Do lado oposto da peça, um caldeirão a lenha substitui o gás de cozinha no preparo dos alimentos – um método mais barato e nem sempre tão seguro. Ao fundo da peça, as linhas de transmissão recebem cifrões, a fim de sinalizar a crueldade do uso da geração de energia elétrica para gerar o lucro de empresas privadas em meio à fome e à pobreza da população.

Created during the COVID-19 pandemic in 2020, this arpillera addresses the impacts of rising energy and cooking gas bills on the lives of women affected by the construction of dams. The return of poverty marked the year 2020 in Brazilian society due to the rising cost of food and basic items. This piece depicts a scene of women who, faced with scarcity, share some food. In the lower right corner, a market advertises the high prices of its items, while a gas cylinder is inside a cage to prevent it from being stolen. On the opposite side of the piece, a wood-fired cauldron replaces cooking gas in food preparation–a cheaper and not as safe method. In the background of the piece, the transmission lines are marked with dollar signs to underscore the cruelty of private companies, which profit from electricity amid the hunger and poverty of the population.

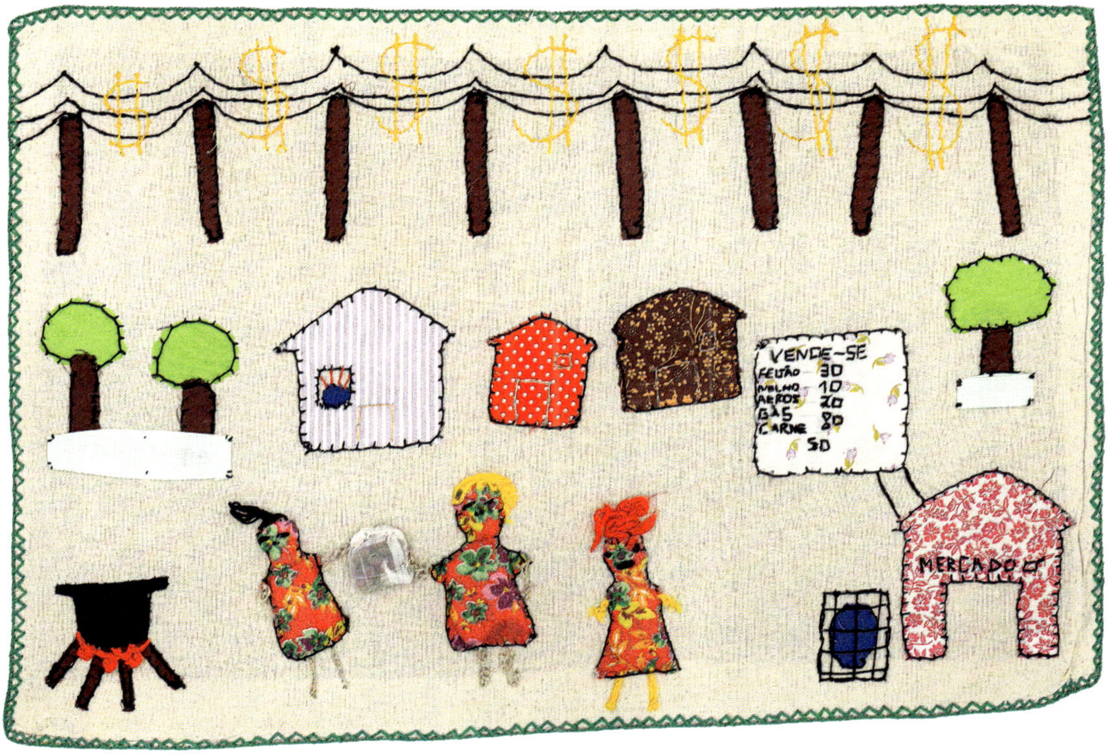
VENDE-SE
FEIJÃO 30
MILHO 10
ARROS 20
GÁS 80
CARNE 80
50
MERCADO

Mulheres Atingidas pelos projetos de Pequenas Centrais Hidrelétricas (PCHs) na região oeste da Bahia [Women Affected by the Small Hydroelectric Power Plants (PCHs) projects at the West of Bahia]

73. ***A luta garante a vida*** [The Struggle Guarantees Life], 2019
42 × 62 cm

Esta arpillera ilustra os desafios e as conquistas das mulheres atingidas por empreendimentos energéticos no oeste baiano nas últimas décadas. No canto superior esquerdo, relembra-se o conflito dos ribeirinhos da cidade de Correntina, que ocuparam a fazenda Igarashi em 2017, na tentativa de interromper a captação de água realizada por empresas transnacionais ligadas ao agronegócio. Do lado direito, representa-se uma comunidade com um sistema produtivo em simbiose com a natureza, por meio da ligação entre uma escola, um posto de saúde e a prática do modelo de Produção Agroecológica Integrada e Sustentável (Pais), tecnologia que propõe ampliar a qualidade de vida das trabalhadoras rurais via inclusão social e geração de renda por meio da venda de produtos orgânicos. Abaixo do rio, uma manifestação defende o uso sustentável da água pelas comunidades locais, em contraste com a exploração pelos grandes latifúndios. Assim, apesar dos avanços, a luta segue necessária para garantir o equilíbrio entre desenvolvimento e sustentabilidade.

This arpillera illustrates the challenges and achievements of women affected by energy projects in Western Bahia over recent decades. In the upper left corner, the struggle of the riverside communities in the city of Correntina is remembered, as they occupied the Igarashi farm in 2017 to resist water extraction by transnational agribusiness companies. On the right, a community is depicted thriving with a productive system in symbiosis with nature, represented by the connection between a school, a health clinic, and the practice of the Integrated and Sustainable Agroecological Production (PAIS) model–technology aimed at enhancing the quality of life of rural women workers through social inclusion and income generation via organic product sales. Below the river, a demonstration advocates for the sustainable use of water by local communities, which contrasts with its exploitation by large plantations. While progress has been made, struggle remains necessary to ensure a balance between development and sustainability.

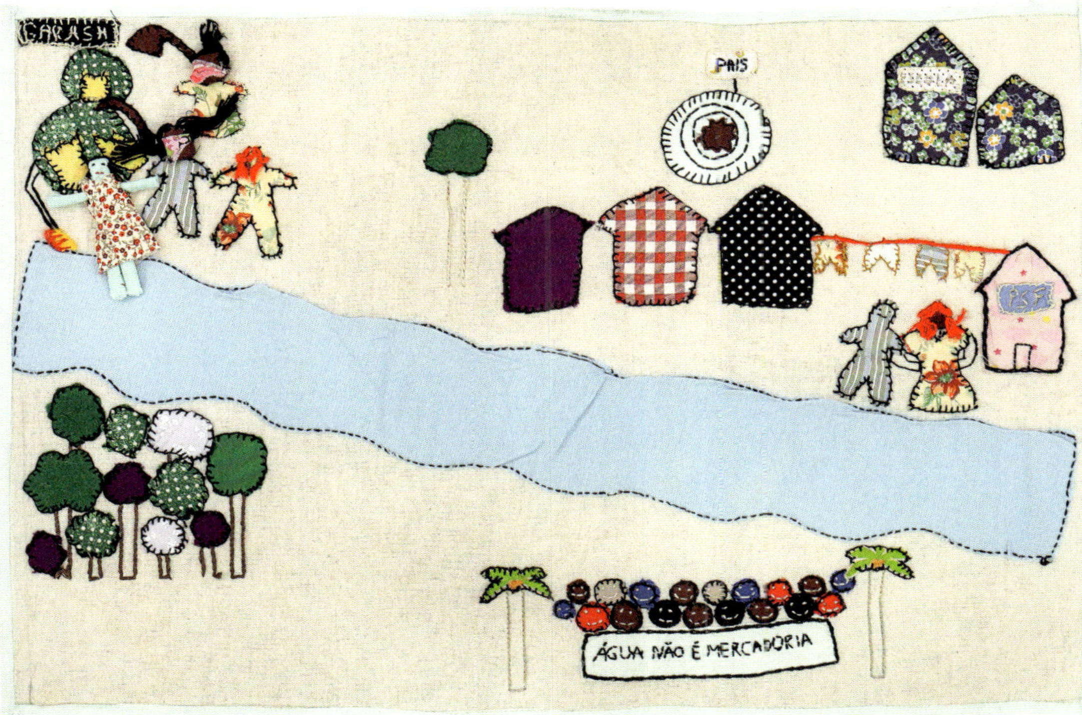
CARASH
PAIS
ÁGUA NÃO É MERCADORIA

Mulheres Atingidas do Pará
[Women Affected by Dams from Pará]

74. ***O preço da luz é um roubo*** [Electricity's Price Is a Rip-Off], 2019
47 × 59 cm

Esta arpillera se divide em cinco partes que abordam como as tarifas de energia elétrica atingem a população paraense. O primeiro quadro representa o sacrifício feito pelos consumidores, que evitam utilizar seus aparelhos domésticos para reduzir os valores da conta que chega no final do mês. No segundo, temos as bandeiras tarifárias anuais que pesam no bolso das(os) trabalhadoras(es), que precisam contar centavos – os únicos que restam – para efetuar o pagamento. Há também um questionamento: "Se é tão barato produzir energia no Brasil, por que nossa conta de luz chega tão cara?" O terceiro quadro representa as famílias que vivem à luz de velas, sem condições de pagar ou renegociar suas dívidas. Ao lado, vemos uma cena muito comum nas periferias: um funcionário da Equatorial, empresa responsável pela distribuição de energia no Pará, usa uma escada para cortar a energia de uma moradora. Ao centro, um grupo de atingidas se organiza em um ato de denúncia.

This arpillera is divided into five sections, depicting the impact of electricity tariffs on the population of the State of Pará. The first panel represents the sacrifices consumers make, such as avoiding the use of household appliances to reduce the bill at the end of the month. The second panel illustrates the yearly electricity surcharges that strain workers' budget, forcing them to scrape together their last cents to pay them off. It also raises a question: "If producing energy in Brazil is so cheap, why are our electricity bills so expensive?" The third panel portrays families living by candlelight because they cannot afford to pay or renegotiate their debts. Next to it, a common scene in marginalized communities unfolds: a worker from Equatorial, the company responsible for energy distribution in Pará, climbs a ladder to disconnect a woman's electricity. At the center, the piece highlights the organization and denunciation efforts led by women in this context.

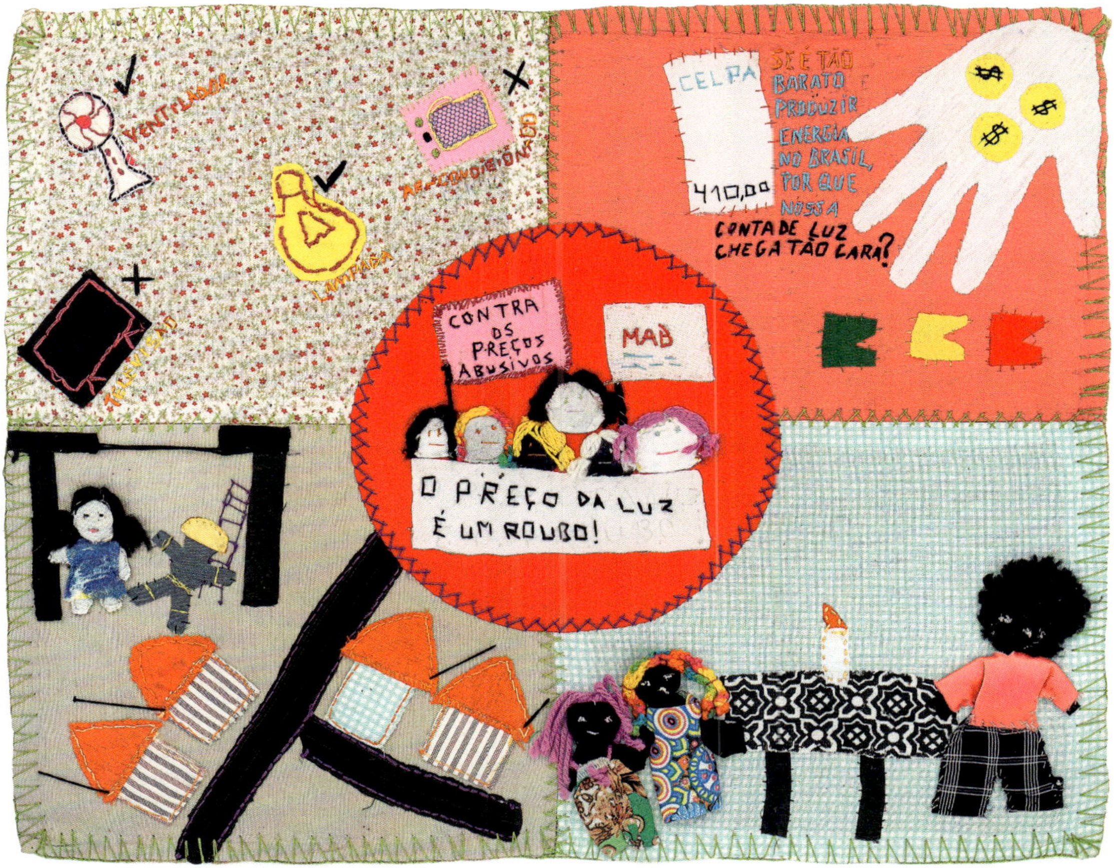
VENTILADOR
AR-CONDICIONADO
LAMPADA
TELEVISÃO
CELPA
410,00
SE É TÃO BARATO PRODUZIR ENERGIA NO BRASIL, POR QUE NOSSA CONTA DE LUZ CHEGA TÃO CARA?
CONTRA OS PREÇOS ABUSIVOS
MAB
O PREÇO DA LUZ É UM ROUBO!

Mulheres Atingidas do Pará
[Women Affected by Dams from Pará]

75. ***Somos todos atingidos***
[We Are All Affected], 2019
45 × 67,5 cm

Esta arpillera evidencia os impactos, na vida dos trabalhadores do campo e da cidade, do modelo energético desenvolvido pelas mineradoras no Norte do país. O mapa do Pará é bordado sobre um fundo branco, e dentro dele corre um rio azul abundante, cortado por duas barragens que representam os maiores empreendimentos hidrelétricos do estado: as usinas de Tucuruí e Belo Monte. Ao seu redor, as populações ribeirinhas, que dependiam desses rios, têm sua vida profundamente afetada pelas construções, muitas vezes sem ter acesso à energia gerada por elas. Enquanto isso, nas cidades, o valor da energia gerada à custa da morte dos companheiros rurais é altíssimo, além de não atender a população urbana, como indicam os manifestantes que carregam a faixa: "O preço da luz é um roubo". Esse contraste entre promessa e realidade expõe o ciclo de exploração das hidrelétricas privatizadas, que perpetuam desigualdades e destruição ambiental, processos que afetam o interior e a capital, sendo a resistência coletiva a única saída para tal modelo.

This arpillera highlights how the energy system developed by mining companies in Northern Brazil impacts both rural and urban workers. The map of the State of Pará is embroidered on a white background, with a vast blue river running through it, interrupted by two dams representing the state's largest hydroelectric projects: the Tucuruí and Belo Monte power plants. Surrounding the river, the riverside communities–once dependent on these waters–see their lives profoundly disrupted by these constructions, often without even having access to the electricity they generate. Meanwhile, in the cities, the cost of energy–produced at the expense of countryside lives–is exorbitant and fails to meet the needs of urban population, as indicated by the protesters carrying a banner that reads: "Electricity's Price is a Rip-Off." This contrast between promise and reality exposes the cycle of exploitation driven by privatized hydroelectric power plants, which perpetuate inequality and environmental destruction. In this process, both the countryside and the capital are affected, making collective resistance the only way forward against such a system.

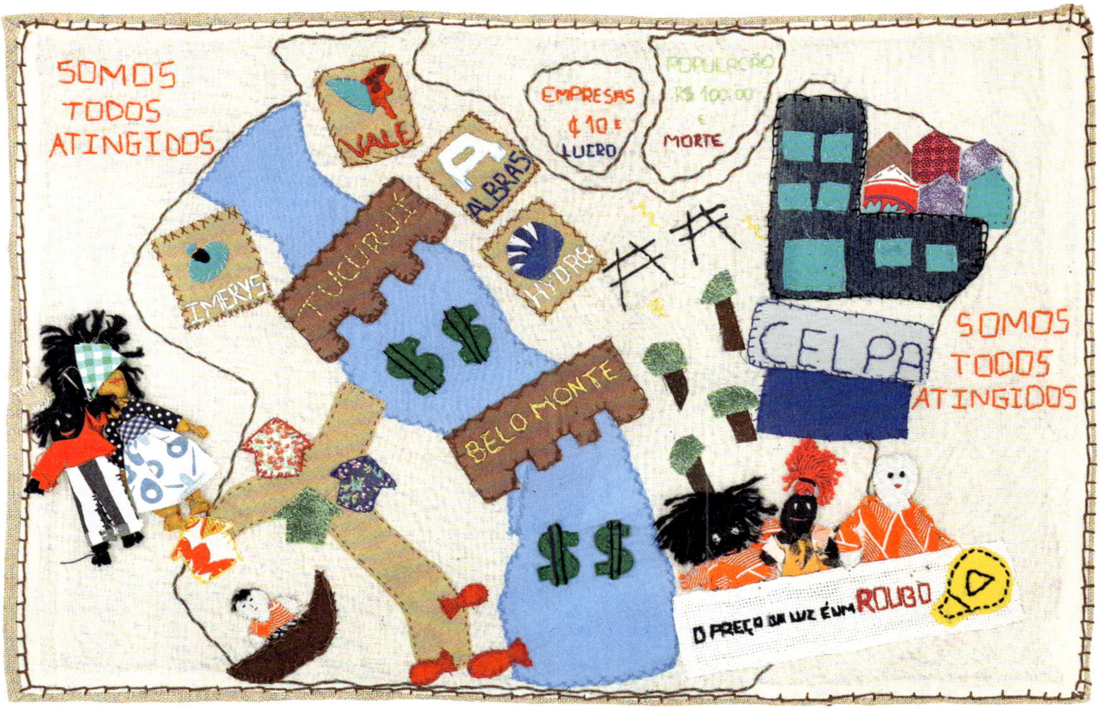
SOMOS TODOS ATINGIDOS
VALE
EMPRESAS ¢10 E LUCRO
POPULAÇÃO R$ 100,00 E MORTE
ALBRAS
IMERYS
TUCURUÍ
HYDRO
BELO MONTE
CELPA
SOMOS TODOS ATINGIDOS
O PREÇO DA LUZ É UM ROUBO

Mulheres Atingidas de São Paulo, oficina de arpilleras no Sesc Consolação, São Paulo [Women Affected by Dams from São Paulo, arpillera workshop at SESC Consolação, São Paulo]

76. ***Watu morreu***
[Watu Is Dead], 2019
44 × 60 cm

O rompimento da barragem do Fundão em 2015, operada pela Samarco, transformou profundamente a vida das sete aldeias Krenak que habitavam as margens do rio Doce (Watu, em Krenak), em Resplendor, Minas Gerais. Esta peça é dividida em duas partes, representando a realidade dos Krenak antes e depois do rompimento. À esquerda, o cotidiano das comunidades é retratado antes do desastre: figuras humanas, fauna e flora em perfeita harmonia. Um céu ensolarado ilumina o rio Doce, repleto de peixes. À direita, o bordado é tomado por tons amarronzados que remetem à lama tóxica. Pessoas clamam por socorro em cima de uma ponte sob a qual boiam peixes e animais mortos no rio contaminado. A morte de Watu e da vida associada ao rio não é apenas uma perda ambiental inestimável, mas também a destruição da identidade e da cultura dos povos originários que habitam suas margens.

In 2015, the collapse of the Fundão Dam, operated by Samarco, profoundly transformed the lives of the seven Krenak villages on the banks of the Doce River ("Watu" in Krenak) in Resplendor, Minas Gerais. This piece is divided into two parts, representing the reality of the Krenak before and after the collapse. On the left, the daily life of the communities before the disaster is portrayed: human figures, fauna, and flora in perfect harmony. A sunny sky illuminates the Doce River, full of fish. On the right, the embroidery is taken by shades of brown that refer to the toxilc mud. People cry for help on a bridge over the contaminated river where dead fish and animals float. The death of Watu and the life associated with it is not only an inestimable environmental loss but also the destruction of the identity and culture of the native peoples who inhabit its banks.

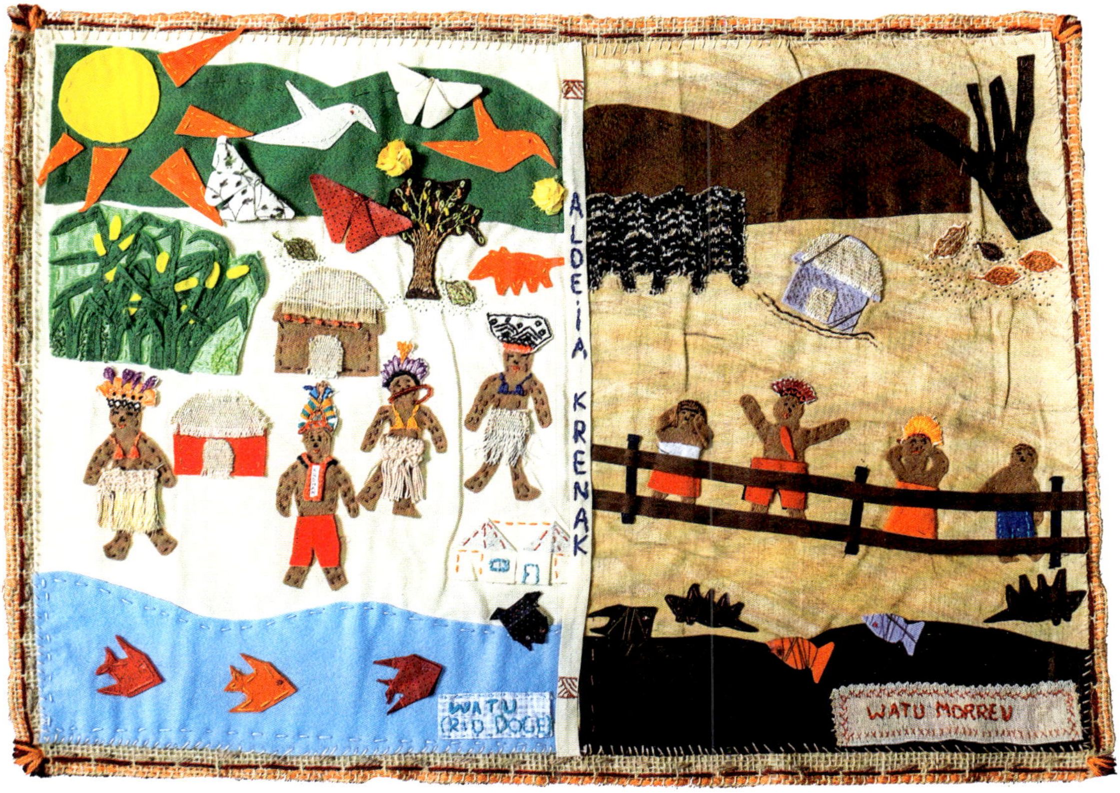
ALDEIA KRENAK
WATU
(RIO DOCE)
WATU MORREU

Coletivo Nacional de Mulheres do MAB na região de Tapajós, Pará
[MAB National Women's Collective at the Tapajós region, Pará]

77. ***Defender a Amazônia é defender a vida*** [Defending the Amazon Is Defending Life], 2021
45 × 58,5 cm

Criada durante a pandemia de covid-19, esta arpillera denuncia os efeitos devastadores da ganância empresarial sobre a floresta amazônica. Ao centro, um pulmão remete tanto ao órgão afetado pela covid-19 quanto à ideia circulada popularmente de que a Amazônia seria o "pulmão do mundo". No pulmão esquerdo, os alvéolos são representados como afluentes e meandros de um rio, contornando uma floresta viva. Já o direito é marcado pelas chamas das queimadas e pelo sangue dos que morreram defendendo a causa ambiental. Ao fundo, a figura de um homem branco, loiro, de terno e gravata, simboliza os empresários brasileiros e estrangeiros que exploram economicamente a região. Seus olhos azuis, substituídos por cifrões, espelham a cobiça cega das corporações internacionais pela natureza brasileira transformada em recurso. Em oposição a essa figura agigantada e o cenário de destruição, manifestantes do MAB se organizam coletivamente para plantar novas árvores e demandar a defesa da floresta.

Created during the COVID-19 pandemic, this arpillera denounces the devastating effects of corporate greed in the Amazon rainforest. In the center, a lung refers both to the organ affected by COVID-19 and the popular idea that the Amazon is the "lungs of the world." In the left lung, the alveoli are represented as tributaries and meanders of a river surrounding a living forest. The one on the right has flames of the fires and the blood of those who died defending the environmental agenda. In the background, a white, blond man in a suit and tie symbolizes the foreign businessmen who economically exploit the region. His blue eyes, replaced by dollar signs, reflect the blind greed of international corporations for the Brazilian nature, transformed into a resource. In opposition to this gigantic figure and the destruction scenario, MAB protesters are organizing collectively to plant new trees and demand the defense of the forest.

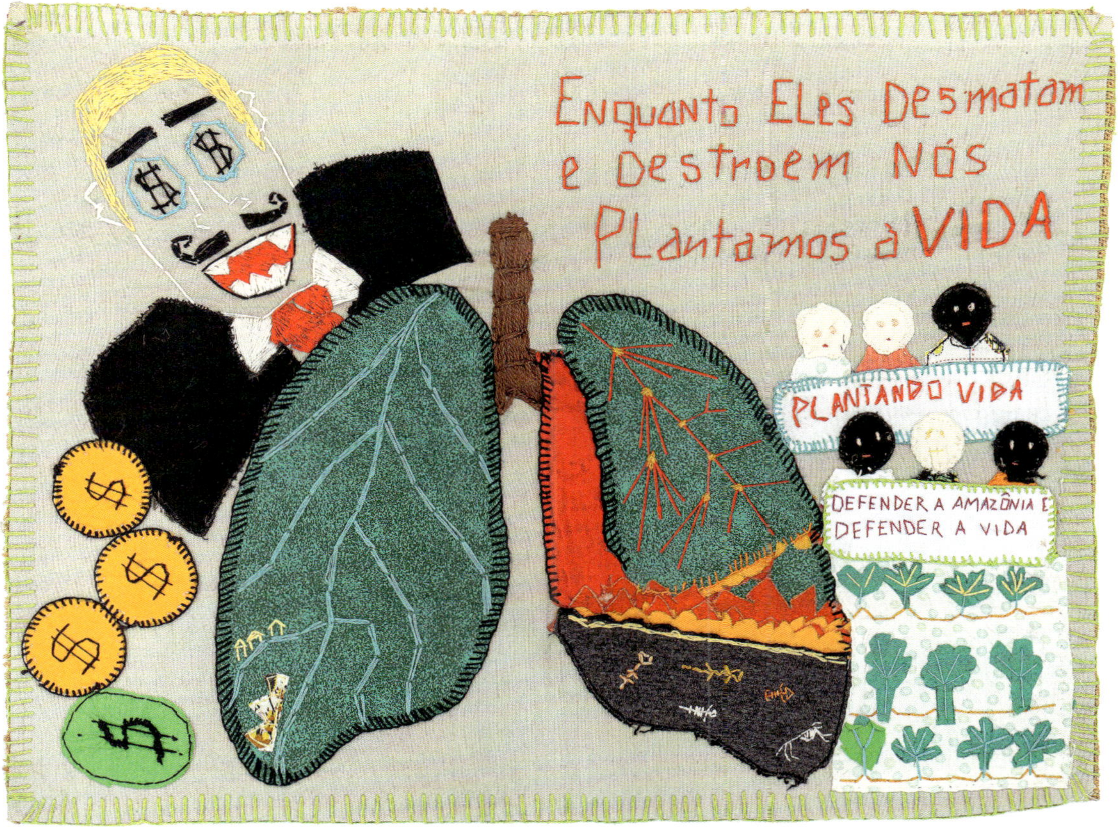
Enquanto Eles Desmatam
e Destroem Nós
Plantamos à VIDA
PLANTANDO VIDA
DEFENDER A AMAZÔNIA É
DEFENDER A VIDA

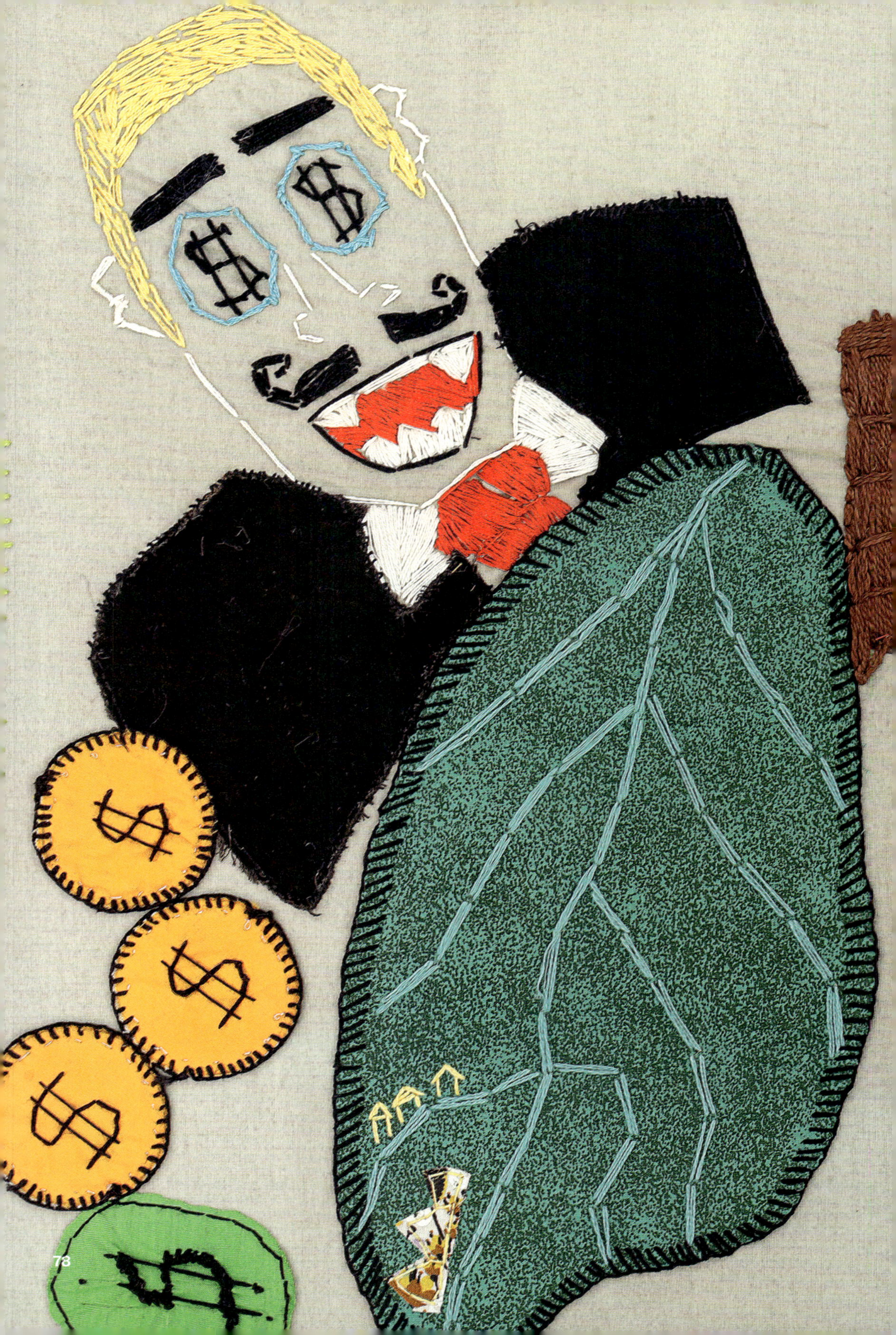

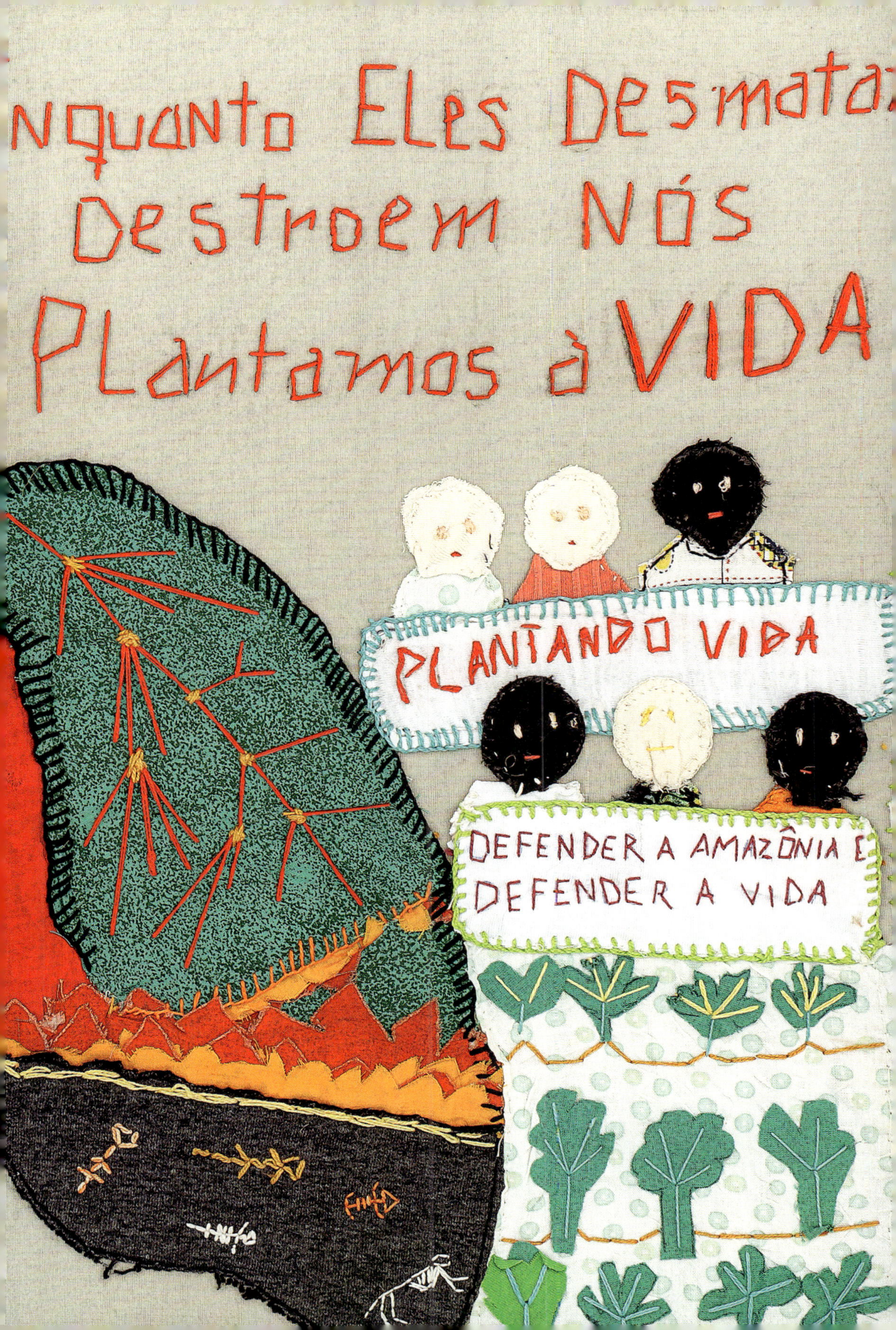
nquanto Eles Desmata
Destroem Nós
Plantamos à VIDA
PLANTANDO VIDA
DEFENDER A AMAZÔNIA É
DEFENDER A VIDA

Mulheres Atingidas pelos projetos de Pequenas Centrais Hidrelétricas (PCHs) na região oeste da Bahia [Women Affected by the Small Hydroelectric Power Plants (PCHs) projects at the West of Bahia]

79. ***Resistência, liberdade*** [Resistance, Freedom], 2020
53 × 62 cm

"[Nesta] arpillera denunciamos o machismo e a violência doméstica: basta dessa cultura partriacal que nos ameaça e faz jorrar sangue. Basta de nos maltratar e matar. Gritamos 'não' ao sistema patriarcal ou vão nos exterminar. A mulher, o fruto da terra, que gera vida, um ser de luz. Queremos nossa autonomia para ocupar os nossos espaços. Somos o que queremos e podemos, sim, assumir os diversos papéis sociais e profissionais na sociedade. Mulheres na Luta: é neste espaço que estamos e conquistamos muito até aqui. Precisamos continuar a nossa caminhada. Nosso lugar não é na 'beira do fogão' ou sendo 'escravas domésticas'. Nosso lugar é onde queremos estar, construindo a transformação da sociedade. Nos pertencemos e queremos viver. 'Somos muitas mulheres dentro de uma só' e essa união nos faz mais fortes. Protegemos umas às outras contra essa sociedade patriarcal. É preciso lutar para conquistar nossos espaços! É preciso dizer 'NÃO' a esse sistema cruel!"

"[In] this arpillera, we denounce sexism and domestic violence: enough of this patriarchal culture that threatens us and spills blood. Enough of mistreating and killing us. We shout 'No' to the patriarchal system, or else they will exterminate us. The women, the fruit of the earth, the bearers of life, beings of light. We want our autonomy to occupy our spaces. We are what we want to be, and we can take up all the social and professional roles in society. Women in Struggle: this is where we are; we have achieved a lot so far. We need to continue our journey. Our place is not 'by the stove' or as 'domestic slaves.' Our place is wherever we want it to be, building the transformation of society. We belong to ourselves, and we want to live. 'We are many women within one,' and this union makes us stronger. We protect each other against this patriarchal society. We must fight to conquer our spaces! We must say 'NO' to this cruel system!"

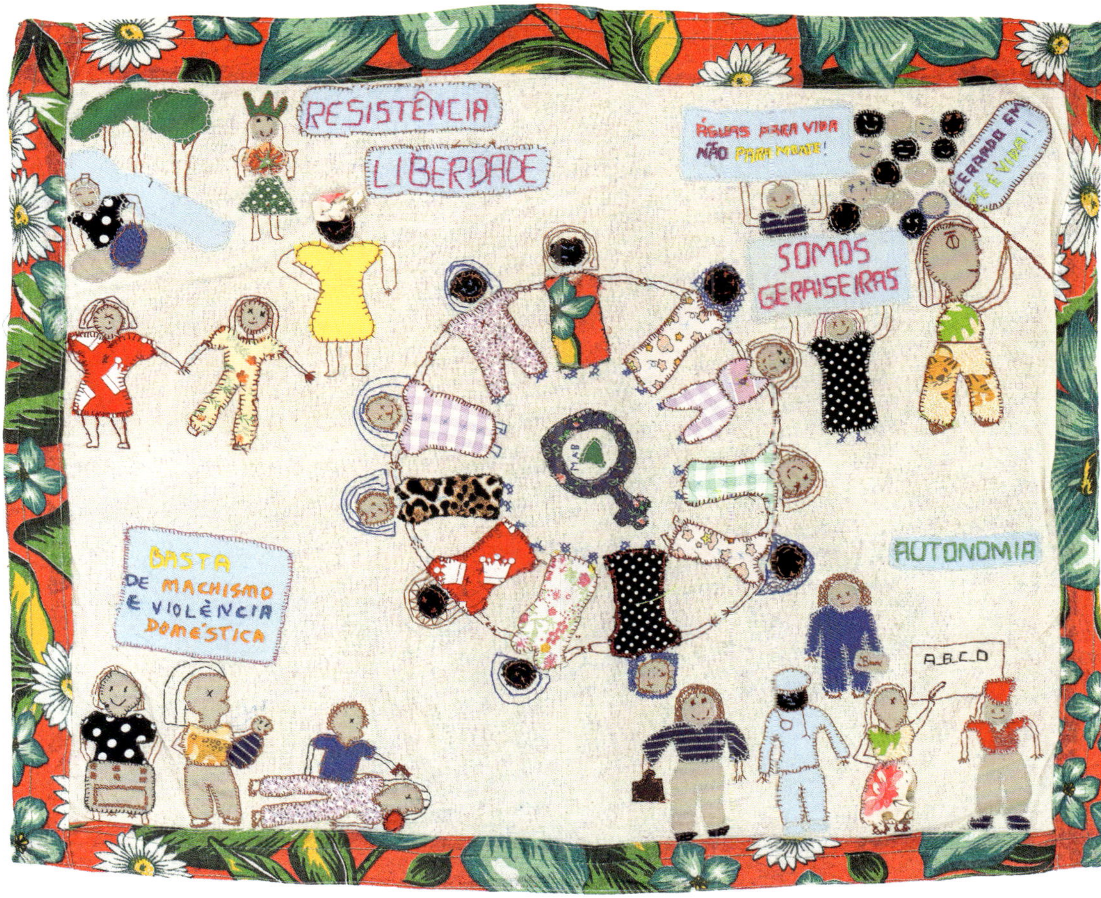
RESISTÊNCIA
LIBERDADE
ÁGUAS PARA VIDA NÃO PARA MORTE!
CERRADO EM PÉ É VIDA!!
SOMOS GERAISEIRAS
BASTA DE MACHISMO E VIOLÊNCIA DOMÉSTICA
AUTONOMIA
A.B.C.D

Mulheres Atingidas de Santa Catarina [Women Affected by Dams from Santa Catarina]

80. ***Mulheres Atingidas em defesa da vida*** [Women Affected by Dams in Defense of Life], 2021
50 × 58 cm

No centro da arpillera, um fio azul delineia o mapa do estado de Santa Catarina, no qual é possível identificar a lagoa da Conceição, atingida pelo rompimento da barragem da Companhia Catarinense de Águas e Saneamento (Casan), e os impactos causados na vida das pescadoras e pescadores, representados pelos barcos. A cesta com frutas, do lado direito, simboliza a diversidade de alimentos produzidos pela região ameaçada pela barragem da Fosfateira, em Anitápolis, na Grande Florianópolis. De dentro desse mapa partem as linhas de transmissão que ultrapassam as fronteiras do estado, simbolizando a exportação da energia elétrica, enquanto as contas de luz aumentam para as famílias brasileiras. Outro elemento visual é a presença da araucária, típica da região, remetendo à biodiversidade local ameaçada pela construção das barragens. No primeiro plano, cinco militantes negras do MAB, de mãos dadas, carregam faixas de protesto, afirmando que a única forma de combater a ganância corporativa é por meio da luta popular.

In the center of this arpillera, a blue thread outlines the map of the State of Santa Catarina, where it is possible to identify the Conceição Lagoon, affected by the collapse of the dam owned by Companhia Catarinense de Águas e Saneamento (CASAN), and the impacts caused on the lives of fisherwomen and men, represented by the boats. The fruit basket on the right side symbolizes the diversity of food produced in the region, threatened by the Fosfateira Dam in Anitápolis, Greater Florianópolis, state capital. From within this map, transmission lines depart and cross the state borders, symbolizing the export of electricity while energy bills rise for Brazilian families. Another visual element is the Araucaria, a typical tree of the region, which refers to the local biodiversity threatened by the construction of dams. In the foreground, five Black MAB activists, holding hands, carry protest banners, stating that the only way to combat corporate greed is through popular struggle.

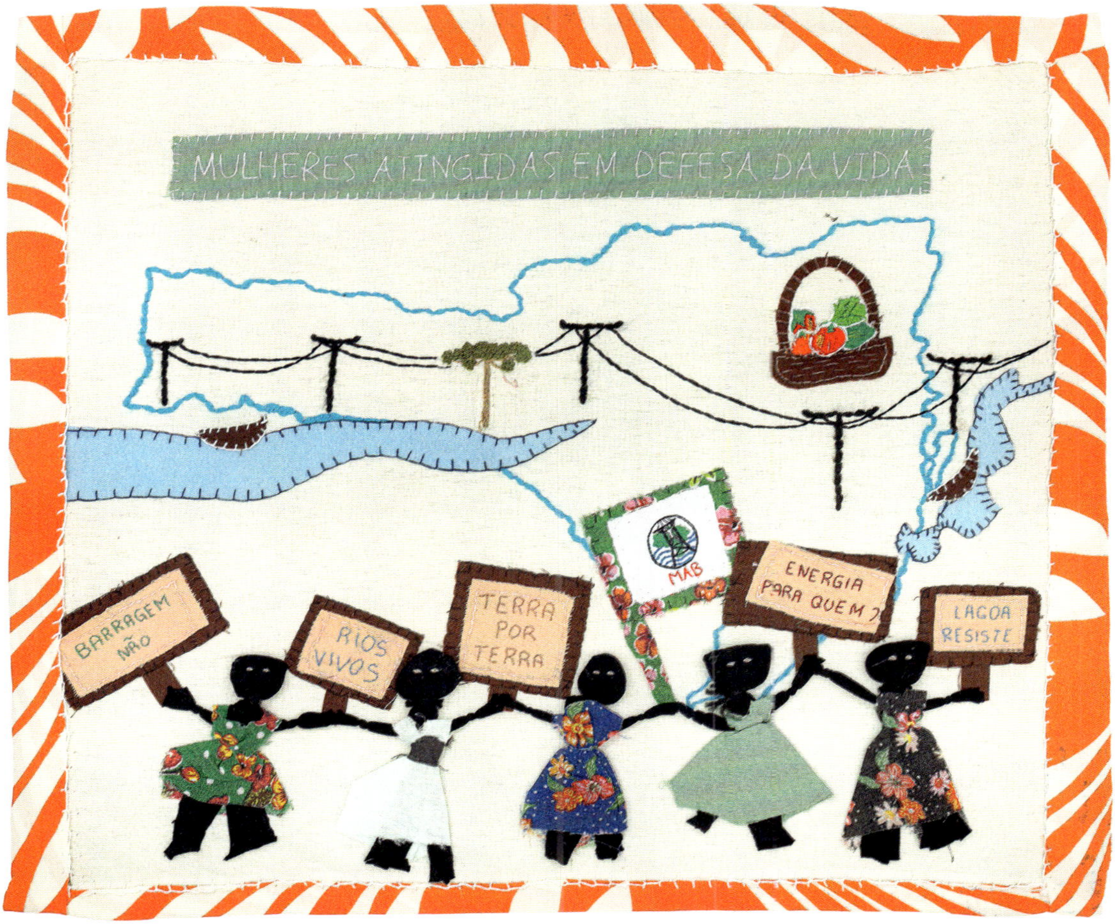
MULHERES ATINGIDAS EM DEFESA DA VIDA
MAB
BARRAGEM NÃO
RIOS VIVOS
TERRA POR TERRA
ENERGIA PARA QUEM ?
LAGOA RESISTE

Mulheres Atingidas de Santa Catarina [Women Affected by Dams from Santa Catarina]

81. ***Resistimos*** [We Resist], 2022
50,5 × 55 cm

Este trabalho é fruto dos encontros de mulheres atingidas pelo rompimento da barragem da lagoa de evapoinfiltração da Companhia Catarinense de Águas e Saneamento (Casan), em Florianópolis, ocorrido em 2021, e narra o processo de reconstrução da vida comunitária após esse crime ambiental. Nos dois terços superiores da composição, são destacadas a Oca – espaço de convivência e sociabilidade que abriga as reuniões do MAB e eventos festivos da cidade – e a horta comunitária, chamada Andorinhas. À direita, uma manifestação do MAB protesta contra a mercantilização das águas. O grupo é representado por meio da disposição triangular de rostos humanos diversos que se elevam ao topo, criando uma sensação visual de multidão que remete à icônica tela *Operários* (1933), de Tarsila do Amaral (1886-1973). Na base da arpillera, são reproduzidos os murais pintados pela comunidade nas ruas afetadas pelo lamaçal, uma iniciativa de solidariedade entre os moradores com a finalidade de ressignificar as áreas impactadas, trazendo cores e formas como símbolos de resistência e revitalização do espaço atingido.

This piece is the result of gatherings of women affected by the collapse of the evaporation-infiltration lagoon dam of the Companhia Catarinense de Águas e Saneamento (CASAN) in Florianópolis, Santa Catarina, in 2021. It narrates the process of rebuilding community life after this environmental crime. In the upper two-thirds of the composition, the Oca–a space for socializing and community meetings that hosts MAB gatherings and city festivities–is prominently featured, along with the Andorinhas community vegetable garden. To the right, a MAB demonstration protests against the commodification of water. The group is arranged in a triangular formation of diverse human faces that rise toward the top, creating a visual sense of a crowd reminiscent of the iconic painting *Operários* [The Workers] (1933) by Tarsila do Amaral (1886-1973). At the base of the arpillera, murals painted by the community on streets affected by the mudslide are depicted–an initiative of solidarity among residents to give new meaning to the impacted areas. These murals bring color and form as symbols of resistance and revitalization of the affected space.

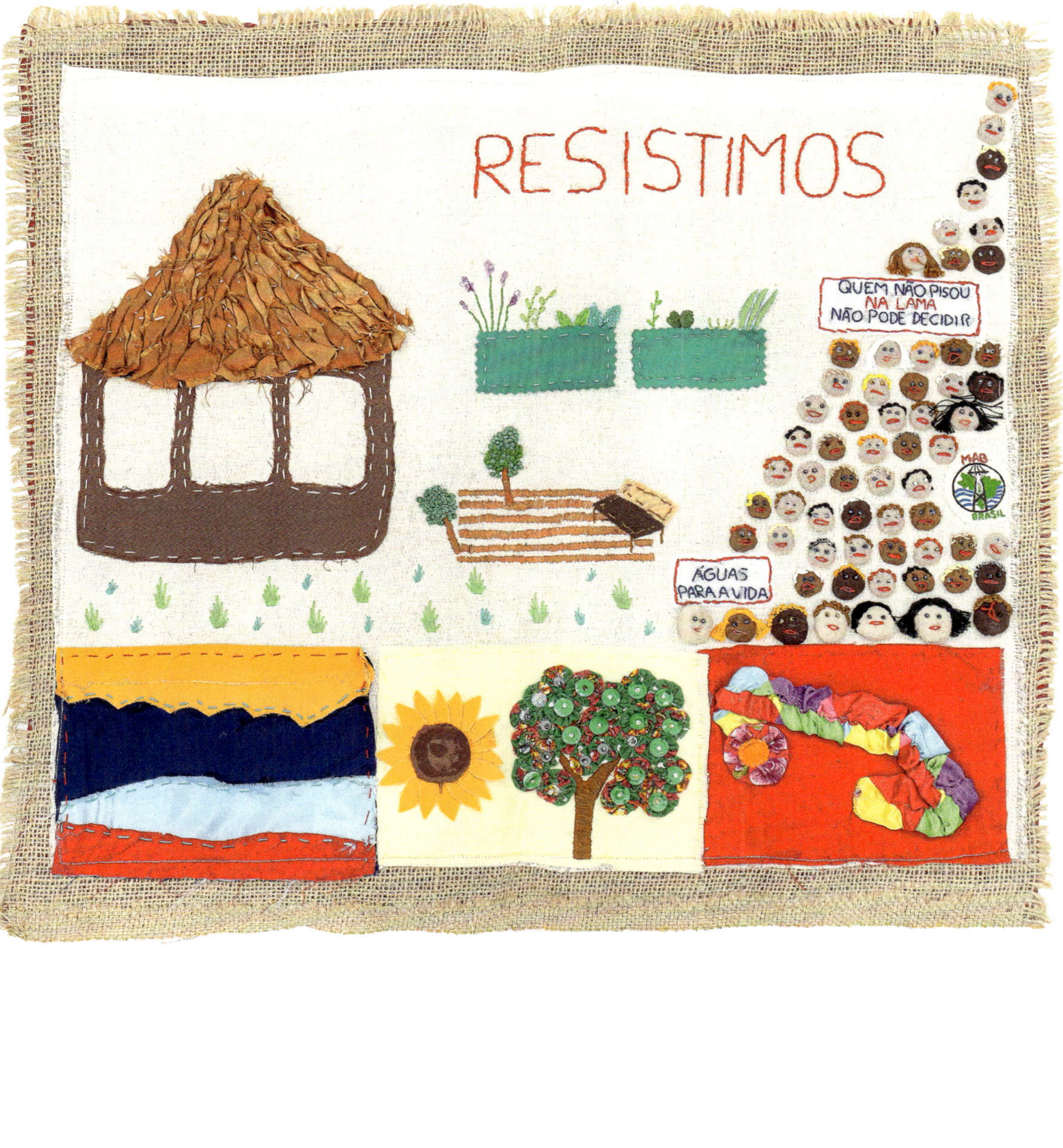
RESISTIMOS
QUEM NÃO PISOU
NA LAMA
NÃO PODE DECIDIR
MAB
BRASIL
ÁGUAS
PARA A VIDA

Mulheres Atingidas da comunidade quilombola de Cajueiro, Alcântara, Maranhão [Women Affected by Dams from the quilombola community of Cajueiro, Alcântara, Maranhão]

82. ***Cajueiro e Alcântara*** [Cajueiro and Alcântara], 2022
51 × 75 cm

Esta arpillera retrata a luta da comunidade quilombola de Cajueiro, em Alcântara, Maranhão, que foi remanejada compulsoriamente para a instalação do Centro de Lançamento de Alcântara (CLA) – atualmente chamado Centro Espacial de Alcântara (CEA). A região foi considerada estratégica por ter condições quase ideais para se lançar foguetes ao espaço. Em forma de denúncia, os bordados apresentam elementos que reivindicam o direito ao território, bem como a memória dos modos de vida ali organizados. A presença de figuras femininas enfatiza que são as mulheres as mais atingidas pelo processo de remoção das famílias. Em Cajueiro, elas são ameaçadas em sua liberdade, modo de vida, integridade física, em seu direito de ir e vir e de permanecer em seu território, de terem reconhecidos os trabalhos que já desenvolvem, entre tantos outros. "Aqui não. Aqui ninguém quer ir. Se Deus permitir que a gente tenha que sair um dia, vai ser a pior tristeza do mundo."

This arpillera portrays the struggle of the quilombola community of Cajueiro, in Alcântara, Maranhão, which was forcibly relocated due to the installation of the Centro de Lançamento de Alcântara (CLA)—now called Centro Espacial de Alcântara (CEA). The region was considered strategic because it has near-ideal conditions for launching rockets. This embroidery serves as a demand for the right of quilombolas to their territory, as well as a memory of the ways of life organized there. The presence of female figures emphasizes that women are the most affected by the process of removing families. In Cajueiro, their freedom, way of life, physical integrity, right to mobility, right to remain in their territory, and the recognition of the work they already do, among many other aspects, are under threat. "Not here. Nobody here wants to leave. If, God forbid, we have to leave one day, it will be the worst sadness in the world."

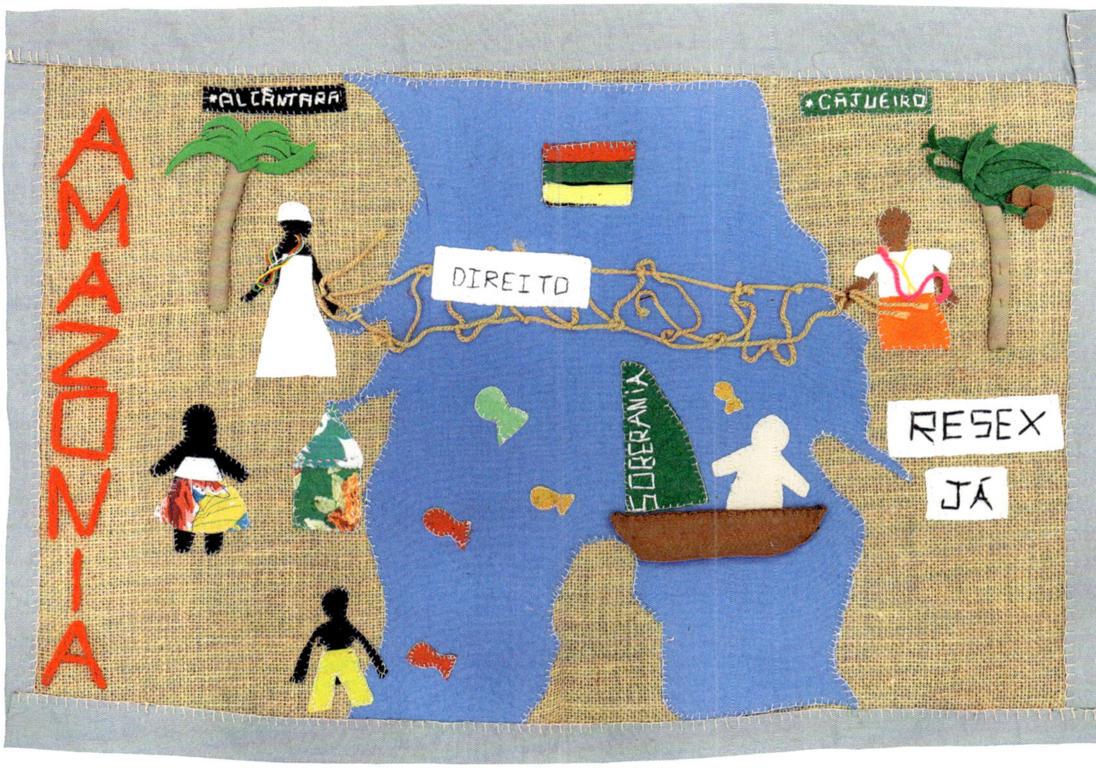
AMAZONIA
ALCÂNTARA
CAJUEIRO
DIREITO
SOBERANIA
RESEX
JÁ

Mulheres Atingidas de Linhares, Espírito Santo
[Women Affected by Dams from Linhares, Espírito Santo]

83. ***Crime continuado***
[Continuing Offense], 2022
41 × 57 cm

Esta peça representa os impactos do rompimento da barragem de Fundão (Mariana, Minas Gerais) no município de Linhares, Espírito Santo. As mulheres foram as mais afetadas por esse crime continuado, por isso elas ocupam todo o cenário. Uma delas foi bordada como o teto da casa, simbolizando a responsabilidade socialmente atribuída ao gênero feminino pelos cuidados do lar e dos filhos. Um bebê está ao seu lado. À direita, uma horta com diversos legumes e verduras representa a agricultura familiar praticada no município e que também foi atingida pelo desastre. A lagoa Juparanã, a principal da região e uma das maiores do Brasil, conecta-se com o rio Doce por meio do rio Pequeno, e vemos a lama já chegando nela. Outras 68 lagoas estão contaminadas e, a cada chuva, os rejeitos assombram a população. À esquerda, peixes mortos estão bordados sobre a lama, representando o extermínio da fauna da lagoa.

This piece represents the impacts of the collapse of the Fundão Dam (Mariana, Minas Gerais) on the city of Linhares, Espírito Santo. Women were the most affected by this ongoing crime, which is why they are present throughout the scene. One of them is embroidered as the roof of the house, symbolizing the socially assigned responsibility of women for home and childcare. A baby is beside her. On the right, a vegetable garden filled with legumes and greens represents family farming in the city, which was also impacted by the disaster. The Juparanã Lagoon, the main one in the region and one of the largest in Brazil, connects with the Doce River through the Pequeno River, and we can see the mud already reaching it. Another 68 lagoons are contaminated, and with each rainfall, the toxic waste continues to haunt the population. On the left, dead fish are embroidered over the mud, symbolizing what happened to the lagoon's aquatic life.

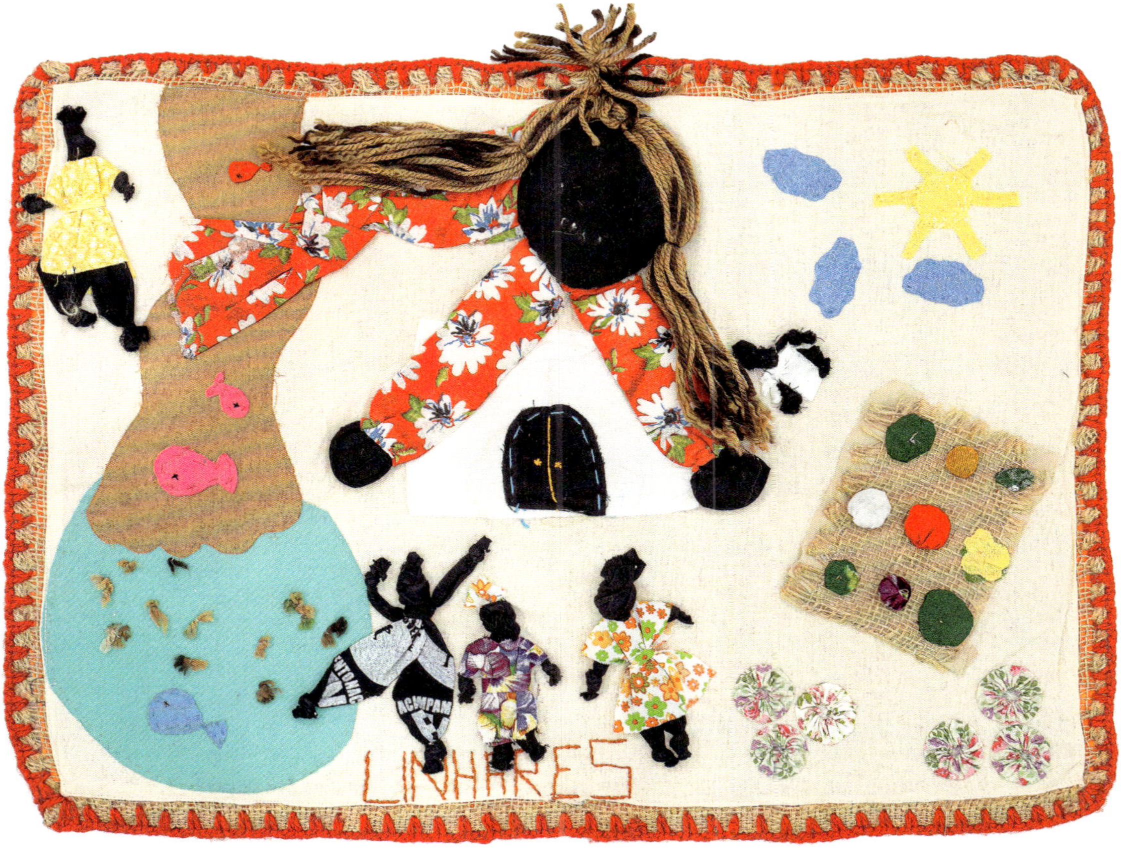
LINHARES

Mulheres Atingidas da comunidade de Barra do Riacho, Aracruz, Espírito Santo [Women Affected by Dams from the Barra do Riacho community, Aracruz, Espírito Santo]

84. ***A ganância humana*** [The Human Greed], 2022
51,5 × 65 cm

Esta obra retrata o antes e o depois do rompimento da barragem do Fundão, em Mariana, Minas Gerais, operada pelas mineradoras Vale e BHP Billiton por meio da *joint venture* Samarco. No canto superior esquerdo, duas mãos brancas despejam os rejeitos tóxicos resultantes da mineração no rio Doce, evidenciando a responsabilidade humana nessa tragédia socioambiental. A lama, carregada de resíduos tóxicos, se espalha pelo rio, devastando a vida das pessoas que vivem em suas margens. À direita, a obra retrata a realidade da comunidade antes do rompimento: duas pescadoras navegam em um barco adornado com flores sob um intenso sol amarelo. À esquerda, a cena pós-rompimento: uma mulher afunda na lama tóxica, desamparada e sem seu barco, ressaltando a impossibilidade da pesca no rio contaminado. A imagem reflete o efeito devastador da ganância das mineradoras e da negligência em relação à vida das pessoas atingidas pelo rompimento da barragem.

This work depicts the before and after of the collapse of the Fundão Dam in Mariana, Minas Gerais, operated by mining companies Vale and BHP Billiton through the joint venture Samarco. In the upper left corner, two white hands dump mining toxic waste into the Doce River, highlighting human responsibility in this socio-environmental tragedy. The mud, laden with toxic waste, spreads through the river, devastating the lives of the people who reside on its banks. On the right, the work depicts the reality of the community before the collapse: two fisherwomen sail in a boat adorned with flowers under an intense yellow sun. On the left, a post-collapse scene unfolds: a woman sinks into the toxic mud, helpless and without her boat, emphasizing the impossibility of fishing in the contaminated river. This image reflects the devastating effect of the greed of mining companies and their negligence towards the lives of those affected by the dam collapse.

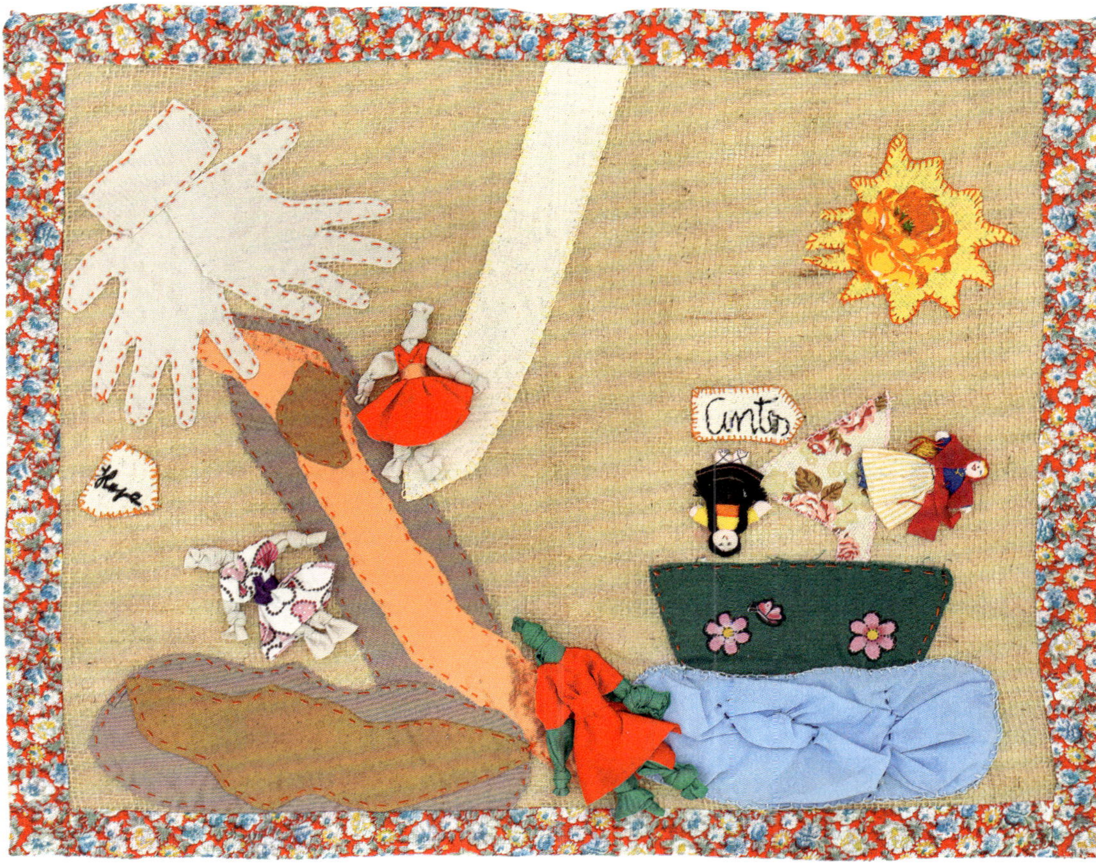

Mulheres Atingidas das bacias do Jequitinhonha e do Rio Pardo, Minas Gerais [Women Affected by Dams from the Jequitinhonha and Pardo river basins, Minas Gerais]

85. ***Veredas Sol e Lares: uma proposta de geração de energia popular*** [Veredas Sol e Lares: A Proposal for a Popular Energy Generation], 2022
47 × 65,5 cm

Ainda que as arpilleras retratem um longo histórico de denúncias contra violações de direitos humanos, elas também não deixam de apontar as conquistas das lutas populares. É o caso deste trabalho, que celebra a construção de uma usina de geração de energia solar no lago da Pequena Central Hidrelétrica (PCH) Santa Marta, na região do Vale do Jequitinhonha. O projeto, chamado Veredas Sol e Lares, consiste na primeira usina híbrida do Brasil e beneficiará diretamente várias famílias com a redução do custo da energia elétrica gerada pelo empreendimento. Na composição, placas solares conectadas a um conjunto de casas coloridas são iluminadas pelo sol. Um grupo de mulheres sorri, comemorando a geração de energia em sintonia com as necessidades locais. Em uma região historicamente afetada pelas monoculturas do eucalipto e do café, além de barragens e mineradoras, o projeto retratado ilustra como a mobilização coletiva resulta em avanços significativos para comunidades socialmente vulneráveis.

Although arpilleras have historically been used as a tool for denouncing human rights violations, they also celebrate the achievements of popular struggles. Such is the case with this piece, which commemorates the construction of a solar power generation plant on the lake of the Santa Marta Small Hydroelectric Power Plant (PCH) in the Jequitinhonha Valley. The project, called *Veredas Sol e Lares*, is Brazil's first hybrid power plant and will directly benefit several families by reducing electricity costs. The composition features solar panels connected to a set of colorful houses, bathed in sunlight. A group of women smiles, celebrating energy production in harmony with local needs. In a region historically affected by eucalyptus and coffee monocultures, as well as dams and mining operations, this project illustrates how collective mobilization leads to significant advancements for socially vulnerable communities.

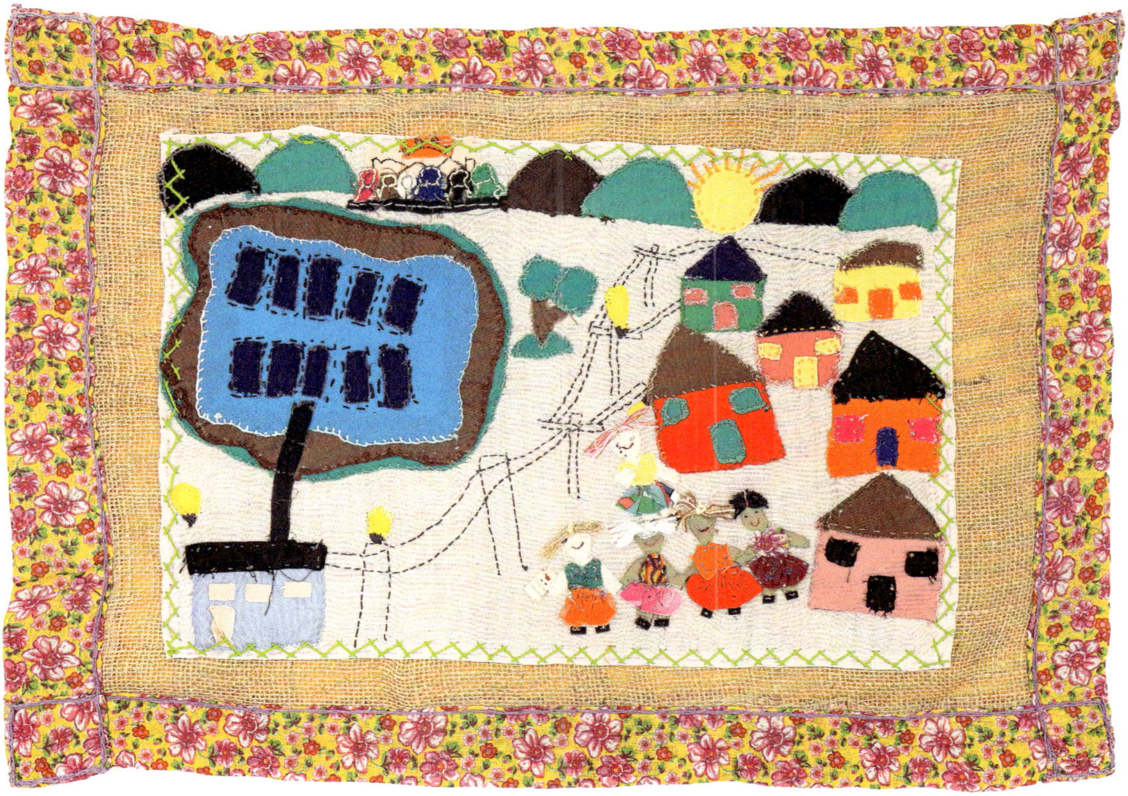

Mulheres Atingidas da região de Tapajós, Pará
[Women Affected by Dams from the Tapajós region, Pará]

86. ***Pandemia*** [Pandemic], 2022
46,5 × 63 cm

Esta arpillera retrata cenas marcantes ocorridas durante o pico da pandemia de covid-19. Enquanto o mundo pesquisava meios para conter o vírus, e os profissionais de saúde trabalhavam em condições precárias, o então presidente do Brasil, Jair Bolsonaro, não se importava em buscar alternativas para minimizar a dor e o sofrimento da população. A peça mostra o vírus circulando e tirando a vida de muitas pessoas, que eram enterradas sem direito aos devidos ritos fúnebres. O presidente, que com frequência não usava máscara, é retratado com os olhos vendados por uma. Por outro lado, o agronegócio nunca parou de lucrar, e as carretas que transportavam soja continuavam circulando na rodovia Transamazônica, causando grandes transtornos. A obra retrata o caso de uma ambulância que vinha do município de Rurópolis levando uma paciente para o Hospital Regional do Tapajós, em Itaituba, e ficou parada na estrada. Em um ato de bravura, a enfermeira que a acompanhava tentou conduzir a paciente em meio às carretas. O povo aparece logo abaixo, reivindicando seus direitos diante do desgoverno.

This arpillera portrays striking scenes from the peak of the COVID-19 pandemic. While the world was researching ways to combat the virus and healthcare professionals were working under precarious conditions, Brazil's then-president, Jair Bolsonaro, showed indifference toward mitigating the population's pain and suffering. The piece depicts the virus spreading and claiming many lives, with people being buried without proper funeral rites. The president, often seen without a facemask, is represented with blindfolded eyes. Meanwhile, agribusiness continued to profit, and soy transport trucks kept moving along the Trans-Amazonian Highway, causing major disruptions. An ambulance transporting a patient from Rurópolis to the Tapajós Regional Hospital in Itaituba was stranded on the road. In an act of bravery, the nurse that accompanied her tried to cross through the trucks. Below, the people are seen protesting for their rights in the face of governmental negligence.

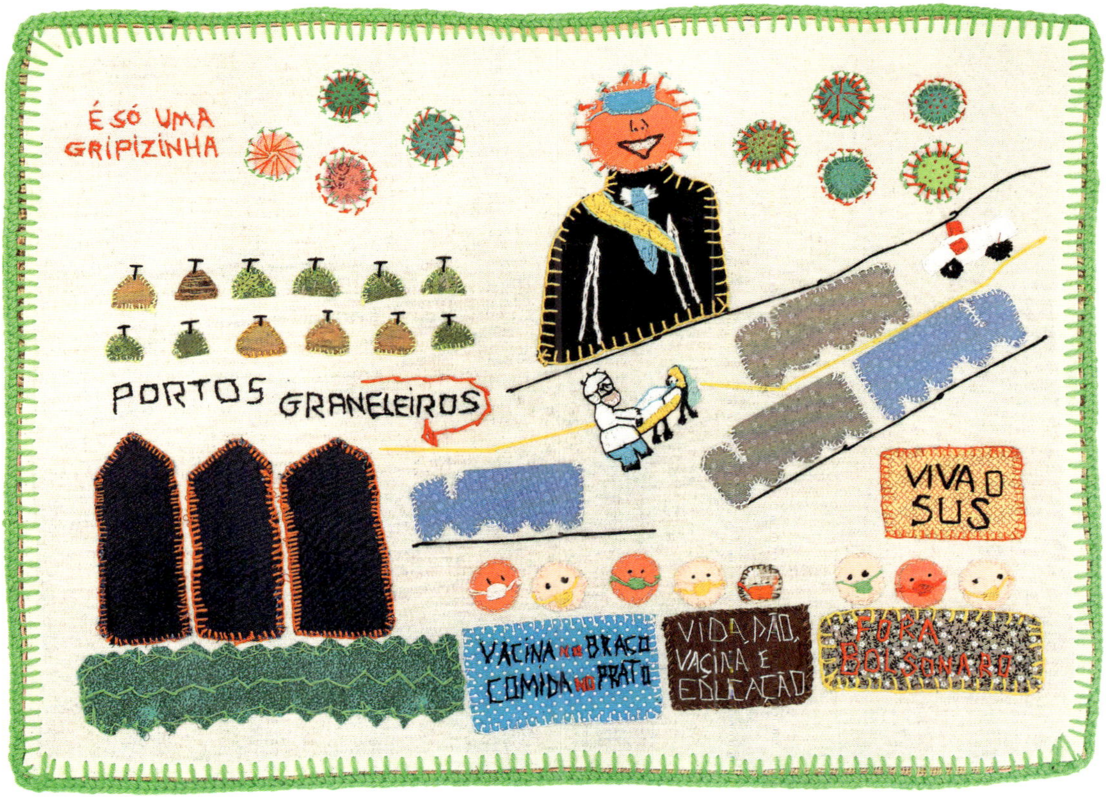
É SÓ UMA GRIPIZINHA
PORTOS GRANELEIROS
VIVA O SUS
VACINA NO BRAÇO COMIDA NO PRATO
VIDA, PÃO, VACINA E EDUCAÇÃO
FORA BOLSONARO

Mulheres Atingidas de Belém e da região de Itaituba, Pará
[Women Affected by Dams from Belém and the Itaituba region, Pará]

87. ***Dia do fogo*** [Fire Day], 2022
43 × 52,5 cm

Em 11 de agosto de 2019, produtores rurais do Pará coordenaram uma série de incêndios florestais criminosos e simultâneos com o objetivo de expandir áreas na região Amazônica para extração de madeira e pecuária extensiva. Esse episódio, que ficou conhecido como o "Dia do Fogo", é o tema desta arpillera. No centro, um mapa do Brasil é sobreposto por chamas e troncos de árvores cortados, representando os três biomas mais afetados pelo fogo: a Amazônia, o Cerrado e o Pantanal. A composição emoldura o país com vegetação em chamas na base e nuvens escuras de fuligem no topo. A fauna nacional é simbolizada por silhuetas pretas, sugerindo o risco para sua sobrevivência. No canto superior esquerdo, uma cartola faz alusão ao Tio Sam – ícone do poder e da influência política dos Estados Unidos –, referindo-se ao desejo do ex-presidente Jair Bolsonaro de abrir a floresta à exploração estrangeira, entregando a Amazônia aos interesses externos.

On August 11, 2019, rural producers in Pará coordinated a series of criminal and simultaneous forest fires with the aim of expanding areas for logging and extensive livestock farming in the Amazon region. This episode, which became known as the "Fire Day," is the theme of this arpillera. In its center, a map of Brazil is superimposed by flames and cut tree trunks, representing the three biomes most affected by the fire: the Amazon, Cerrado, and Pantanal. The composition frames the country with burning vegetation at the base and dark clouds of soot at the top. The national fauna is symbolized by black silhouettes, suggesting the risk the fires represent to its survival. In the upper left corner, a top hat alludes to Uncle Sam—an icon of the power and political influence of the United States—referring to Brazil's former president Jair Bolsonaro, whose desire was to grant the exploitation of the forest to foreign players, handing the Amazon over to external interests.

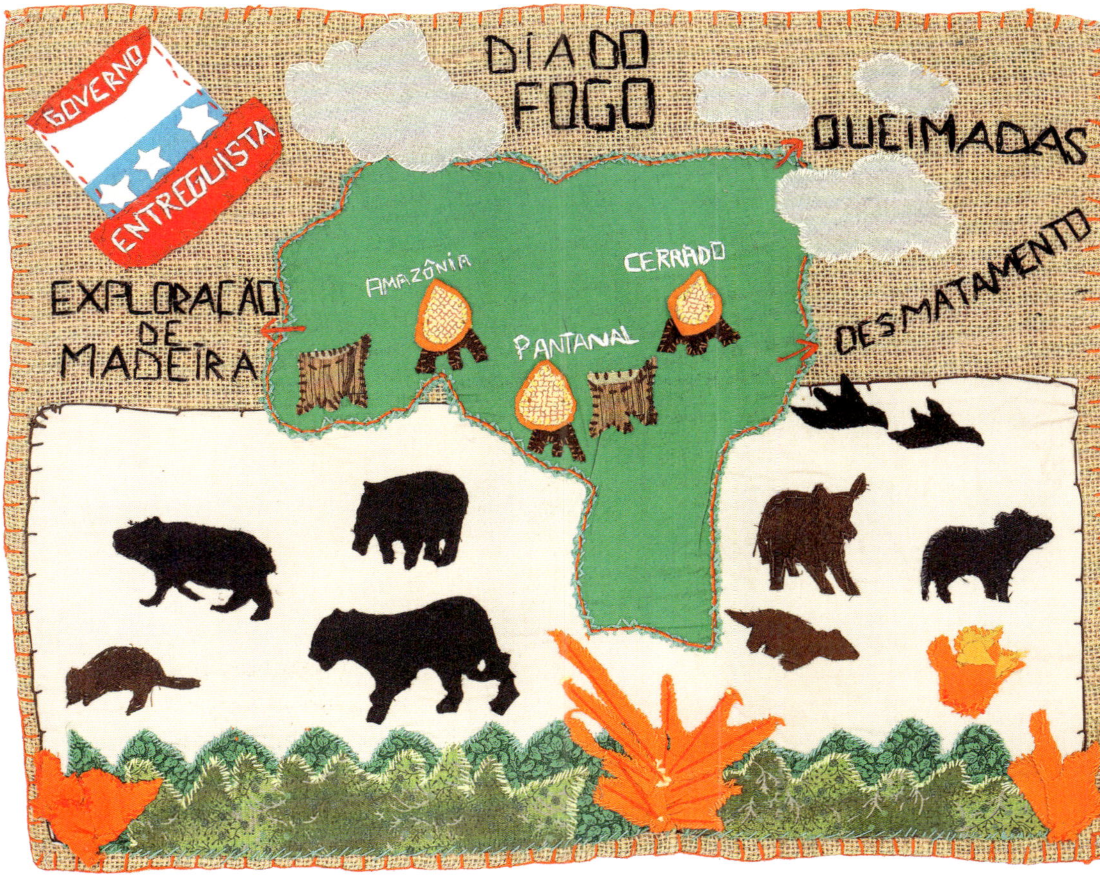
GOVERNO
ENTREGUISTA
DIA DO
FOGO
QUEIMADAS
EXPLORAÇÃO
DE
MADEIRA
AMAZÔNIA
CERRADO
PANTANAL
DESMATAMENTO

Mulheres Atingidas da Amazônia, dos estados de Tocantins, Pará e Amapá
[Amazon Women Affected by Dams from the states of Tocantins, Pará, and Amapá]

88. ***Se a Amazônia seca, o mundo afunda***
[If Amazon Dries, the World Drowns], 2024
47,5 × 60 cm

Esta arpillera aborda dois problemas urgentes provocados pela atual crise climática e que assolam o Brasil: as secas e as cheias intensas na Amazônia. O desmatamento e as queimadas, aliados às mudanças climáticas, estão entre as principais causas da alteração do regime hidrológico dos rios da Amazônia. As cheias e as secas estão se tornando cada vez mais severas, o que impacta todos os ecossistemas brasileiros. Em 2023, uma seca histórica atingiu a região, causando a maior queda já registrada no nível da água dos rios. Além disso, foram registrados nove eventos de cheias severas apenas nas duas primeiras décadas do século 21 – o mesmo número registrado em todo o século passado. Essas alterações criam um novo grupo de atingidos: as pessoas afetadas pelas mudanças climáticas. As cheias e as secas impactam profundamente a vida das comunidades que dependem dos rios e das chuvas para a pesca e para a agricultura. Assim, esta peça alerta: "Se a Amazônia seca, o mundo afunda".

This arpillera addresses two urgent problems caused by the current climate crisis that plagues Brazil: droughts and intense floods in the Amazon. Deforestation and fires, combined with climate change, are among the main causes of changes in the hydrological regime of the Amazon rivers. Floods and droughts are becoming increasingly severe, which impacts all Brazilian ecosystems. In 2023, a historic drought hit the region, causing the largest drop in river water levels ever recorded. In addition, nine severe floods were documented in the first two decades of the twenty-first century alone–the same number as the entire last century. These changes create a new group of people affected by environmental disasters: those stricken by climate change. Floods and droughts have a profound impact on the lives of communities that depend on rivers and rainfall for fishing and agriculture. The piece warns us: "If the Amazon dries up, the world will sink."

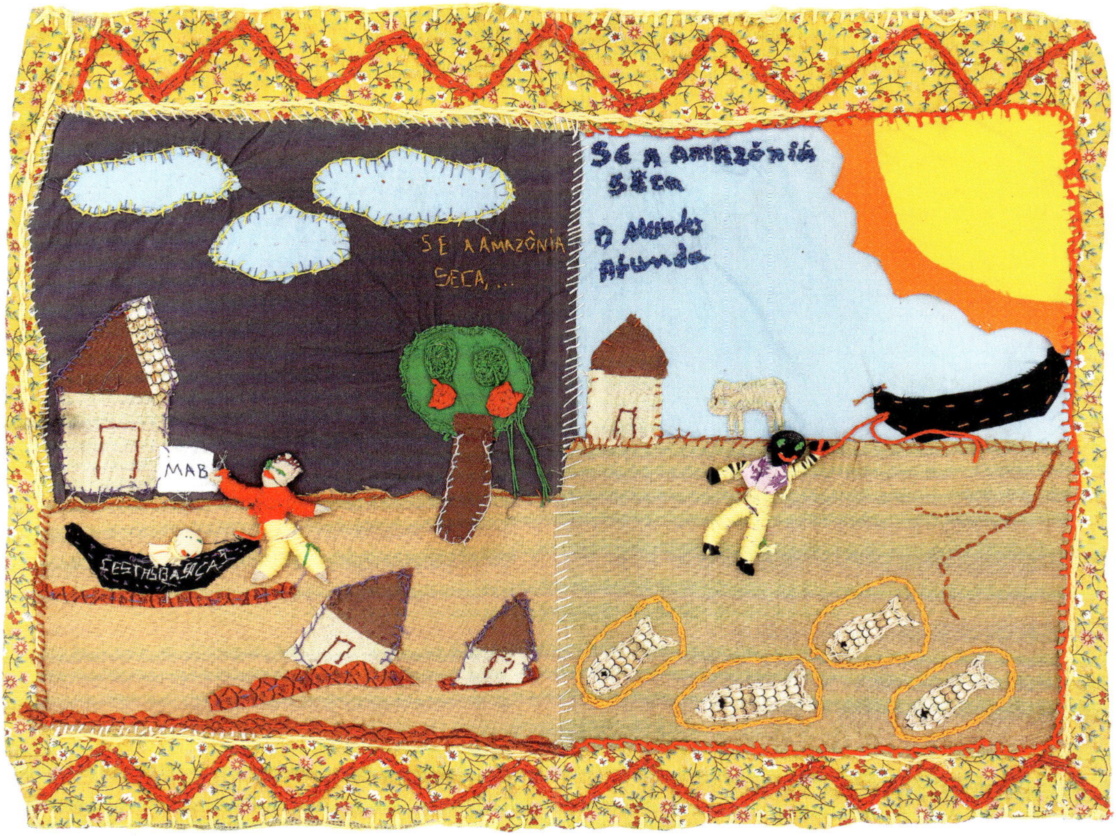
SE A AMAZÔNIA SECA, ...
MAB
SE A AMAZÔNIA SÊCA
O MUNDO AFUNDA

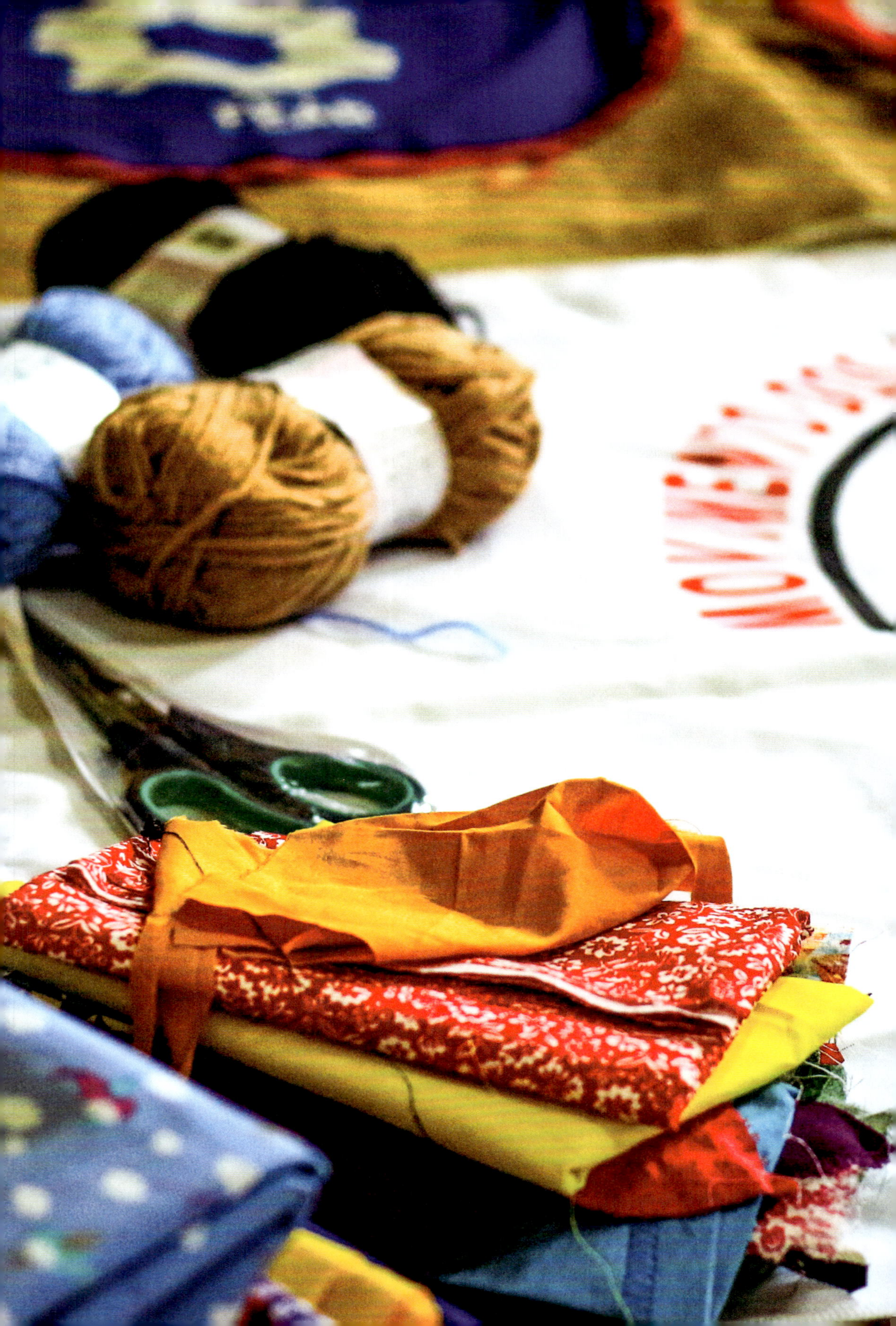

LISTA DE TRABALHOS NA EXPOSIÇÃO
[EXHIBITION CHECKLIST]

Todas as obras da exposição pertencem ao acervo do Movimento dos Atingidos por Barragens (MAB) e a técnica utilizada é bordado sobre tecido, exceto quando indicado de outro modo.

[All works presented in the exhibition are part of the Movimento dos Atingidos por Barragens (Movement of People Affected by Dams) (MAB) collection and were made using needlework on fabric, unless otherwise noted.]

Coletivo Nacional de Mulheres do MAB
[MAB National Women's Collective]
A dupla violação do trabalho das atingidas
[The Double Violation of the Work of Women Affected by Dams], 2014
45 × 53 cm
IMG. 45

Mulheres Atingidas pelos projetos de Pequenas Centrais Hidrelétricas (PCHs) na região oeste da Bahia
[Women Affected by the Small Hydroelectric Power Plants (PCHs) projects at the West of Bahia]
A Justiça contra as camponesas
[Justice Against Peasant Women], 2014
54 × 50 cm
IMG. 52

Coletivo Nacional de Mulheres do MAB
[MAB National Women's Collective]
Afogadas pelo modelo energético [Drowned by the Energy System], 2014
44 × 52 cm
IMG. 43

Mulheres Atingidas de Candeias do Jamari e Itapuã do Oeste, Rondônia [Women Affected by Dams from Candeias do Jamari and Itapuã do Oeste, Rondônia]
Deita que eu quero
[Lie Down 'Cause I Want It], 2014
46 × 91 cm
IMG. 46

Coletivo Nacional de Mulheres do MAB
[MAB National Women's Collective]
Direitos já! [Rights Now!], 2014
58 × 51 cm
IMG. 49

Mulheres Atingidas da região de Itaituba, Pará
[Women Affected by Dams from the Itaituba region, Pará]
O preço da luz é um roubo [Electricity's Price Is a Rip-Off], 2014
41 × 59 cm
IMG. 42

Coletivo Nacional de Mulheres do MAB
[MAB National Women's Collective]
Prostituição nas barragens [Prostitution at the Dams], 2014
50,5 × 58 cm
IMG. 47

Mulheres Atingidas do acampamento Ilha Verde, Babaçulândia, Tocantins [Women Affected by Dams from the Ilha Verde encampment, Babaçulândia, Tocantins]
Saúde popular é um direito [Universal Health Care Is a Right], 2014
65 × 61 cm
IMG. 40

Coletivo Nacional de Mulheres do MAB
[MAB National Women's Collective]
Tratores famintos
[Starving Tractors], 2014
45 × 54 cm
IMG. 48

Mulheres Atingidas das comunidades de Sítio Novo, Agrofátima, Mundo Novo e da cidade de Jaguaribara, Ceará [Women Affected by Dams from the communities of Sítio Novo, Agrofátima, Mundo Novo, and the city of Jaguaribara, Ceará]
Água é direito do povo
[Water Is a Right of the People], 2015
48 × 48 cm
IMG. 56

Mulheres Atingidas do quilombo Rio das Ostras, São Paulo [Women Affected by Dams from the Rio das Ostras quilombo, São Paulo]
Quilombo Rio das Ostras, 2015
45 × 48 cm
IMG. 54

Mulheres Atingidas das comunidades de Mulunguzinho, Jatobá, Alegre, Bom Jardim e Sítio Novo, Ceará [Women Affected by Dams from the communities of Mulunguzinho, Jatobá, Alegre, Bom Jardim and Sítio Novo, Ceará]
Trabalho invisível [Invisible Labor], 2015
48 × 48 cm
IMG. 57

Mulheres Atingidas de Rondônia [Women Affected by Dams from Rondônia]
Justiça para Nicinha [Justice for Nicinha], 2016
66,5 × 89,5 cm
IMG. 58

Mulheres Atingidas do Pará [Women Affected by Dams from Pará]
Ouro na morada dos deuses [Gold in the Abode of the Gods], 2016
48,5 × 51 cm
IMG. 59

Mulheres Atingidas de São Paulo [Women Affected by Dams from São Paulo]
Reforma trabalhista e as consequências na vida das mulheres [Labor Reform and Its Consequences on Women's Lives], 2017
49 × 63 cm
IMG. 62

Mulheres Atingidas de Mariana, Minas Gerais [Women Affected by Dams from Mariana, Minas Gerais]
Vale quanto a vida? [How Much Is Life Worth?], 2017
47 × 57,5 cm
IMG. 61

Mulheres Atingidas de Cachoeiras de Macacu, Rio de Janeiro [Women Affected by Dams from Cachoeiras de Macacu, Rio de Janeiro]
Antes e depois da barragem Guapiaçu [Before and After Guapiaçu Dam], 2018
61,5 × 72 cm
IMG. 64

Mulheres Atingidas do bairro Cantinho do Céu, São Paulo [Women Affected by Dams from the Cantinho do Céu neighbourhood, São Paulo]
Represa [Reservoir], 2018
52 × 55 cm
IMG. 63

Mulheres Atingidas de Brumadinho, Minas Gerais [Women Affected by Dams from Brumadinho, Minas Gerais]
25 de janeiro [January 25th], 2019
40 × 61,5 cm
Museu de Arte de São Paulo Assis Chateaubriand, doação [gift] Movimento dos Atingidos por Barragens no contexto da exposição *Histórias brasileiras* [in the context of the exhibition *Brazilian Histories*] 2021-25, MASP.11672
IMG. 70

Mulheres Atingidas de São Paulo, oficina de arpilleras no Sesc Consolação, São Paulo [Women Affected by Dams from São Paulo, arpillera workshop at SESC Consolação, São Paulo]
A cidade acorda [The City Awakes], 2019
42 × 62 cm
IMG. 67

Mulheres Atingidas de São Paulo, oficina de arpilleras no Sesc Consolação, São Paulo [Women Affected by Dams from São Paulo, arpillera workshop at SESC Consolação, São Paulo]
Nossa vida está ligada [Our Lives Are Intertwined], 2019
45 × 63 cm
IMG. 68

Mulheres Atingidas do Pará [Women Affected by Dams from Pará]
O preço da luz é um roubo [Electricity's Price Is a Rip-Off], 2019
47 × 59 cm
IMG. 74

Mulheres Atingidas do Pará [Women Affected by Dams from Pará]
Privatização que mata
[Privatization that Kills], 2019
44 × 58 cm
IMG. 66

Mulheres Atingidas de São Paulo, oficina de arpilleras no Sesc Consolação, São Paulo
[Women Affected by Dams from São Paulo, arpillera workshop at SESC Consolação, São Paulo]
Quanto vale a vida?
[How Much Is Life Worth], 2019
41 × 61 cm
IMG. 69

Mulheres Atingidas pelos projetos de Pequenas Centrais Hidrelétricas (PCHs) na região oeste da Bahia
[Women Affected by the Small Hydroelectric Power Plants (PCHs) projects at the west of Bahia]
O preço da luz é um roubo [Electricity's Price Is a Rip-Off], 2020
41 × 60 cm
IMG. 72

Coletivo Nacional de Mulheres do MAB na região de Tapajós, Pará
[MAB National Women's Collective at the Tapajós Region, Pará]
Defender a Amazônia é defender a vida
[Defending the Amazon Is Defending Life], 2021
45 × 58,5 cm
IMG. 77

Mulheres Atingidas de Santa Catarina
[Women Affected by Dams from Santa Catarina]
Mulheres Atingidas em defesa da vida [Women Affected by Dams in Defense of Life], 2021
50 × 58 cm
IMG. 80

Mulheres Atingidas da comunidade de Barra do Riacho, Aracruz, Espírito Santo
[Women Affected by Dams from the Barra do Riacho community, Aracruz, Espírito Santo]
A ganância humana
[The Human Greed], 2022
51,5 × 65 cm
IMG. 84

Mulheres Atingidas da comunidade quilombola de Cajueiro, Alcântara, Maranhão
[Women Affected by Dams from the quilombola community of Cajueiro, Alcântara, Maranhão]
Cajueiro e Alcântara
[Cajueiro and Alcântara], 2022
51 × 75 cm
IMG. 82

Mulheres Atingidas de Linhares, Espírito Santo
[Women Affected by Dams from Linhares, Espírito Santo]
Crime continuado
[Continuing Offense], 2022
41 × 57 cm
IMG. 83

Mulheres Atingidas de Belém e da região de Itaituba, Pará
[Women Affected by Dams from Belém and the Itaituba region, Pará]
Dia do fogo [Fire Day], 2022
43 × 52,5 cm
IMG. 87

Mulheres Atingidas da região de Tapajós, Pará
[Women Affected by Dams from the Tapajós region, Pará]
Pandemia [Pandemic], 2022
46,5 × 63 cm
IMG. 86

Mulheres Atingidas das bacias do Jequitinhonha e do Rio Pardo, Minas Gerais
[Women Affected by Dams from the Jequitinhonha and Pardo river basins, Minas Gerais]
Veredas Sol e Lares: uma proposta de geração de energia popular [Veredas Sol e Lares: A Proposal for a Popular Energy Generation], 2022
47 × 65,5 cm
IMG. 85

Mulheres Atingidas da Amazônia, dos estados de Tocantins, Pará e Amapá [Amazon Women Affected by Dams from the States of Tocantins, Pará, and Amapá]
Se a Amazônia seca, o mundo afunda
[If Amazon Dries, The World Drowns], 2024
47,5 × 60 cm
IMG. 88

HISTÓRICO DE EXPOSIÇÕES [EXHIBITION HISTORY]

COLETIVO NACIONAL DE MULHERES DO MOVIMENTO DOS ATINGIDOS POR BARRAGENS
[NACIONAL WOMEN'S COLLECTIVE OF THE MOVEMENT OF PEOPLE AFFECTED BY DAMS]

EXPOSIÇÕES INDIVIDUAIS
[INDIVIDUAL EXHIBITIONS]

2015

Arpilleras: a denúncia bordada em agulhas, linhas e cores. Faculdade de Direito do Largo São Francisco – Universidade de São Paulo, Brasil
Arpilleras: bordando a resistência. Faculdade do Tapajós, Itaituba, Pará, Brasil
Arpilleras: bordando a resistência. Memorial da América Latina, São Paulo, Brasil
Arpilleras de Rondônia. Fundação Cultural, Porto Velho, Brasil

2016

Arpilleras amazônicas: costurando a luta por direitos. Sesc Ver-o-Peso, Belém, Brasil
Arpilleras amazônicas: costurando a luta por direitos. Orla do Cais, Belém, Brasil
Arpilleras amazônicas: mulheres atingidas por barragens costurando seus direitos. Universidade Federal do Oeste do Pará, Santarém, Brasil
Arpilleras: bordando a resistência. Comitê França América Latina, Paris, França [France]
Arpilleras: bordando a resistência. Universidade Federal de Rondônia, Porto Velho, Brasil
Arpilleras da Amazônia. 2° Seminário de Etnobiodiversidade e Questões Socioambientais na Amazônia, Comunidade Vila Que Era, Bragança, Pará, Brasil
Imagem das violações de direitos humanos através do bordado das mulheres arpilleristas atingidas por barragens na Amazônia. Universidade Federal do Pará, Bragança, Brasil

2017

Arpilleras: atingidas por barragens bordando a resistência. Ateliê do Bixiga, São Paulo, Brasil
Arpilleras: bordando a resistência. Centro de Pós-graduação em Desenvolvimento e Agricultura (CPDA) – Universidade Federal Rural do Rio de Janeiro, Seropédica, Rio de Janeiro, Brasil
Arpilleras: bordando a resistência. Cine Odeon, Centro Cultural Luiz Severiano Ribeiro, Rio de Janeiro, Brasil
Arpilleras: bordando a resistência. Escola Pedro II, Rio de Janeiro, Brasil
Arpilleras: bordando a resistência. Universidade Federal do Vale do São Francisco, Petrolina, Pernambuco, Brasil
Arpilleras: bordando a resistência e registros fotográficos. Tragédia anunciada do crime em Mariana. Fundação Escola de Sociologia e Política de São Paulo, Brasil
Arpilleras: bordando o projeto popular. 8° Encontro Nacional do MAB, Terreirão do Samba, Rio de Janeiro, Brasil

2018

Arpilleras: atingidas por Belo Monte costurando contra a violência. Barracão do Reassentamento Jatobá, Altamira, Pará, Brasil
Arpilleras: bordando a resistência. Centro Cultural Justiça Federal, Rio de Janeiro, Brasil
Arpilleras: bordando a resistência. Sesc Marabá, Pará, Brasil
Arpilleras: bordando a resistência. Assembleia Legislativa do Estado de Minas Gerais, Belo Horizonte, Brasil
Arpilleras: bordando a resistência. Universidade Federal da Fronteira Sul, Erechim, Rio Grande do Sul, Brasil
Arpilleras: bordando o projeto popular. Teatro Torquato Neto, Teresina, Brasil

2019

Arpilleras: Atingidas por Barragens bordando a resistência na Amazônia. Hall do Mirante, Universidade Federal do Pará, Belém, Brasil
Arpilleras: bordando a resistência. Sesc Esplanada, Porto Velho, Brasil
Arpilleras: bordando a resistência. Universidade Estadual do Oeste do Paraná, Francisco Beltrão, Brasil
Arpilleras: bordando a resistência. Universidade Federal da Fronteira Sul, Erechim, Rio Grande do Sul, Brasil
Arpilleras: mulheres atingidas por barragens defensoras dos direitos humanos bordando a resistência. Santa Rosa, Rio Grande do Sul, Brasil
Em defesa da vida: mulheres atingidas bordando a resistência. Centro Cultural Wellington Lira (Cawell), Cachoeiras de Macacu, Rio de Janeiro, Brasil

2020

Arpilleras: bordando a resistência. Congresso Nacional, Brasília, Brasil
Arpilleras: bordando a resistência. Espaço do Servidor da Câmara dos Deputados, Brasília, Brasil
Arpilleras: bordando a resistência. Museu de Arte da Bahia, Salvador, Brasil

2022

Arpilleras amazônicas: dia da Amazônia. Baile na Terra, Tendal da Lapa, São Paulo, Brasil

2023

Arpilleras: atingidas por barragens bordando a resistência. Universidade Federal do Oeste da Bahia, Bom Jesus da Lapa, Bahia, Brasil
Arpilleras: bordando a resistência. Assembleia Legislativa do Estado do Rio Grande do Sul, Porto Alegre, Brasil
Arpilleras: bordando a resistência. Assembleia Legislativa do Estado de São Paulo, Brasil
Arpilleras: bordando a resistência. Casa de Cultura Mário Quintana, Porto Alegre, Brasil
Arpilleras: mulheres atingidas do Vale do Ribeira bordando suas histórias. Sesc Registro, São Paulo, Brasil
Atingidas costurando direitos. Universidade de Brasília, Brasil
Tecidos de luta: águas para a vida. Galeria Térrea|Caixa Econômica Cultural, Curitiba, Brasil

2024

Arpilleras: mulheres atingidas bordando a resistência. Sesc Santo André, São Paulo, Brasil
Arpilleras: mulheres tecendo resistência e sonhos. Avenida Paulista, São Paulo, Brasil

2025

Mulheres Atingidas por Barragens: bordando direitos [Women Affected by Dams: Embroidering Our Rights]. Museu de Arte de São Paulo Assis Chateaubriand, Brasil

EXPOSIÇÕES COLETIVAS
[COLLECTIVE EXHIBITIONS]

2014

Sew to Speak Human Rights. Conferência internacional [International Conference] **"Costurar para falar: têxteis narrativos em direitos humanos e experiências terapêuticas"** ["Sew to Speak: Narrative Textiles in Human Rights and Healing Practices"], **Webster University, Genebra, Suíça** [Switzerland]
Textile Accounts of Conflicts. Conferência internacional [International Conference] **"Registros do conflito: arquivamento digital de histórias para a construção da paz"** ["Accounts of the Conflict: Digitally Archiving Stories for Peacebuilding"], **Belfast, Irlanda do Norte** [Northern Ireland]

2022

Histórias brasileiras [Brazilian Histories]. Museu de Arte de São Paulo Assis Chateaubriand, Brasil

2023

Wasser Botschaften. Museum am Rothenbaum, Hamburgo, Alemanha [Germany]

2024

Era uma vez: visões do céu e da terra. Pinacoteca de São Paulo, Brasil
Situamos la vida en el centro. Vincent Price Art Museum, Los Angeles, Estados Unidos [United States]

TRABALHOS EM MUSEUS, INSTITUIÇÕES E COLEÇÕES PARTICULARES ABERTAS AO PÚBLICO
[WORKS IN MUSEUMS, INSTITUTIONS AND COLLECTIONS OPEN TO THE PUBLIC]

Conflict Textiles, Ulster University, Reino Unido [United Kingdom]
Memorial da América Latina, São Paulo, Brasil
Museo de la Memoria y los Derechos Humanos, Santiago, Chile
Museu de Arte da Bahia, Salvador, Brasil
Museu de Arte de São Paulo Assis Chateaubriand, Brasil

BIBLIOGRAFIA SELECIONADA [SELECTED BIBLIOGRAPHY]

BANCOS DE DADOS [DATABASE]

Disponível em [Available at] mab.org.br/repositorio e [and] https://mab.org.br/mulheres/. Acesso em [Retrieved] 10.1.2025 [Jan. 10, 2025].

CATÁLOGOS E LIVROS [CATALOGS AND BOOKS]

Arpilleras: colección del Museo de la Memoria y los Derechos Humanos. Santiago: Ocho Libros Editores, 2019.

AGOSÍN, Marjorie. *Tapestries of Hope, Threads of Love: The Arpillera Movement in Chile*. Lanham: Rowman & Littlefield Publishers, 2007.

BACIC, Roberta. *Arpilleras da resistência política chilena*. São Paulo: Pinacoteca do Estado, 2011.

BRITTO, Glaucea Helena; RJEILLE, Isabella (orgs.). *Mulheres atingidas por barragens: bordando direitos* [Women Affected by Dams: Embroidering Our Rights]. São Paulo: Museu de Arte de São Paulo Assis Chateaubriand, 2025.

Coletivo Nacional de Mulheres do Movimento dos Atingidos por Barragens (orgs.). *Arpilleras bordando a resistência: rompimentos*. São Paulo: MAB, 2020.

CORBO, Anamaria; ROSSATO, Alexania; NESPOLI, Grasiele. *Educação popular, direitos e participação social: bordando a saúde das mulheres atingidas por barragens*. Rio de Janeiro: Escola Politécnica de Saúde Joaquim Venâncio, 2020.

GERMANI, Guiomar Inez. *Expropriados. Terra e água: o conflito de Itaipu*. 2. ed. Salvador: Edufba/Ulbra, 2003.

MAIA, Ana Maria; MENDES, Lorraine; QUINTELLA, Pollyanna (orgs.). *Era uma vez: escritos de artistas sobre o céu e a Terra*. São Paulo: Pinacoteca do Estado de São Paulo, 2024.

NOWAK, Katharina; WILD, Johanna (orgs.). *Wasser Botschaften/Water Messages*. Hamburgo: Markk Museum am Rothenbaum, 2023.

PEDROSA, Adriano; RJEILLE, Isabella (orgs.). *Histórias brasileiras* [Brazilian Histories]. São Paulo: Museu de Arte de São Paulo Assis Chateaubriand, 2022.

VITAL, Esther; MASO, Tchenna; Coletivo de Mulheres Atingidas por Barragens (orgs.). *Arpilleras: bordando a resistência*. São Paulo: Fundação Memorial da América Latina, 2015.

TRABALHOS ACADÊMICOS [SCHOLARLY WORK]

ALVES, Marina Calisto. *Água, desenvolvimento e injustiça ambiental: uma análise crítica da barragem do Castanhão no Ceará*. Dissertação de mestrado [Master Thesis]. Universidade Federal do Ceará, 2023.

ANDRADE, Émile Cardoso; BOLEÃO, Jossier Sales. "As narrativas das arpilleras e a reflexão sobre os sujeitos". *Revista Reveli*, v. 10, n. 2, jun. 2018, pp. 339-53. Disponível em [Available at] https://www.revista.ueg.br/index.php/revelli/article/view/7867. Acesso em [Retrieved] 17.11.2024 [Nov. 17, 2024].

CONTI, Esther Vital Garcia. "Arpilleras y empoderamiento afectadas por represas, de víctimas a defensoras de derechos humanos". In: CORRASCONA, Alex; ASTORKA, Iratxe Momoitio; IDIGORAS, Maria Oianguren. *La embarcada artivista: arteterapia y artivismo*. Guernica y Luno: Fundación Museo de la Paz de Gernika, 2017.

___. "Cronología: arpilleras en Brasil", 2008. Disponível em [Available at] https://cain.ulster.ac.uk/conflicttextiles/mediafiles/1374_Cronologia-arpilleras-brasil-EV-0919.pdf. Acesso em [Retrieved] 10.1.2025 [Jan. 10, 2025].

DIHEL, Diego Augusto. *A re-invenção dos Direitos Humanos pelos povos da América Latina: para uma nova história decolonial desde a práxis de libertação dos movimentos sociais*. Tese de doutorado [PhD Dissertation]. Universidade de Brasília, 2015.

ERTZOGUE, Marina H. "Quando o bordado e a memória se entrelaçam: imagem e oralidade em arpilleras amazônicas". *História revista*, v. 23, n. 3, set.-dez. [Sept.-Dec.] 2018, pp. 104-20. Disponível em [Available at] https://dialnet.unirioja.es/descarga/articulo/6982869.pdf. Acesso em [Retrieved] 10.11.2024 [Nov. 10, 2024].

___; SOARES, Monise Vieira Busquets. "'El agua es de la gente, no de Belo Monte'. Represas y pérdida de redes de sociabilidad entre las poblaciones afectadas, representadas en arpilleras amazónicas". *Tabula Rasa*, 2018, pp. 109-31.

FREIRE, Ralyanara Moreira. *Cerzindo o tecido social: ressignificações do Bordado Arpilleras e a vida de atingidas por Belo Monstro*. Tese de doutorado [PhD Dissertation]. Universidade Estadual de Campinas, 2021.

LIMA, Maria do Socorro Pereira. *Arpilleras: o bordado como performance cultural chilena, em favor do*

drama social. Dissertação de mestrado [Master Thesis]. Universidade Federal de Goiás, 2018.

LÖBLER, Louise. *Arpillerando com jovens do ensino médio de uma escola do campo – bordados coletivos da luta pela terra*. Dissertação de mestrado [Master Thesis]. Universidade Estadual do Rio Grande do Sul, 2022.

MANIER, Martha J. *Sewing their stories, telling their lives: embroidered narratives from Chile to the world stage (1969-2016)*. Arcata: Humboldt State University Press, 2019. Disponível em [Available at] https://digitalcommons.humboldt.edu/monographs/8/. Acesso em [Retrieved] 10.11.2024 [Nov. 10, 2024].

PEREIRA, Aline Alessandra Zimmer da Paz. *Arpilleras chilenas e brasileiras: práticas poéticas, práticas de luta*. Dissertação de mestrado [Master Thesis]. Universidade Federal do Rio Grande do Sul, 2023.

PORTES, Fernanda de Oliveira. *Mulheres atingidas por barragens: expressando resistência através das arpilleras.* Trabalho de Conclusão de Curso [Undergraduate Thesis]. Universidade Federal da Fronteira Sul, 2017.

PORTUGAL, Jessica. *Memórias de Resistência: arte e oralidade de mulheres atingidas pela UHE Belo Monte (PA)*. Dissertação de mestrado [Master Thesis]. Universidade Federal do Pará, 2018.

SILVA, Fábia Roseana Souza Oliveira. *Arpillera, o tecido pedagógico da resistência feminista no Movimento dos Atingidos por Barragens – MAB: uma inspiração chilena para as mulheres rurais do Nordeste do Brasil*. Dissertação de mestrado [Master Thesis]. Universidade Federal de Pernambuco, 2022.

SIQUEIRA, Laila. *De imagens de catástrofes às imagens de Amor, Luta e Resistência – História do setor energético brasileiro e a produção político-estética do Movimento dos Atingidos por Barragens (MAB).* Trabalho de Conclusão de Curso [Undergraduate Thesis]. Universidade Federal de São Paulo, 2021.

SOARES, Monise Vieira Busquets. *Tecendo a luta: memória, violência e direitos humanos em arpilleras bordadas por mulheres atingidas pela UHE Belo Monte*. Tese de doutorado [PhD Dissertation]. Universidade Federal do Tocantins, 2019.

____. "Bordando a luta: o Coletivo de Mulheres do Movimento dos Atingidos por Barragens e as oficinas de Arpilleras como estratégia de mobilização social". *RBHCS – Revista Brasileira de História & Ciências Sociais*, v. 12, n. 23, jan.-jun. 2020. Disponível em [Available at] https://periodicos.furg.br/rbhcs/article/view/11179/pdf. Acesso em [Retrieved] 18.12.2024 [Dec. 18, 2024].

SOUSA, Francisco Marcos Xavier de. *Assentamento Boa Esperança, o MAB e a barragem do Figueiredo, Iracema-CE: territórios, lutas, conflitos e sobrevivência*. Dissertação de mestrado [Master Thesis]. Universidade Federal do Ceará, 2013.

TEDESCO, João Carlos; SEMINOTTI, Jonas José; ROCHA, Humberto José da. *Movimentos e lutas sociais pela terra no sul do Brasil: questões contemporâneas*. Chapecó: Editora UFFS, 2018.

PRODUÇÃO AUDIOVISUAL
[AUDIOVISUAL PRODUCTION]

Coletivo de Mulheres do MAB. *Arpilleras: atingidas por barragens bordando a resistência*, 103'17", 2017. Disponível em [Available at] https://www.youtube.com/watch?v=PEu-AATb3TU. Acesso em [Retrieved] 10.1.2025 [Jan. 10, 2025].

____. *Arpilleras: mística de abertura*, 7'57", 2015. Disponível em [Available at] https://www.youtube.com/watch?v=rQ-OcoxsLYA. Acesso em [Retrieved] 10.1.2025 [Jan. 10, 2025].

____. *Arpilleras: uma atingida por barragem em SP*, 4'4", 2015. Disponível em [Available at] https://www.youtube.com/watch?v=4nMPxqXPWY8&list=PLqnWglwcA-PeEL02xLlnPt2lpFaKtlPbVX&index=4. Acesso em [Retrieved] 10.1.2025 [Jan. 10, 2025].

Movimento dos Atingidos por Barragens. *As contradições do Complexo Tapajós*, 9'1", 2013. Disponível em [Available at] https://www.youtube.com/watch?v=XSevC33iyd8. Acesso em [Retrieved] 10.1.2025 [Jan. 10, 2025].

____. *Brumadinho: quando o lucro vale mais*, 34'51", 2019. Disponível em [Available at] https://www.youtube.com/watch?v=ack1QctLvf8. Acesso em [Retrieved] 10.1.2025 [Jan. 10, 2025].

____. *Encontro Nacional das Mulheres do MAB-Direitos Humanos*, 7'59", 2011. Disponível em [Available at] https://www.youtube.com/watch?v=Sd1lkQ5b9qg. Acesso em [Retrieved] 10.1.2025 [Jan. 10, 2025].

____. *O povo constrói*, 13'9", 2020. Disponível em [Available at] https://www.youtube.com/watch?v=dwYMSVqdLyA. Acesso em [Retrieved] 10.1.2025 [Jan. 10, 2025].

____. *MAB 30 anos: a força dos atingidos e atingidas*, 6', 2021. Disponível em [Available at] https://www.youtube.com/watch?v=sEYbBZf_yxY. Acesso em [Retrieved] 10.1.2025 [Jan. 10, 2025].

____. *"Não sei se eles sabem disso" – ameaça à Volta Grande do Xingu*, 8'31", 2015. Disponível em [Available at] https://www.youtube.com/watch?v=C9s5_a70Amg. Acesso em [Retrieved] 10.1.2025 [Jan. 10, 2025].

Compilada por [Compiled by] Danilo Cavalcante, assistente de pesquisa [Research Assistant], MASP

FRIENDS OF MASP*
Lista dos doadores internacionais [List of international donors]: Friends of MASP e [and] International Council.

Cecilia Dupire
Daniela Escobari
Família Hees
Frances Reynolds
Geyze e [and] **Abílio Diniz**
Patricia e [and] **Antonio Bonchristiano**
Patrícia e [and] **José Bonchristiano**
Priscila e [and] **Louis de Charbonnières**
Renata e [and] **Claudio Garcia**
Rose e [and] **Alfredo Setubal**
The Helen Clay Frick Foundation
Virginia Cowles

PATRONOS [PATRONS]

PATRONOS BENEMÉRITOS [CHARITABLE PATRONS]
Ana Salomone
Carlos Jereissati
Geyze e [and] **Abilio Diniz**
Maria Victoria e [and] **Eric Hime**
Rose e [and] **Alfredo Setubal**

PATRONOS DIAMANTE [DIAMOND PATRONS]
Ana Eliza e [and] **Paulo Setubal**
Cleusa Garfinkel
Roberto Setubal
Teresa Cristina Ribeiro Ralston Botelho Bracher e [and] **Candido Botelho Bracher**

PATRONO OURO [GOLD PATRONS]
Amália Spinardi e [and] **Roberto Thompson Motta**
Flávia e [and] **José de Menezes Berenguer Neto**
Frances Reynolds
Guilherme Affonso Ferreira
Henrique Meirelles
José Orlando A. de Arrochela Lobo
Lilian Feuer Stuhlberger e [and] **Luis Stuhlberger**
Mara e [and] **Cleiton de Castro Marques**
Maria Claudia e [and] **Leo Krakowiak**
Maria Denise Carvalho Resende
Marina Diniz Junqueira e [and] **Fernando de Almeida Nobre Neto**
Mônica e [and] **Eduardo Vassimon**
Mônica e [and] **Fábio Ulhoa Coelho**
Ronaldo Cezar Coelho
Sonia e [and] **Hamilton Dias de Souza**
Susana e [and] **Ricardo Steinbruch**
Susie e [and] **Guido Padovano**
Vania e [and] **José Roberto Marinho**
Vera Lucia dos Santos Diniz

PATRONO PRATA [SILVER PATRONS]
Alessandra (*in memoriam*) e [and] **Rodrigo Bresser-Pereira**
Ana Karina Bortoni Dias e [and] **Marcos Fernandes Navarro**
Ana Lucia e **Sergio Comolatti**
Ana Maria Igel e [and] **Mario Higino Leonel**
Ana Paula Capricho de Azevedo Motta e [and] **Daniel Augusto Motta**
Ana Paula e [and] **Sergio Spinelli**
Ana Paula Martinez e [and] **Daniel K. Goldberg**
Andrea e [and] **José Olympio da Veiga Pereira**
Andrea Pinheiro e [and] **Newton Simões Filho**
Carolina e [and] **Patrice Etlin**
Cecília e [and] **Abram Szajman**
Eduardo Salomão Neto
Fabiana e [and] **Marcelo Marangon**
Gabriel Kogan
Heloisa e [and] **Amos Genish**
Janaina Dobbeck Fiorini e [and] **Reinaldo Carlos Fiorini**
Juliana Freitas Calheiros e [and] **Grenfel Schwartz Calheiros**
Julio Roberto Magnus Landmann
Lavínia e [and] **Ricardo Setubal**
Luciana de Oliveira Cezar Coelho
Luiza e [and] **Marcelo Hallack**
Marcela e [and] **Alfredo Nugent Setubal**
Marcia Bossa Graça Scripilliti e [and] **Clóvis Ermirio De Moraes Scripilliti**
Marguerite e [and] **Jean Etlin**
Maria Alice Setubal
Maria Eduarda e [and] **Ricardo Brito Pereira**
Maria Flavia Barbosa Carvalho e [and] **Guilherme Moreira Teixeira**
Marta e [and] **Hecilda Fadel**
Paula e [and] **Bruno Rizzo Setubal**
Paula Pires Paoliello de Medeiros e [and] **Marcelo Medeiros**
Paula Proushan
Sandra e [and] **José Luiz Setúbal**
Silvano Gersztel
Sonia e [and] **Luis Terepins**
Stefania Pelusi Cestero e [and] **Francisco Cestero**
Thiago Saddi Tannous
Tracy Francis e [and] **Philip Reade**
Vera Alves De Lima Parreiras e [and] **Luiz Paulo Parreiras**
Vera Novis
Vera Sarnes Negrão
Vicente Furletti Assis
Vivian Jessica Blair Bigoni e [and] **Marcio Verri Bigoni**

PATRONOS [PATRONS]
Alexandra Mollof
Ana Paula Vilela Vianna e [and] **Jose Luiz Vianna**
Andrea e [and] **Guilherme Johannpeter**
Andréa e [and] **Tom Waslander**
Angela e [and] **Ricard Akagawa**
Antonia Bergamin e [and] **Mateus Ferreira**
Antonio Almeida e [and] **Carlos Dale**
Augusto Livio Malzoni
Barbara Carvalheira Cantarelli e [and] **Diogo Lustosa Cantarelli**
Bruno Baptistella
Camila e [and] **Walter Appel**
Daniela e [and] **Helio Seibel**
Daniela Johannpeter
Danielle Silbergleid e [and] **Antônio Pitombo**
Eduardo Saron
Fabio Magalhães
Fernanda e [and] **Alberto Fernandes**
Fernanda Feitosa e [and] **Heitor Martins**
Fernanda Yumi Kuninari e [and] **Rafael Reali Esposito**
Flávia Buarque de Almeida e [and] **Rodrigo Ferreira Leite**
Flávia e [and] **Jean Sigrist**
Jackson Schneider
James Acacio Lisboa
Jane Hayre de Sousa Antunes e [and] **Fábio Lima Mourão**
Karin Baumgart Srougi e [and] **Thomaz Srougi**
Karla Meneghel
Liane e [and] **Roberto Bielawski**
Liliana Lopes e [and] **Tiago Schreiner Garcez Lopes**
Luisa Strina

Luiz Carlos Schmidt Ritter e [and] Clelio da Costa Alves
Márcia Fortes, Alessandra D'aloia e [and] Alex Gabriel
Márcia Lerro Pimenta e [and] Marcos Moreira Santos Abreu
Maria Eugênia Abàtayguara-Örneberg e [and] John Harald Örneberg
Maria Isabel Celico Bayeux Guedes Nunes e [and] Marcelo Guedes Nunes
Marilia Razuk e [and] Marcela Razuk
Marjorie e [and] Geraldo Carbone
Marta e [and] Paulo Kuczynski
Max Perlingeiro
Monize Neves e [and] Ricardo Vasques
Myra Arnaud Babenco
Nara, Alexandre e [and] Daniel Roesler
Neide Helena de Moraes
Paula Depieri
Paula Paes Batista da Silva e [and] Fernando Cezar Cunha Spnola Junior
Paulo Donizete Martinez
Pedro Mendes Siruffo
Priscilla e [and] Marcelo Parodi
Rafael Moraes
Renata Bittencourt
Renata Nogueira Studart do Vale e [and] Cláudio Henrique do Vale Vieira
Renata Tubini
Ricardo Ohtake
Roberta Mendes Pereira Whately e [and] Wagner Dias Coelho
Salo Seibel
Sandra e [and] William Ling
Sílvia Teixeira Penteado
Sonia e [and] Paulo de Barros Carvalho
Teresa Cristina Basto Lima Moura e [and] Gustavo Basto Lima Moura
Thaissa e [and] Alexandre Bertoldi
Thalita Cefali Zaher
Thiago Gomide
Titiza Nogueira e [and] Renata Nogueira Beyruti
Ulisses Eliezer Simonetti Cohn e [and] Flavio Isaias Simonetti Cohn

JOVENS PATRONOS [YOUNG PATRONS]

JOVEM PATRONO OURO [YOUNG PATRON GOLD]
Carlos Simonsen

JOVENS PATRONOS PRATA [YOUNG PATRONS SILVER]
Eliza Correa de Almeida Nobre
Francisco Fernando Correa de Almeida Nobre
Luiz e [and] Ludwig Danielian

JOVENS PATRONOS [YOUNG PATRONS]
Alessandra e [and] Guilherme Simões de Assis
Ana Luiza Tesser Arguello e [and] Ary Cera Zanetta Neto
Ana Varella e [and] Samuel Varella Pedrosa
Ananda e [and] Leonardo Lopes
André Montanholi Mileski
Anne Carolline Wilians
Arthur Jafet
Arthur Masi Uzum e [and] Maria Helena Loureiro Masi Uzum
Beatriz Viabone e [and] Thomaz Henrique Pacheco
Bruna Pandolfi Dumont e [and] Renan Maracaipe Rego
Camila Yunes e [and] Conrado Mesquita
Carolina Junqueira Bull e [and] Edmar Mendoza Bull
Ceci Leal Bandeira e [and] Nutyelly Cena de Oliveira
Daiane Santos e [and] Joana Barros
Dhafyni Mendes
Edmar Pinto Costa
Felipe Guimarães e [and] Maria Abayomi Guimarães
Felipe Hegg e [and] William Heuseler
Fernanda e [and] Suzana Resstom
Gabriela Azevedo Forlin
Ian Junqueira Duarte Lucas e [and] Allann de Seabra Camargo Paulo
Isabella Marinho
Isadora Nassif Guedes
Isadora Poltronieri Vecchi e [and] Diogo de Souza Dutra
João Felipe Villanova e [and] Carmen Lúcia Villanova (*in memoriam*)
Julia Arcangeli e [and] Bruno Monteiro
Juliana Mamy Suzuki e [and] João Gabriel Pennacchi
Juliana Versolato dos Santos e [and] Raphael de Almeida Fonseca
Kika Simonsen e [and] Rodrigo Ticoulat
Lara Aquino Leme Milam e [and] Lucia Forster Aquino Leme
Lucas Danicek Borges
Luis Eduardo Sanchez Maluf
Luiz Augusto de Souza Campos Junior e [and] Caio Rocha Correa
Luiza Abreu Moreno Paro e [and] João Watson Bettiol
Luiza Rizzo Setubal
Marcela Levy Zilberberg e [and] Eduardo Zilberberg
Marcelo Padua Lima
Maria Augusta da Costa Silva e [and] Bernardo Cavalcanti Freire
Maria Luiza Morad e [and] Guilherme Pesenti
Maria Luiza Sanches Ramos da Silva e [and] Lucas Mamedes da Cruz
Mariana Schmidt de Oliveira Iacomo
Renata Alice Lobo Lisboa
Renato Shirakashi de Sousa
Ricardo Von Brusky e [and] Flavia Waiswol Reitzfeld
Roger Supino e Guilherme De La Torre Giaffone
Thais Abujamra Nader e [and] Luiz Starace Fonseca Ayres Pimentel
Thomas Ondracek Lemouche e [and] André Donato Mathias
Valentina Circe Vettori e [and] Rafael Vettori
Vinicius Veloso
Vittoria Meneghel Ferraz De Camargo Van Den Berg e [and] Pedro Henrique Buffara Van Den Berg

MASP ENDOWMENT

BENEMÉRITOS [CHARITABLE]
Fernão Carlos Botelho Bracher (*in memoriam*)
Geyze Diniz
Rose e [and] Alfredo Setubal

DIAMANTE [DIAMOND]
Ana Eliza e [and] Paulo Setubal
Luciana e [and] Ronaldo Cezar Coelho
Luis Stuhlberger
Roberto Egydio Setubal

OURO [GOLD]
Amalia Spinardi e [and] Roberto Thompson Motta
Família Repucci
Gabriela e [and] Antonio Quintela
Helio Seibel
Marisa e [and] Salo Davi Seibel

PRATA [SILVER]
Carolina e [and] **Patrice Etlin**
Israel Vainboim
Maria Alice Setubal
Marjore e [and] **Geraldo Carbone**
Martha e [and] **André de Vivo**
Mônica e [and] **Eduardo Vassimon**
Nádia e [and] **Olavo Setubal**
Neide Helena de Moraes
Paulo Proushan (*in memoriam*)
Sandra e [and] **José Luiz Setubal**
Sonia e [and] **Luis Terepins**

PATRONOS [PATRONS]
Lais Zogbi e [and] **Telmo G. Porto (*in memoriam*)**
TVML Foundation

PARCEIRO ESTRATÉGICO
[STRATEGICAL PARTNER]
Itaú

PATROCINADORES MASTER [MASTER SPONSORS]
Nubank
Akzonobel
B3
Bradesco
Citi Brasil
Google
Instituto Levy & Salomão
Klabin
Mckinsey & Company
QI Tech
Stellantis South America
Vitru Educação
Vivo

PATROCINADORES
[SPONSORS]
Bloomberg
Goodyear
Grupo Ultra
Levisky Arquitetos
Pernambucanas
Porto Rocha
Unilever
Unipar

PATROCINADOR MASP SUSTENTABILIDADE
[MASP SUSTAINABILITY PARTNER]
Comerc Energia

APOIADORES
[SUPPORTERS]
Ageo
banco BV
Bank of America
BNDES
Goldman Sachs
Lefosse
Mastercard
Mattos Filho
Porto Seguro
Renner
Shoulder
Tallento Gerenciadora
UBS

EMPRESAS PARCEIRAS
[PARTNER COMPANIES]
,Ovo
Bye Cupim
Compet
Iochpe-Marion
Kaspersky
Poder 360
Safra

Todos os esforços foram feitos para que a menção aos nossos patrocinadores, conselheiros, patronos, jovens patronos e membros do International Council fosse publicada da forma correta. Caso algum erro tenha ocorrido, por favor nos informe; nos comprometemos a corrigi-lo em futuras edições [Every effort has been made for the mentions of our sponsors, board members, patrons, young patrons, and members of the International Council to be published correctly. If there is any error, please inform us, and we promise to correct it in future editions]

DIRETORIA ARTÍSTICA
[ARTISTIC BOARD]

Adriano Pedrosa
Diretor artístico [Artistic Director]

ACERVO E CONSERVAÇÃO
[COLLECTION AND CONSERVATION]
Paula Coelho Lima
Alejandra Orellana
Aline Assumpção
Juliana Batista
Juliana Peixoto
Leandro Araújo
Ligia Kulaif
Marina Pelegrini
Millena Benício
Nalú Maria de Medeiros
Rafaela Malta
Sarah Bernardo Almeida
Taynara Lima
Vinicius Marangon

CENTRO DE PESQUISA
[RESEARCH CENTER]
Adriana Villela
Beatriz Yoshito
Bruno Mesquita
Emily Pinheiro
Miller Sereno
Pamella Mazucatto
Sara Jesus

CURADORIA [CURATORS]
Julia Bryan-Wilson
Curadora adjunta de arte moderna e contemporânea [Curator-at-large of Modern and Contemporary Art]
Regina Teixeira de Barros
Curadora coordenadora e curadora de acervo [Coordinating Curator and Curator of Collections]
Amanda Carneiro
Curadora [Curator]
Fernando Oliva
Curador [Curator]
Isabella Rjeille
Curadora [Curator]
Guilherme Giufrida
Curador assistente [Assistant Curator]
Laura Cosendey
Curadora assistente [Assistant Curator]
Leandro Muniz
Curador assistente [Assistant Curator]
Mateus Nunes
Curador assistente [Assistant Curator]
Isabela Ferreira Loures
Assistente curatorial [Curatorial Assistant]
Matheus de Andrade
Assistente curatorial [Curatorial Assistant]
Teo Teotônio
Assistente curatorial [Curatorial Assistant]
Danilo Cavalcante
Assistente de pesquisa [Research Assistant]
Ana Beatriz Sugahara
David Queiroz
Harusi Cornélio
Estagiários [Interns]

EDITORIAL [PUBLISHING]
Carol Ribas
Ana Canellas
Carolina Menegatti
Felipe de Souza
Giovanna Lima
João dos Anjos
Mariana Trevas
Renier Silva
Tulio Costa

EXPOGRAFIA
[EXHIBITION DESIGN]
Flora Gurgel
Melissa dos Santos
Nathalia Duran

MEDIAÇÃO E PROGRAMAS PÚBLICOS [MEDIATION AND PUBLIC PROGRAMS]
André Mesquita
Curador [Curator]
Débora Pill
Curador [Curator]
Glaucea Helena de Britto
Curadora assistente [Assistant Curator]
Ana Flavia Amaral
Daniela Rodrigues
Isart Silva
João Maturana
Rafael Figueiredo

PRODUÇÃO DE EXPOSIÇÕES [EXECUTIVE PRODUCTION]
Steffânia Prata
Ana Laura e Silva
Gabriel Belvis
Isaque Vieira
Jessy Gonçalves
Julia Munhoz
Letícia Ferraz
Maicon Ferreira
Marília Amorim
Matheus Gumerato
Pedro Henrique Lopes

DIRETORIA FINANCEIRA E DE OPERAÇÕES [FINANCE AND OPERATIONS BOARD]

Marcelo Ribeiro
Diretor financeiro e de operações [Finance and operations director]

JURÍDICO [LEGAL]
Mariana Luvizutti
Gustavo Lobato
Júlia Contri
Letícia Cobiak

OPERAÇÕES E INFRAESTRUTURA [OPERATIONS AND INFRASTRUCTURE]
Karina Del Papa
Adeilton dos Santos Gomes
Alejandra Novaes
Allan Lafitte
Ana Cecília Souza
Ana Paula dos Santos
Andrelito Souza
Andressa Silva
Antônio de Souza Matos
Antônio José dos Santos
Beatriz Pereira
Bruno Orsini
Charles Reis
Christiane Flores
Clayton Gonçalves Andrade
Cosmes Magalhães
Cristiano Jesus
Damião Barreto da Silva
Danielle Rocha
Débora Souza
Dionísio Ortiz
Domingos de Jesus dos Santos
Edson Lima
Elaine Matias
Elaine Neris
Elis Fabro Barreira
Everton Silva
Fábio Silva
Fabiola Alves
Fabiula Lima
Fernanda dos Santos
Flavia Giaconto
Flávia Rosa
Flávio Fontes
Francisco Soares Silva
Geovanna Brandão
Gilberto de Sousa Bezerra
Guilherme Bueno
Gustavo Alves
Henrique Gomes
Hilderlane Oliveira
Joelma Brito
Jéssica Coutinho
José Wesley Silva
Lara Duarte
Larissa de Araújo
Liliane Matos
Luan de Alencar
Lucineide Santos
Maquipha Silva
Marcello Israel
Márcia Batista
Marco Curcio
Marcos Pimentel
Margareth Conceição
Marion Novais
Mateus Freitas
Matheus Ferreira
Mikaele Oliveira
Mirian Rodrigues
Nicolle Vieira
Raul Rodrigues
Robinson Xavier Barbosa
Rodolfo Toledo Nogueira
Rodrigo Ferreira
Rômulo Alberto de Oliveira
Sandra Soares
Severino Cassiano Lopes
Silvano Ferreira
Susana da Silva Morales
Thais Domingues
Valter Silva
Victor Ferreira
Victor Phols
Vinícius Flauaus
Wanda Mirabile
Wellington Silva
Yasmim Ferreira

PROJETOS E ARQUITETURA [PROJECTS AND ARCHITECTURE]
Miriam Elwing
Joana Elito
Joaquim Oliveira
Leonardo Andrade
Lúcia Furlan
Marco Scriboni

PLANEJAMENTO ESTRATÉGICO E FINANCEIRO [STRATEGIC AND FINANCIAL PLANNING]
Fernanda Ferraz Bonini
Alife Cardoso
Amanda Sousa
Ana Carolina Silva
Bruno Araújo
Carla Silva
Carolina Torres
Franciele Cruz
Gabrielly Dal Pozzo
Hueider Guerreiro
Izaias Candido
Julie Souza
Letícia Lisboa
Luiza Sabato
Marina Kolm Sgnotto
Patrícia Martinez
Tânia Aparecida Souza
Victor Serra Lima

RECURSOS HUMANOS [HUMAN RESOURCES]
Karina Alonso
Bruna Ramos
Henrique Rodrigues
Kátia Gomes
Luiz Fernandes

SECRETARIA [SECRETARIAL OFFICE]
Paula Zoppello
Guilherme Cabral
Gustavo Salla

DIRETORIA DE RELAÇÕES INSTITUCIONAIS [DEVELOPMENT BOARD]

Carolina Rossetti
Diretora de relações institucionais [Development diretor]

Marina Piedade

EVENTOS, PATROCÍNIOS E PROJETOS INCENTIVADOS [SPONSORSHIP AND TAX INCENTIVE PROJECTS]
Gabriel Di Pietro de Camillo
Ana Beatriz Brayner
Brenda Koschel de Farias
Gabriela Araújo
Joana Bomfim
Júlia Weckelmann
Juliana Mara
Myrella Marques
Noemia Braz
Paloma Vasconcellos

MASP ESCOLA/ENSINO [MASP SCHOOL]
Iliriana Rodrigues
Carlos Henrique Martins
Karolina Vargem
Vitória Machado

MASP LOJA [MASP STORE]
Adélia Borges
Curadora adjunta MASP Loja [Curator-at-Large MASP Store]
Milton Schubert
Anna Beatriz dos Santos
Brunê Inocentes
Cintia Batista
Gabriele Oliveira
Giancarlo Mattos
Maíra Carvalho
Paulo Javurek
Raphael Ottoni
Roberta Lopes
Tiago Noronha
Vitor Neves
Wellyngton Almeida
William Ferreira

DIRETORIA DE EXPERIÊNCIA E COMUNICAÇÃO [EXPERIENCE AND COMMUNICATION BOARD]

Paulo Vicelli
Diretor de experiência e comunicação [Experience and Communication Director]

COMUNICAÇÃO E MARKETING [COMMUNICATION AND MARKETING]
Priscila Asche
Caio Palmeira
Daniela Nunes
Gabriela Vieira
Gabriela Rabelo
Joan Guedes
Julia Bastos
Heloísa Lucas
Mariana Castro
Pablo Mazzucco
Pedra Medina

PERFORMANCE E TI [PERFORMANCE AND IT]
Beto Gonçalves
Davison Cruz
Gabriel Soares
Jefferson Sousa
Kaio Alexandrino
Lucas Pereira
Paulo Cesar Mafra de Matos
Ryan Eloy
Xarlys Souza

RELACIONAMENTO [MEMBERSHIP]
Manuela Errera
Jussara Nascimento
Cintia Guimarães

MULHERES ATINGIDAS POR BARRAGENS: BORDANDO DIREITOS [WOMEN AFFECTED BY DAMS: EMBROIDERING OUR RIGHTS]

11.4.2025-3.8.2025 [APRIL 11 - AUGUST 8, 2025]

EXPOSIÇÃO [EXHIBITION]

ACERVO E CONSERVAÇÃO [COLLECTION AND CONSERVATION]
Alejandra Orellana
Aline Assumpção
Bernardo Macena
Giulia Alcantara
Juliana Batista
Juliana Peixoto
Leandro Araújo
Ligia Kulaf
Marina Pelegrini
Millena Benício
Nalú Maria de Medeiros
Paula Coelho Lima
Rafaela Malta
Sarah Bernardo Almeida
Taynara Lima
Vinicius Marangon

ACESSIBILIDADE [ACCESSIBILITY]
Daniela Rodrigues
Isart Silva
João Maturana

ASSISTÊNCIA DE PESQUISA [RESEARCH ASSISTANCE]
Danilo Cavalcante

CENTRO DE PESQUISA [RESEARCH CENTER]
Adriana Villela
Beatriz Yoshito
Bruno Mesquita
Emily Pinheiro
Miller Sereno
Pamella Mazucatto
Sara Jesus

COMUNICAÇÃO [COMMUNICATION AND MARKETING]
Priscila Asche
Caio Palmeira
Daniela Nunes
Gabriela Vieira
Gabriela Rabelo
Joan Guedes
Julia Bastos
Heloísa Lucas
Mariana Castro
Pablo Mazzucco
Pedra Medina

CONSULTORIA EM ACESSIBILIDADE [ACCESSIBILITY CONSULTING]
Mais Diferenças

CURADORIA [CURATORS]
Glaucea Helena de Britto
Isabella Rjeille

DESIGN GRÁFICO [GRAPHIC DESIGN]
Luciana Facchini
com assistência de [with the assistance of]
Carolina Lefevre

EXPOGRAFIA [EXHIBITION DESIGN]
Flora Gurgel
Melissa dos Santos
Nathalia Duran

ILUMINAÇÃO [LIGHTING DESIGN]
Fernanda Carvalho

MONTAGEM [ART HANDLING]
Elton Hipólito
Juan Castro
Mauro Nagase
Rafael Filipe
Renato Bomfim

PRODUÇÃO DE EXPOSIÇÕES [EXECUTIVE PRODUCTION]
Steffânia Prata
Ana Laura e Silva
Gabriel Belvis
Isaque Vieira
Jessy Gonçalves
Julia Munhoz
Letícia Ferraz
Maicon Ferreira
Marília Amorim
Matheus Gumerato
Pedro Henrique Lopes

REVISÃO E TRADUÇÃO [PROOFREADING AND TRANSLATION]
Daniel Lühmann

CATÁLOGO [CATALOG]

CONSULTORIA EDITORIAL [EDITORIAL CONSULTING]
Karen Marta Editorial Consulting

COORDENAÇÃO EDITORIAL [EDITORIAL COORDINATION]
Ana Canellas
Carol Ribas
Felipe de Souza
Giovanna Lima
Mariana Trevas
Renier Silva

DESIGN GRÁFICO [GRAPHIC DESIGN]
Luciana Facchini
com assistência de [with the assistance of]
Laura Haffner

ORGANIZAÇÃO EDITORIAL [EDITED BY]
Glaucea Helena de Britto
Isabella Rjeille
com assistência de pesquisa de [with the research assistance of]
Danilo Cavalcante

PREPARAÇÃO E REVISÃO [COPYEDITING AND PROOFREADING]
Bruna Wagner
Cris Fino
floresta
Ivan Rocha
Jess Oliveira
Lara Rivetti
Rafaela Biff Cera

PRODUÇÃO EDITORIAL
[EDITORIAL PRODUCTION]
Carolina Menegatti
João dos Anjos
Tulio Costa

PRODUÇÃO GRÁFICA
[PRINTING CONSULTANT]
Acássia Correia

TRADUÇÃO [TRANSLATION]
Bruna Barros
Daniel Lühmann
Julia de Souza
Lívia Prado Martins

TRATAMENTO DE IMAGENS
[IMAGE PROCESSING AND PRINTING]
Ipsis Gráfica e Editora

TIPOGRAFIA [FONTS]
Acarajé
Moki

PAPÉIS [PAPERS]
Miolo: **Pólen Bold 90 g/m²**
e Eurobulk 135 g/m²
Capa: **Masterblank linho**
135 g/m²

LEGENDAS ADICIONAIS
[ADDITIONAL CAPTIONS]

CAPA [COVER]
Mulheres Atingidas de Brumadinho, Minas Gerais [Women Affected by Dams from Brumadinho, Minas Gerais]
25 de janeiro [January 25th], 2019
IMG. 70

GUARDAS [ENDPAPERS]
Mobilização nacional de mulheres do Movimento dos Atingidos por Barragens em manifestações do dia 8 de março [National mobilization of women from the Movement of People Affected by Dams in demonstrations on March 8th], 2024

Mulheres Atingidas de São Paulo, oficina de arpilleras no Sesc Consolação, São Paulo [Women Affected by Dams from São Paulo, arpillera workshop at SESC Consolação, São Paulo]
Nossa vida está ligada [Our Lives Are Intertwined] (detalhe) [detail], 2019
IMG. 68

Mulheres Atingidas do Pará [Women Affected by Dams from Pará]
O preço da luz é um roubo [Electricity's Price Is a Rip-Off] (detalhe) [detail], 2019
IMG. 74

Marcha "Um ano de lama e luta" [March "One year of mud and struggle"], Bento Rodrigues, Minas Gerais, 2016

DETALHES [DETAILS]

pp. 14, 15
Manifestação de mulheres do Movimento dos Atingidos por Barragens [Demonstration by women from the Movement of People Affected by Dams] (detalhe) [detail], Brasília, 2015

p. 16
Mulheres Atingidas da comunidade quilombola de Cajueiro, Alcântara, Maranhão [Women Affected by Dams from the quilombola community of Cajueiro, Alcântara, Maranhão]
Cajueiro e Alcântara [Cajueiro and Alcântara] (detalhe) [detail], 2022
IMG. 82

p. 36
Coletivo Nacional de Mulheres do MAB [MAB National Women's Collective]
Onde estão nossos direitos? [Where Are Our Rights?] (detalhe) [detail], 2013
IMG. 38

p. 62
Mulheres Atingidas de Altamira, Pará [Women Affected by Dams from Altamira, Pará]
Boate Xingu [Xingu Nightclub] (detalhe) [detail], 2014
IMG. 44

p. 84
Mulheres Atingidas de São Paulo, oficina de arpilleras no Sesc Consolação, São Paulo
Women Affected by Dams from São Paulo, arpillera workshop at SESC Consolação, São Paulo]
Nossa vida está ligada [Our Lives Are Intertwined] (detalhe) [detail], 2019
IMG. 68

p. 114
Mulheres Atingidas de Santa Catarina [Women Affected by Dams from Santa Catarina]
Resistimos [We Resist], 2022
IMG. 81

pp. 142-43
Barqueata do MAB em protesto à construção da Hidrovia Tocantins-Araguaia, rio Tocantins [MAB boat demonstration in protest to the construction of the Tocantins-Araguaia Waterway, Tocantins River], Cametá, Pará, 2023

pp. 152, 153
Mulheres Atingidas do acampamento Ilha Verde, Babaçulândia, Tocantins [Women Affected by Dams from the Ilha Verde encampment, Babaçulândia, Tocantins]
Saúde popular é um direito [Universal Health Care is a Right] (detalhe) [detail], 2014
IMG. 40

pp. 176, 177
Mulheres Atingidas pelos projetos de Pequenas Centrais Hidrelétricas (PCHs) na região oeste da Bahia [Women Affected by the Small Hydroelectric Power Plants (PCHs) projects at the West of Bahia]
A Justiça contra as camponesas [Justice Against Peasant Women] (detalhe) [detail], 2014
IMG. 52

pp. 200, 201
Mulheres Atingidas de Cachoeiras de Macacu, Rio de Janeiro [Women Affected by Dams from Cachoeiras de Macacu, Rio de Janeiro]
Antes e depois da barragem Guapiaçu [Before and After Guapiaçu Dam] (detalhe) [detail], 2018
IMG. 64

pp. 226, 227
Coletivo Nacional de Mulheres do MAB na região de Tapajós, Pará [MAB National Women's Collective at the Tapajós region, Pará]
Defender a Amazônia é defender a vida [Defending the Amazon is Defending Life] (detalhe) [detail], 2021
IMG. 77

pp. 248
Encontro de Mulheres Atingidas, oficina de arpilleras [Conference of Affected Women, arpillera workshop] (detalhe) [detail], Juazeiro, Bahia, 2024

CRÉDITOS DAS IMAGENS [IMAGES CREDITS]

© Tiago Baccarin/ Estúdio Garagem/Fundação Bienal de São Paulo 25
© Yuri Barichivich / Greenpeace Guarda final [Final Endpaper] **2**
Carolina Caycedo 24
Coletivo Nacional de Comunicação do MAB Guarda inicial [Initial Endpaper] **1, 1, 32, 33**
Craig Kirk, cortesia [courtesy] **Instituto de Visión, Nova York** [New York] **23**
Elisa Estronioli 16
Estudio Carolina Caycedo 18-22
Filipe Berndt Guarda inicial [Initial Endpaper] **2, 2-7, 14, 17, 31, 36, 40-49, 52-54, 56-59, 61-75, 77-88, Guarda final** [Final Endpaper] **1**
Gabrielle Sodré 60
Gabrielle Sodré/MAB 89
Isis Medeiros 34, 35
Marcelo Aguilar 76
Martin Melaugh, © Conflict Textiles 8-12, 38
MASP 26, 27
Paul Salveson 30
Paul Schimweg 29
Rodrigo Avelar 28
Vinicius Denadai 13, 15, 39, 50, 51, 55
Weslley Souza 37

Edição [Edition] **2025**

1.5

Dados Internacionais de Catalogação na Publicação [Cataloging in Publication] **(CIP)**

M986mb
Museu de Arte de São Paulo Assis Chateaubriand
Mulheres atingidas por barragens: bordando direitos = Women affected by dams: embroidering our rights / organização Glaucea Helena de Britto e Isabella Rjeille; textos de Glaucea Helena de Britto... [et al.]; **design gráfico Luciana Facchini**
São Paulo: Museu de Arte de São Paulo Assis Chateaubriand, 2025.
264 p., 89 ilus. color.

ISBN: 978-65-5777-079-5 (capa português)
ISBN: 978-65-5777-081-8 (capa inglês)
Catálogo da exposição realizada em São Paulo, 11 de abril de 2025 a 03 de agosto de 2025
[Catalog of the exhibition held in São Paulo from April 11 to August 3, 2025]

Mulheres Atingidas por Barragens. 2. Movimentos Sociais. 3. Arte e Sociedade. 4. Arte Têxtil. I. Britto, Glaucea Helena de (org. e texto). II. Rjeille, Isabella (org. e texto). III. Bacic, Roberta (texto). IV. Busquets, Monise Vieira (texto). V. Caycedo, Carolina (texto). VI. Höhn, Daiane (texto). VII. Vital, Esther (texto). VIII. Löbler, Louise (texto). IX. Títulos: Mulheres Atingidas por barragens: bordando direitos = Women Affected by Dams: Embroidering Our Rights.

CDD (20. ed.): 709.81

Bibliotecária: Sara Ferreira, CRB8-9366

MASP MUSEU DE ARTE DE SÃO PAULO ASSIS CHATEAUBRIAND

Avenida Paulista, 1578
01310-200 São Paulo, Brasil
www.masp.org.br
info@masp.org.br

ISBN 978-65-5777-079-5

ISBN 978-65-5777-081-8

O MASP, museu diverso, inclusivo e plural, tem a missão de estabelecer, de maneira crítica e criativa, diálogos entre passado e presente, culturas e territórios, a partir das artes visuais. Para tanto, deve ampliar, preservar, pesquisar e difundir seu acervo, bem como promover o encontro entre públicos e arte por meio de experiências transformadoras e acolhedoras.

[MASP, a diverse, inclusive, and plural museum, has the mission to establish, in a critical and creative way, dialogues between past and present, cultures, and territories, through the visual arts. To this end, it should enlarge, conserve, research, and disseminate its collection, while also promoting the encounter between its various publics and art through transformative and welcoming experiences.]